U0006475

378年

歷史的轉換期 II

崩解的古代帝國秩序

378年
失われた古代帝国の秩序

Turning Points in World History

南川高志
MINAMIKAWA TAKASHI
|編|

加納修、南雲泰輔、佐川英治、藤井律之——著
許郁文——譯

內文左方註釋均為譯者註，特此說明。

出版緣起

在空間的互動中解讀歷史，在歷史的纏繞中認識世界

中研院近史所助研究員、系列選書顧問　陳建守

歷史是什麼？來自過去的聲音？人類經驗的傳承？還是帝王將相的生命史？個人有記憶，所以人類也有集體記憶。表面上這些記憶是由事件及人物所組成，更往下分疏縷析，則風俗、習慣、語言、種族、性別等，無一不在背後扮演重要的角色。而由這些基點延展開來的歷史研究，則有社會史、文化史、宗教史、性別史、思想史等不一而足的研究取徑。正因為人類無法忘卻過去的一鱗半爪，我們才有了「歷史」（history）。

上個世紀六〇年代英國著名史家卡爾（E. H. Carr）推出的《何謂歷史？》（*What is History?*）迄今剛好屆滿一甲子。卡爾當年「何謂歷史？」的鏗鏘命題，不僅是歷史學者在其漫長的從業生涯中無法迴避的提問與質疑，直至今日，我們仍與之不斷地進行對話。然而六十年過去了，我們現在對「何謂歷史？」這個問題提出的解答，與卡爾提供的答案已經有很大的不同，唯一相同的是「歷史是過去與現在永無止盡的對話」。雖然隨著討論的課題與人們討論方式的改易，對話的本質可能

已經改變，但這樣的對話至今仍不斷地在進行。

與卡爾當年身處的情境不同，現今歷史學研究的興趣從探究因果關係轉向對意義的追尋，由解釋轉向理解。近年來更出現兩項重大的轉向：第一，在過去十年，以全球史為名的出版品有逐漸增加的趨勢，相關研究書文不斷地出現在各大期刊的篇目當中。基於全球史取徑的興起，觀看歷史的視角也從歷時性轉為空間的共時性（from time to space/place）。第二，大眾史學的出現，歷史做為大眾文化與市民生活的元素，與民眾日常切身相關的歷史研究蔚為風潮，也培養出一群重視在地連結與歷史感的閱讀大眾。

全球史取徑的意義在於打破單一的國族和語言，展現跨地區的相遇（encounter）和連結，同時也直接挑戰了預設地理疆界的「方法論國族主義」。將研究對象置於全球視野之下，一方面可以解構所謂的「歐洲中心化」概念，另一方面則可以指出一個歷史交纏打造的世界。全球視野下的歷史研究跳脫了歐洲中心普世論與國族主義特殊論的二元對立，將視角置於區域發展的自身脈絡以及整體歷史變遷上。至於公眾史學，強調的則是「歷史感」的課題，意圖帶領讀者感受歷史影響我們生活的諸般方式；透過瞭解與參與歷史，我們終將更加了解自己與身處的世界。

呈現在讀者眼前的這套「歷史的轉換期」叢書，就是從這兩大面向切入，編輯而成的套書。整套叢書共計十一冊，是臺灣商務印書館繼二〇一七年推出「中國・歷史的長河」系列套書後的又一鉅作，目的是提供臺灣讀者不同觀點的世界史。其中挑選我們熟知歷史大敘事中的關鍵年分，將之視為探索的起點，卻不囿於時空的限制，而是以一種跨地域的比較視野，進行橫切式的歷史敘事。

過往的世界史往往是各國按照年代時間序列組合而成的宏大敘事，全球史的敘事則是要將時空的框架重組，既有縱向的時代變遷，又有橫向的全球聯繫。這正與當前一〇八歷史課綱所提出的理念不謀而合，亦即注重空間（區域）的歷史思考，非常適合做為第一線中學教師補充一〇八歷史課綱的知識點。特別值得一提的是，這套叢書採取與日本同步的翻譯速度，希望能夠在最短的時間內，將最新的研究成果推送到臺灣讀者手中。

歷史學的地貌會改變，新的歷史斷層地圖也會隨之產生。讀者可以發現，專業歷史知識生產已然轉變，大一統的歷史書寫文化業已瓦解。「歷史是過去與現在永無止盡的對話」，自從卡爾為歷史下此定義之後，過去與現在之間彷若有了一條光亮的通道。而這套「歷史的轉換期」叢書，正是另一道引人思索的靈光乍現。

導讀

邁向比較視野的中古早期歷史

臺灣大學歷史學系助理教授　傅揚

《三七八年　崩解的古代帝國秩序》（以下簡稱《崩解的古代帝國秩序》）為日本山川出版社「歷史的轉換期」叢書的第二冊，內容是一般習稱為中古早期（early medieval）的歐洲史與中國史，特別是西元四至六世紀。山川出版社在歷史、社會科方面出版了大量的教科書、參考書與學習資源，讀者群甚廣，夙負盛名。「歷史的轉換期」以頗新穎的方式構想和寫作世界史，訴說人類歷史長河中影響時代與文明形塑的若干轉捩點。臺灣商務印書館引進這套書，實為臺灣出版文化界的佳音：叢書雖為日本讀者而寫，但對臺灣讀者仍有不少助益。以下先簡述《崩解的古代帝國秩序》的要旨，再就其特色與啟發略陳數語，希望能幫助讀者認識它的價值。

全書由總論和五章專題構成，講述四世紀中後期以降地中海世界與中國的歷史大勢。總論說明本書以西元三七八年為歷史轉捩點的原因：東羅馬帝國與哥德聯軍作戰，史稱阿德里安堡之役（Battle of Adrianople），結果羅馬軍隊全面潰敗，此後羅馬徹底無望再造帝國，並衍生出一連串摧毀既有秩序的變化。中國方面，去阿德里安堡之役未遠的三八三年，苻堅的前秦政權與南方的東晉爆發淝水之戰，苻堅戰敗導致前秦旋即滅亡，也影響南、北政權的發展軌跡。要言之，四世紀後期在歐亞大陸兩端發生的兩場戰役，標誌了羅馬與漢朝兩個古代帝國秩序的崩解。

總論之外，前三章以歐洲為中心，描繪羅馬帝國秩序崩解的過程，以及其後的西歐與東羅馬帝國又如何回應。末二章將焦點置於中國，概述漢帝國秩序崩解後南、北政權的特質與發展。第一章從政治史角度分析羅馬世界秩序的解體。作者指出，所謂羅馬帝國的世界秩序有兩個核心元素，一個是象徵文明的羅馬式生活方式，另一個是強調中央與地方合作，讓不同地域、群體建立對羅馬與羅馬人身分的認同。阿德里安堡之役後，有兩股趨勢破壞了上述元素：首先是移民遷徙越演越烈，尤其是日耳曼人與哥德人，透過擇地定居和軍事活動不斷侵蝕羅馬世界；與此有關，另一股趨勢是羅馬人對外族的態度有所轉變，特別是針對外族參政和掌握軍權心懷疑忌。伴隨上述趨勢和政變、軍事失利，西羅馬帝國在西元五世紀初便已名存實亡。

第二章講述法蘭克人（Franks）建立的王國，如何反映並促成西歐地區的轉型。本章的一大特色，是直接徵引長篇幅的史料，包括信件、法律文書、詩歌等，以此呈現五世紀中晚期以降社會生活的面貌。法蘭克人建立的墨洛溫王朝（Merovingian Dynasty）包含了哪些羅馬特色和日耳曼色彩？作者分析與王權、婚姻和判決有關的材料，強調許多方面都有羅馬法與日耳曼法並存、羅馬生活方式和日耳曼社會傳統齊見的現象。即便是漸趨普及的基督教信仰，也包含了異教元素。從政治角度來說，法蘭克人的王國經常是中世紀早期研究的主題；但想清楚理解這段歷史，我們其實須更重視羅馬末期的社會發展，而非日耳曼人本身。

第三章環繞君士坦丁堡（Constantinople），說明東羅馬帝國在六世紀以前的發展。東羅馬亦即拜占庭帝國（The Byzantine Empire）包括四項特質：希臘文化、羅馬認同、基督教影響，以及君士坦丁堡做為帝國的中心。四世紀末以降，君士坦丁堡成為帝國首都，見證了拜占庭與外敵的往來。拜占庭帝國的運作，相當程度上仰賴其官僚機構，官員也對城市的公共建設做出重要貢獻，包括供水系統。作者強調，君士坦丁堡的供水系統不僅為帝國提供生存所需的水源，也是建造浴場、維繫羅馬生活方式必不可少的前提。這個巨型基礎建設，反映時人願意為君士坦丁堡投注極可觀的人力、物力，並視其為新的世界秩序中心。

第四章將焦點移至中國，分析西晉滅亡後四至六世紀的華北局勢。作者認為苻堅企圖恢復漢朝的典範，特別是振興儒教、透過教化整合所有族類並一統天下，淝水之戰則嘗試將此理想付諸實行。後苻堅潰敗，前秦瓦解，淝水之戰成為轉捩點；自此以降，北方政權更積極運用漢朝和儒教傳統以外的資源強化自己，特別是各自的族源神話。最終統一華北的北魏，正是這樣一種超越漢帝國秩序，兼容並包不同文化，靈活出入於農耕和游牧傳統的政權。北魏的政治格局、經濟和軍事實力，以及對佛教的支持，也為日後隋唐帝國在東亞多元世界的發展奠定了重要基礎。

第五章講述漢帝國秩序崩解後的中國南方（江南）歷史，強調三一一年的永嘉之禍和後來的淝水之戰是南方歷史發展真正的分水嶺，尤其是後者。淝水之戰後，東晉一度擴張，令掌權的劉裕最終建立南朝宋。但劉裕後續北伐失敗，讓南朝再也無意收復故土，成為貨真價實的南方政權，並強化以建康為天下中心的想法。從經濟角度來看，江南繁榮的三個條件，即大土地制、開放山林川澤等自然資源，以及因重視貨幣流通導致的私鑄問題，都與漢朝政策背道而行，標誌著漢帝國秩序的崩解。而儘管南朝最終被征服，其文化卻對北朝傳統的隋唐帝國造成深刻影響，江南的經濟力量也逐漸增強，奠定唐宋以降的發展。

讀畢《崩解的古代帝國秩序》，至少有兩點教人印象深刻。首先是本書的教科書性質。如上所述，全書各章風格不盡相同，有環繞事件者，有聚焦特定主題者，也有大量呈現史料、較直接帶領讀者進入逝去時空者。構成每章主要內容的，則是作者吸收眾多研究成果後展現的綜合能力，以及在有限篇幅內挑選講述主題的史識。在每章之後另有小型專欄，以精選史料說明相關主題。換言之，本書除了提供事實層面的歷史知識，還具體而微地呈現史學閱讀與研究的重要面向，值得稱道。日本學界相當重視這種教科書或類教科書的寫作，英語世界亦然，經常有綜合學界成果、面向一般閱讀群眾的歷史著述問世。相較之下，臺灣對歷史學教科書、綜合性著作的耕耘明顯不足，不易向讀者介紹學界新近成果，也不利讀者有效率地把握歷史課題之大致面貌（特別是通貫、時空範圍較大的主題），頗有憾焉。

應強調的是，雖然說《崩解的古代帝國秩序》有教科書性質，但它同時也具備史識和觀點，相當程度上可自成一家之言。本書（以至於本叢書）最顯著的特點，自然是挑選一個影響世界史走向的時間點，進而展開分析。挑選四世紀末，特別是東、西方各自的重要戰役做為轉捩點，本身就是一個重要的觀點。舉例而言，郝索（Guy Halsall）在《蠻族遷徙與羅馬西部世界（三七六至五六八年）》

（*Barbarian Migrations and the Roman West, 376-568*; Cambridge University Press, 2007）中也述及阿德里安堡之役，但透過古代史家的文字，認為其意義首先是促成狄奧多西大帝（Theodosius I）登基。彼得·邦（Peter Fibiger Bang）在近期出版的《牛津世界帝國史》（*The Oxford World History of Empire*; Oxford University Press, 2021）中，將帝國的古典時期（classical age）設定為西元前三二三年至西元六〇〇年，一方面涵蓋本書內容，另一方面也反映對古典帝國秩序終結的不同意見。又以中國來說，本書將淝水之戰視為重大轉捩點，但同樣來自日本學界的川本芳昭，在《中華的崩潰與擴大：魏晉南北朝》（臺灣商務，二〇一八年中譯本）中並未持此觀點。對多數學者而言，北魏統一與東晉滅亡可能更具有分水嶺意義。對此，重點自然不在孰是孰非，而是透過比較不同的觀點，理解觀點背後的論據，以增益我們對四世紀以降世界史的理解，並培養史識和洞見。

另一個令人印象深刻之處，是全書呈現的寬廣視野，亦即讓四世紀後半的羅馬、法蘭克王國、拜占庭與分裂時代的中國南北齊聚一堂。本書編者南川高志在總論中指出，歐亞大陸兩側發生的事件雖無法直接掛勾，不同人群面對的問題卻異曲同工，即帝國秩序的崩解。本書照顧東、西方文明對相似歷史情境的回應，既注意差異性，也頗重視共通處，實則比較歷史的一種嘗試。在現代學術分工下，個別學者不易同時具備深入研究四至六世紀歐洲史與四至六世紀中國史的能力。我認為這的確是一個現實條件，但不應成為限制。就比較歷史而言，從各自專業出發，透過與其它領域學者合作，或是充分理解、運用該領域的傑出著作，我們仍有條件往比較研究邁進。關鍵有二點：敏銳的問題意識，即為何比較、比較什麼；以及個人與學術社群願意跨越既有領域的疆界，包括斷代、國別、專題以至時限。

當然，很早便有學者致力於古代帝國的比較歷史，如中央研究院歷史語言研究所的邢義田，便從皇帝形象、行政體系、軍隊制度等層面比較古羅馬與秦漢帝國，做出重要貢獻。近來歐美以謝德爾（Walter Scheidel）為首，也相當有意識地推動古代帝國史的比較研究。相較之下，四至六世紀的比較研究遜色許多，可說尚未有真正的代表性著述。中文世界的魏晉南北朝研究，頗有將視野擴展至東亞和北亞者，但進一步將地中海世界做為比較、參照對象的嘗試，則鳳毛麟角。準此，《崩解的古代帝國秩序》的問題意識與觀點，或許可以給我們一些啟發，讓臺灣的中國中古史學者與歐洲中古史學者多關注對方的作品，並透過個人或合作的方式，追尋更開闊的早期中古史。

就我自己所知，至少有幾個主題相當適合進行早期中古史的比較研究。首先，如《崩解的古代帝國秩序》所論，帝國秩序解體是當時東、西方都面臨的問題。在後續的重組與整合過程中，羅馬帝國與漢朝的榮光與典範，是不斷被提及以至運用的記憶和知識資源，其媒介包括人物形象（尤其是帝王）、制度規章和對特定事件的詮釋，值得有系統地進行比較。

第二，這段時期一個顯著的現象是「蠻族」（barbarians）的移動與活躍。關於他們的政治、社會、文化史個案探討已經相當豐富，但似乎罕有人從有意義的比較觀點切入分析。藍道夫．福特（Randolph B. Ford）的《羅馬、中國和蠻族：民族誌傳統與帝國轉型》（*Rome, China, and the Barbarians: Ethnographic Traditions and the Transformation of Empires*; Cambridge University Press, 2020）由思想史角度比較《晉書》和普羅柯比（Procopius of Caesarea）的《戰史》（*Wars*），分析二者對蠻族及其政權的看法，是這方面比較研究的一個新作。

第三，無論歐洲或中國，普世性宗教的擴張和生根是中古早期的重要發展，比較研究自然不應遺漏，尤其是教義、學說之外的宗教社會史及文化史。如基督教與佛教在發展過程中同樣都遇到經濟問題，包括是否應接受捐贈、神職人員應否投入勞動、教會／寺觀如何處理財富等等。歐洲方面，彼得·布朗（Peter Brown）已有相當深刻且具原創性的著述；而中國方面，寺院經濟和佛教社會救助研究也已積累大量成果。透過比較視野探究二者，應該是條可行之路。此外，此時期留下的史料有不少出自基督徒和僧伽；有策略地比較二者對異教徒或無信仰者的記述，相信也能帶來新鮮的歷史解釋。

《崩解的古代帝國秩序》運用比較視野，又強調「轉換期」，自然須面對時代劃分與時代特質的問題。以本書涵括的歐洲歷史而言，至少便有三個主要的分期概念：羅馬帝國末期（Late Roman Empire）、中古早期（Early Medieval Ages）和古典晚期（Late Antiquity）。在不同學者筆下，上述三個標籤的起點與終點也不盡相同。「羅馬帝國末期」強調此階段的主軸是羅馬帝國的衰落，伴隨而來的是政治與秩序的解體。「中古早期」著眼於此時期如何奠定中世紀文明的特質，如日耳曼人的王國、基督教信仰和地域特色與差異性。「古典晚期」一詞最早見於二十世紀初的德文作品，一九七〇年代以降因彼得·布朗的發揮而備受重視，認為此時期與四世紀以前的羅馬文明存在連續性，特別是信仰與文化層面。在總論中，作者明顯傾向「羅馬帝國末期」的立場。但在各章中，「中古早期」（中世紀初期）和「古典晚期」（古典時代晚期）也經常出現。這反映本書所討論的「轉換期」內涵相當豐富且複雜，史家懷抱不同問題意識，凸顯的面向也有差異。透過深入細緻的研究，學界對這三個標籤的定位也不斷調整，故彼此間並非真有楚河漢界，完全無法溝通。由此而論，本書同時出現羅馬帝國末期、中古早期和古典晚期三個時代概念，反映了作者們不同觀點的交融，可帶給讀者有益的刺激，根據各種主題去比較不同分期概念的優劣得失（中國史部分，本書採取的是日本學界習用的「中世」。在中文及英文學界，較具代表性的是「中古」一詞）。

近期更有學者進一步應用古典晚期的概念，分析西元三世紀中期至八世紀中期的歐亞大陸歷史。二〇一八年，狄宇宙（Nicola Di Cosmo）和馬斯（Michael Maas）合編一部論文集，題為《歐亞古典晚期的帝國與交換：羅馬、中國、伊朗和草原（約二五〇至七五〇年）》（*Empires and Exchanges in Eurasian Late Antiquity: Rome, China, Iran, and the Steppe, ca. 250 -750 CE*; Cambridge University Press, 2018）。他們認為西元二五〇至七五〇年可定調為歐亞世界的古典晚期(Eurasian Late Antiquity)，其地理範圍約等於地中海東岸至中國，是形塑世界史面貌的重要階段。但過去研究或是強調中亞—絲綢之路本身，或是凸顯拜占庭與近東勢力的關係，多未能從較整體的角度進行討論。歐亞古典晚期的終點七五五年，除了標誌了伊斯蘭擴張，也見證了包括七四一至七五一年拜占庭的內外變化、七四四年突厥汗國衰亡、七五〇年阿拔斯王朝（Abbasid Caliphate）崛起、七五一年唐朝兵敗怛羅斯之役、以及七五五年動搖大唐秩序的安史之亂等事件。由上可知，本書涉及的內容，其實是上述歐亞古典晚期的最初階段，是歐亞世界人類文明進入一個新時代的故事。這個新時代的特質並非東西相隔，而是透過人與物的流動，將形形色色的帝國秩序與後帝國秩序串聯在一起。當然，在此之前賽諾（Denis Sinor, 1916-2011）已提煉出中央歐亞（Inner Asia）的概念，杉山正明也強調游牧民的重要性，都說明今日中亞與北亞地區在過去扮演的橋樑角色——兩大定居農業文明之間的橋樑。但管見所及，如狄宇宙和馬斯這般同時從空間和時間上給予三、四世紀歐亞歷史一個整體性的嘗試仍舊有限。我認為，此種時空框架非但不會動搖《崩解的古代帝國秩序》的觀點，反而能進一步強化這個「轉換期」的意義。

從以上角度論，本書最可惜之處，是忽略了羅馬與漢帝國之外的古代帝國。本書的作法自然有其道理，即從日本研究的角度整合「西洋史學」與「東洋史學」，做為其「世界史」的規模。但若考慮到中央歐亞的重要性，月氏人的貴霜帝國（Kushan Empire）便約略與羅馬和漢朝並立，也在四世紀後期迎來帝國秩序的崩解。貴霜帝國受寄多羅人（Kidarites）衝擊而解體後，其領土先是由寄多羅人統治，最終成為波斯薩珊帝國（Sassanid Empire）和印度笈多王朝（Gupta Empire）的一部分，人民和地域社會也經歷秩序崩壞與適應、重整的過程。貴霜於三六〇年遭寄多羅人沉重打擊，至三七五年崩解，造成中央歐亞—印度北部政治版圖變動，影響歐亞大陸的交通和交流，也是人類歷史上不容忽視的轉換期，和三七八年的阿德里安堡之役、三八三年的淝水之戰相映成趣。

總結而言，《崩解的古代帝國秩序》在有限篇幅內，簡扼地描繪出歐亞大陸兩端的二大帝國解體後，人群流動、族群互動和新舊秩序交替的歷史過程。本書不僅有助讀者認識開啟中古世界史的若干重要議題，也讓我們有所憑藉，進一步思索近代以前的比較世界史。在臺灣現有的出版品中，本書極具特色，值得覽卷細思；對本書感興趣、從中獲益的讀者，亦可期待「歷史的轉換期」叢書的其它作品。也希望不遠的將來，臺灣學者可以群策群力，撰作一套有觀點、富史識的世界史教科書，不讓歐美和日本學者專美於前。

寫在前頭

今日，諸如「全球史」等從廣闊視野出發、多面向思考世界歷史的史學日益盛行，我們希望能夠立足於最新的學術知識，針對各個時期的「世界」，提供一種新的剖析方式——本叢書就是依循這樣的思維而開展的企畫。我們列舉了堪稱世界歷史重大轉換期的年代，探討該年代各地區的人們過著怎樣的生活、又是如何感受著社會的變遷，將重點放在世界史的共時性來思考這些問題。此即本叢書的核心主旨。

從全球視野來嘗試描繪世界史的樣貌，在今天已經不是什麼稀奇的事，可以說本叢書也是歷史學界在這方面集結努力的其中一環。既然如此，那在這當中，本叢書的目標及特色又是什麼呢？在這篇〈寫在前頭〉中，我們將從幾個面向來試著敘述。

首先要討論的是「轉換期」＊一詞代表的意義。若從現在這個時間點回顧過去，每一個時期在「轉換」上的方向性，看起來都會是十分明確的；雖然因為地區不同，而有或早或晚的時間差異及個別的特色，但歷史應該還是會往一定的方向發展吧……？然而，這樣的看法卻很容易讓後來時代的人們在回顧歷史時，陷入認知上的陷阱。對於熟知後來歷史動向的我們而言，歷史的軌跡自然是

＊配合各冊敘述需要，會斟酌譯成轉換期、轉捩點、轉變關鍵等詞。

「只會朝這個方向前進」；既然如此，那如果「不從今天來回顧當時的社會」，而是嘗試「站在當時社會的立場來看未來」，情況又會變得如何呢？今天的我們，若是論起預測數十年後或數百年後的世界，應該沒什麼人有自信吧！這點對過去的人們來說，也是一樣的。綜觀當時世界各地人們的生活便會發現，儘管他（她）們深切感受到「世界正在經歷重大變化」，卻又無法預測這股推著自己前進的潮流將通往何處，因此只能在不安與希望當中，做出每一天的選擇。將這種各地區人們的具體經驗相互積累、結合後，歷史上的各個「轉換期」，便會在我們面前呈現出一副比起從今日視點出發、整齊劃一的歷史更加複雜，也更加活潑生動的姿態。

第二是世界史的「共時性」。本叢書的每一冊，都以一個特定的西元年分做為標題。對於這種作法，讀者理所當然會湧現疑問：儘管在這一年的前後數十年甚至數百年間，世界各地呈現了巨大變化，某種程度上也可看出一定的關聯性，但這樣的轉變會是在特定的某一年一口氣突然爆發出來的嗎？就算有好幾個地區同時產生了重大變革，其他地區也不見得就有變革吧？特別是，姑且不論日益全球化的十九、二十世紀，針對古代和中世紀世界史的「共時性」（synchronicity）進行推論，真的有意義嗎？當然，本叢書的編者與作者並不是要強硬主張所謂「嚴密的共時性」，也不是要對每一冊各章的對象僅就該特定年分的狀況加以論述。不僅如此，諸如世界史上的「交流」與「衝突」這類跨地域的變遷，以及在這之中肩負起重要任務的那些人，我們也不特別著墨；畢竟至少在十八世紀以前，絕大多數的人們對於自己生活的地區與國家之外發生了什麼事，幾乎是一無所知。而本叢書的許多章節裡，就是以這樣的普通人為主角。儘管如此，聚焦在特定年分、以此眺望世界各地狀況的作法，仍有其一定的意義——它開創了某種可能性，也就是不以零星四散的方式，而是透過宏觀的視野，針對當時各地區人們直接面對的問題，及其對應方式的多樣性與共通性進行分析。像是大範圍的氣候變遷與疫病，各個地區在同一時期，也可能直接面對「同樣的」問題。不只如此，也有像資訊與技術的傳播、商品的流動等，有著時間差而對世界各地產生影響的現象存在。然而，儘管問題十分類似，各地區的對應方式卻不相同；甚至也有因某些地區的對應，導致相鄰地區做出截然不同的對應態度。此外，面對類似的狀況，某些地區的既有體系因此產生了重大的動搖，但其他地區卻幾乎不受影響，這樣的情形也是存在的。當我們看到這種迥異的應對方式，從而思考為何會這樣的時候，便會對各個社會的特質產生更深一層的理解。儘管將生活在遙遠分離的地區、彼此互不相識的人們稱為「同時代人」，似乎不是件普通的事，但他（她）們確實是生活在同一時間、同一個「當代」（contemporary）的人們；我們所做的，就是讓讀者試著感受箇中的醍醐味。

第三個問題是，「世界史」究竟是什麼？今日，打著「全球史」名號的著作多不勝數；儘管它們都有著超越「國史」框架的共通點，採用的方法卻林林總總、不一而足。有的將氣候變遷、環境與疫病等自然科學方法納入研究取徑，來處理大範圍的歷史；有的利用比較史或系統論方法，將重點放在亞洲，對歐洲中心主義進行批判；此外，還有運用多語言史料的海域交流史，這種有時也被叫做「全球史」。雖然本叢書秉持「世界史的視野」，卻未必會使用「全球史」一詞，而是讓各位作者按照自己的方法執筆，在選擇探討對象上也抱持著開放態度。雖然稱為世界史，但本叢書並未採取將某個年代的世界分成好幾塊、然後對各塊分別撰寫概述的作法，而是在狹窄的範圍內，盡可能提供鮮明生動的實例。因此在每一冊中，我們並不見得徹底網羅了那個年代的「世界」樣貌。乍看之下，這樣的做法或許會讓人覺得是好幾個零星主題胡亂湊在一起，然而，我們也請作者在執筆時不將各冊各章的對象框限在一國或一地區之中，而是以面向世界的開放脈絡來處理它們。「世界」並不是像馬賽克一般集結拼湊，而是像漣漪一般，以具體事例為中心，不斷往外擴散又彼此重合；描繪出這些漣漪彼此碰撞接觸的軌跡，就是本叢書的特色。「世界史」並不是一大堆國別史綁在一起的集合物，也不是事先就預設出一個所謂「世界」這樣的單一框架；相反地，我們認為它是紮根於各個地區的觀點彼此碰撞、對話，而展現出的活潑鮮明姿態。

透過以上三點，我們簡略陳述了本叢書的概念。歷史的宏觀脈動，是上至大政治家和學者，下至庶民，由各個階層的人們共同摸索與選擇所形成的。本叢書的視野雖是全球性的，但並非從超越個別眾人經驗的制高點來鳥瞰世界史的全貌，而是試著從廣泛的、同時代的視野，去比較、檢討那些跟今天的我們一樣，面對不可預測的未來不斷做出選擇的各時代人們的思考和行動方式，從而以這樣的視角，對世界史上的「轉換期」加以重新思考，這就是我們關心的所在。透過這種嘗試，本叢書希望能將歷史發展中宏觀、微觀視角的交錯，以及橫向、縱向伸展的有趣之處，介紹給各位讀者。

本叢書的各冊構成如下：

第1冊　前二二〇年　帝國與世界史的誕生
第2冊　三七八年　崩解的古代帝國秩序
第3冊　七五〇年　普遍世界的鼎立
第4冊　一一八七年　巨大信仰圈的出現
第5冊　一三四八年　氣候不順與生存危機
第6冊　一五七一年　白銀大流通與國家整合
第7冊　一六八三年　近世世界的變貌
第8冊　一七八九年　追求自由的時代
第9冊　一八六一年　改革與試煉的時代
第10冊　一九〇五年　革命的浪潮與團結的夢想
第11冊　一九一九年　邁向現代的摸索

各冊除了每一章的主要敘述外，還收錄了簡短的補充說明「專欄」，開頭也編入概觀全書樣貌的「總論」。除此之外，扉頁設有地圖，書末附有參考文獻，希望能對各位讀者有所幫助。

「歷史的轉換期」叢書監修　木村靖二・岸本美緒・小松久男

第五章 江南開發與南朝中心的世界秩序……藤井律之 241

專欄

歷史的
轉換期

02

378年
崩解的古代帝國秩序
失われた古代帝国の秩序

Turning Points in World History

總論　崩解的古代帝國秩序*

南川高志

慘敗的羅馬帝國

從伊斯坦堡一路向西，會抵達土耳其境內最接近保加利亞與希臘國境的城市「埃迪爾內」。這裡曾由羅馬皇帝哈德良（Caesar Traianus Hadrianus，西元一一七～一三八年在位）建設，所以又被稱為阿德里安堡（Hadrianopolis，哈德良堡）。西元三七八年，阿德里安堡一帶曾爆發一場大戰，交戰雙方分別是羅馬帝國東部皇帝瓦倫斯（Flavius Valens）所率領的羅馬軍隊，以及哥德人為主的聯合軍隊。這支哥德人占多數的人群在這場大戰前不久，才被來自東方的游牧民族匈人趕至黑海北岸的居住地，渡過多瑙河之後被羅馬帝國接納，簡單來說就是所謂的難民集團。不過羅馬帝國對這群難民極為嚴苛，導致他們群情激憤，最終造反。這場阿德里安堡戰役就是由羅馬皇帝親自率隊鎮壓叛軍的戰役。

瓦倫斯原本為了對抗薩珊王朝而留在敘利亞的安條克，但因為這場叛亂回到君士坦丁堡，接

---

* 原文為「失われた」，可譯為喪失、消亡。然除卻本書標題，內文原文皆使用「崩壊」，也就是「崩解」來描述帝國秩序的蕩然無存。另許倬雲於〈試論東漢與西羅馬帝國的崩解〉一文亦使用「崩解」。故此處轉用與原文不同之詞彙，特此說明。

著於阿德里安堡布下重兵。長途搬運重武器與軍備的羅馬士兵抵達阿德里安堡時早已疲累不堪，再加上八月的陽光無情地照射，讓士兵渴得無處可躲。這場於下午發動的戰役雖是羅馬正規軍對上難民集團，但兩翼的羅馬騎兵為哥德人的騎兵擊潰，中軍的步兵也被哥德人的部隊壓制，導致全軍土崩瓦解。在一片慘敗的混亂中，負傷的皇帝被迫退入一間小屋，但這間小屋被放火焚燒，皇帝也被燒死。除了皇帝之外，光是將校階級就有三十五人戰死。現代的研究者推測，在這場戰役戰死的羅馬士兵高達一萬至兩萬人左右，完全是一場羅馬帝國單方面的慘敗戰役。一時間，羅馬帝國東部軍隊陷入分崩離析的狀態。為這場阿德里安堡戰役留下紀錄的同時代史學家阿米阿努斯．馬爾切利努斯（Ammianus Marcellinus）寫下「無盡後悔的破滅」一詞。十八世紀英國史學家愛德華．吉朋（Edward Gibbon）在其名著《羅馬帝國衰亡史》（*The History of the Decline and Fall of the Roman Empire*）也根據阿米阿努斯的史料，將這場羅馬帝國的慘敗與羅馬軍被漢尼拔率領的迦太基軍包圍，最終全軍覆沒、第二次布匿戰爭的坎尼會戰相互對照。

在這場阿德里安堡戰役爆發之前，羅馬軍也曾被外邦部族擊敗，也曾有皇帝戰死，但經過這場戰役之後，渡過多瑙河、進入羅馬帝國境內的人們已無力揮軍北上，也無法如早期移居的人民般融入帝國生活。在這場戰役結束後的短短三十年內，有許多人從帝國的北方或東方進入帝國，帝國也逐漸失去原有的整合性。羅馬帝國在四世紀末分裂為東西兩部，東羅馬帝國雖勉力維持現狀，但無法應付這股移民潮的西羅馬帝國卻在五世紀初期放棄以皇帝為主的統治制度，不再是一個「帝國」。

進入五世紀之後，從古代帝國崩解的無秩序空間中逐漸產生了新的秩序，也就是西歐中世紀世

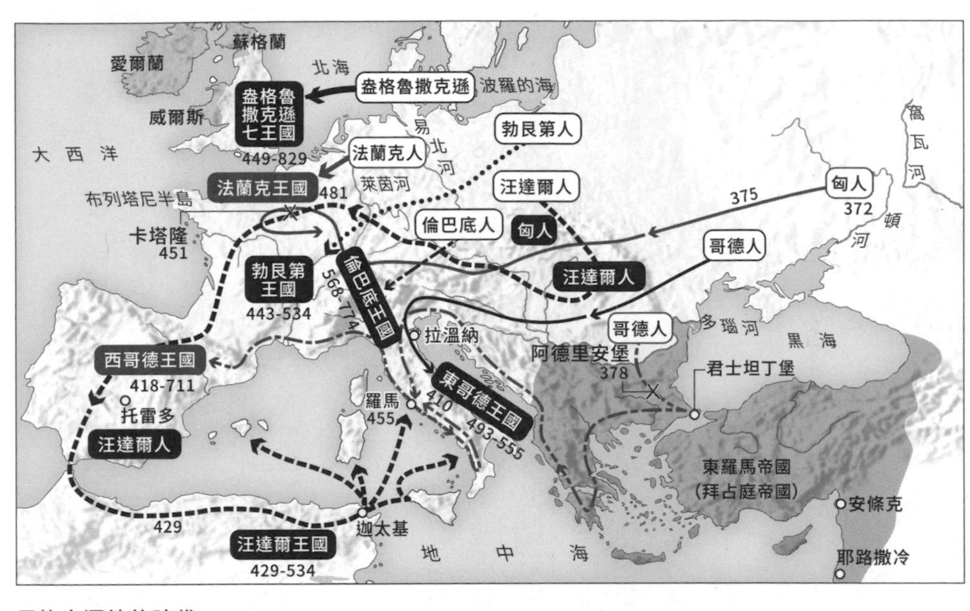

民族大遷徙的時代

界的秩序。西羅馬帝國的君主制雖然殘存至四七六年，但不過是個侍奉皇帝的地方政權，帝國舊有領地陸續出現許多由移民自行建立的國家。直到五世紀末，法蘭克人的王國才成為新秩序的制定者。反觀東羅馬帝國，皇帝掌握實權後，於五世紀時產生了有別於羅馬帝國的「拜占庭帝國」的新世界秩序。自此，在這塊羅馬帝國的舊有領地裡，東西兩部的帝國各自走上不同的歷史新篇。我們可以將阿德里安堡戰役視為古代帝國秩序被新力量摧毀、導致新秩序形成與世界改變的轉捩點。

東亞的變動

話說回來，與羅馬同樣長治久安的漢帝國，卻在二二〇年早羅馬帝國一步滅亡。魏、吳、蜀三國鼎立的狀態結束後，西晉總算在二八〇年統一中國，但也在三一六年滅亡。自秦帝國成立後，中國超過五百年以上的統一狀態至此消亡。

西晉的滅亡源自皇族互爭皇位的內亂（八王之亂），但充作兵力的北方游牧民族也趁著這場內亂吸足養分並四處作亂，最後形成永嘉之禍，讓西晉澈底滅亡。之後，華北地區出現了匈奴人劉淵與其他四個胡族（五胡）以及漢民族建立的國家，進入所謂的分裂時代（五胡十六國）。至於華南地區，則由晉王室的司馬睿建立了東晉，與華北相互對立。

南北分裂的中國原本有個統一的機會。當氐族人苻堅的前秦統一華北後，他便率領大軍攻向東晉，當時是阿德里安堡戰役結束後五年，也就是三八三年。雙方在現今的安徽省交戰，史稱淝水之戰。一邊是軍力強盛的前秦百萬大軍，一邊則是兵力僅八萬、由漢族與其他民族組成的東晉雜牌軍。

淝水之戰的結果與阿德里安堡戰役恰恰相反。因戰略失敗而陷入混亂的前秦大軍苦吞敗北。苻堅雖然得以逃出，擔任大將軍的弟弟苻融及大批前秦士兵卻戰死沙場，前秦也因這場敗戰而勢微。

此戰三年後，三八六年鮮卑人拓跋珪建立北魏，逐步擴展勢力，最後於四三九年統一華北，結束五胡十六國時代。到了六世紀前期，北魏分裂為西魏與東魏，後續又被北周與北齊取代（北魏之後的政權稱為北朝）。另一方面，在淝水之戰大獲全勝的東晉雖得以暫時休養生息，但仍逐漸衰敗，終於四二〇年被將軍劉裕所滅。劉裕建國後改國號為宋，後續華南地區的漢族政權也不斷更替（稱為南朝）。

由上可知，中國未能於三八三年統一，華北與華南也在政權不斷輪替之下彼此對立，各自形成新的

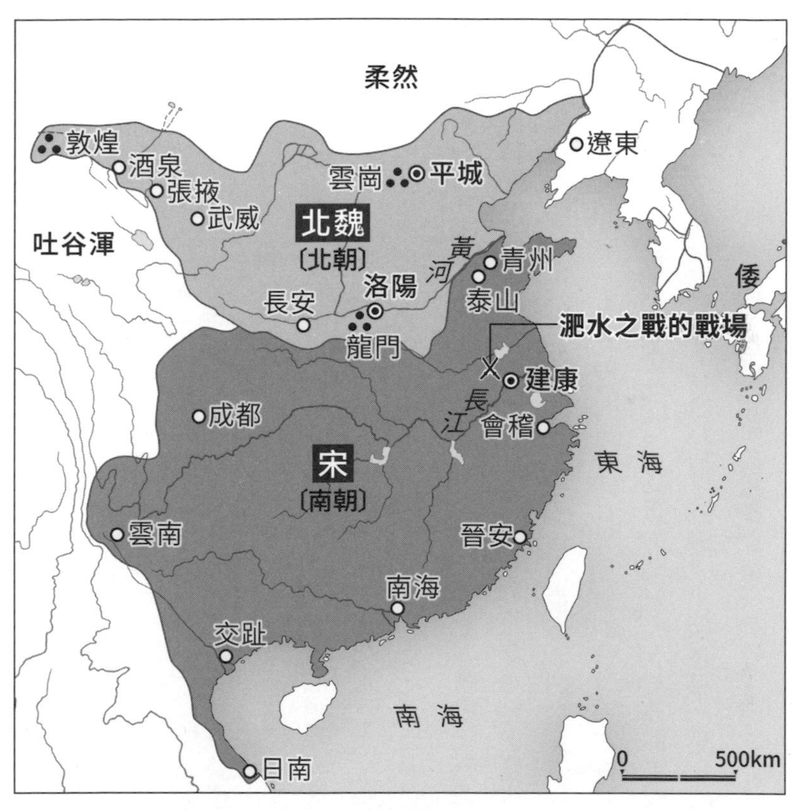

南北朝對立的時代

秩序。就這層意思而言，淝水之戰可說是象徵中國從接近統一的狀態走向分裂，歷史倏然轉變的事件。

本書討論的歷史轉變

在阿德里安堡戰役敗給外邦的羅馬軍隊中，其實有許多日耳曼人士兵；在淝水之戰敗給漢王室的苻堅大軍中，也有著相當比例的漢人士兵。另外，這兩場戰役都是古代帝國的擔綱者與繼承者，對上來自帝國外部的新勢力。只是，阿德里安堡戰役的敗方為古代帝國的擔綱者，淝水之戰的敗方則是外來的新勢力。兩場戰役雖各有樣貌，但最終都無法回到古代帝國的統一局面；這兩場戰役都意味著分裂的時代即將到來，也是分裂雙方各自建立新秩序的起點。本書的重點放在上述的共時性，希望從東西雙方的角度深入觀察，試論歷史的轉變。簡言之，本書談論的「轉變」，就是「古代帝國秩序的崩解」。

羅馬帝國與漢帝國都是足以代表古代的國家。探討這兩個國家在歷史上的特徵與發展，不僅可了解古代史，對於深入了解世界史更是不可或缺。想要了解古代帝國的本質，以及後續形成的新世界的歷史特徵，就必須深入分析這個由兩大帝國建立的世界秩序是如何崩解的。

話說回來，在思考「崩解」這個問題時，通常會考察帝國本身產生了哪些變化，例如羅馬帝國與中國王朝在政治及軍事上，出現了哪些衰退現象。但是，想探討羅馬帝國如何衰敗，或是東漢滅亡後東亞史如何開展，光研究帝國本身的衰退是不夠的，因為古代帝國的世界秩序之所以在進入四世紀後逐漸崩壞，與各地人群於四、五世紀在歐亞大陸的移動與接觸息息相關。此時將視線望向西方，相對應的例子是日耳曼人的遷徙；轉向東方，則是北方民族占領華北地區的過程。阿德里安堡戰役與淝水之戰，兩者體現的共時性有著共通的背景。本書將根據這個共通點討論帝國的核心地域，同時著重觀察帝國外側也就是周邊世界的變化，以及四處遷徙的人群，藉此說明古代帝國的秩序如何崩壞。這些地域世界各自的秩序改變了，但在哪一點上改變了？新形成的秩序又呈現了何種樣貌？本書期許能以更寬廣的視野來通盤描述。

羅馬帝國衰亡史

話說，本書雖以「古代帝國秩序的崩解」為題，但上述兩場大戰所觸發的歷史轉向，真的是歷史從「古代」進入「中世紀」的轉捩點嗎？到底羅馬帝國與漢帝國的滅亡具有哪些意義？歷史學界對此展開諸多研究，並提出不同的論點，因此本書在剖析這類歷史問題時，也會提供讀者論述的基礎或背景知識。

首先要談的是「西方」。一直以來，西羅馬帝國的滅亡被視為是西方古典時代的終結，因此討論西方的古代如何結束，就等於是討論西半部的羅馬帝國衰亡史。一般認為西羅馬帝國於西元四七六年滅亡，在這一年，羅慕路斯．奧古斯都（Romulus Augustulus）這位羅馬皇帝被傭兵隊長奧多亞塞（Odoacer）給廢黜了。但這不過是個無助的少年皇帝被迫提前退休養老而已，所以這件事並未在同時代的史料留下多深的痕跡，要到下個世紀的東羅馬帝國的著作裡，才看得到義大利居然沒有羅馬皇帝的紀錄。對同時代的人們而言，四一〇年哥德人洗劫羅馬城，才是至關重要的事件。此外，若從「帝國衰退」這個更寬廣的角度來看古典時代的終結，有人認為君士坦丁大帝於三三〇年「遷都」君士坦丁堡，是帝國衰退的開始；也有人認為三七六年哥德人渡過多瑙河，或三九五年羅馬帝國的「東西分治」，才是帝國衰退的分水嶺。

自十八世紀前期的哲學家孟德斯鳩（Montesquieu）開始，歐洲掀起了一股討論羅馬帝國衰亡的熱潮。十八世紀後期，吉朋的《羅馬帝國衰亡史》將帝國衰亡的原因指向了「日耳曼人」與「基督教」，但在後續的兩百多年內，仍出現許多不同論點。一九八四年亞歷山大・德蒙特（Alexander Demandt）這位德國學者甚至將這些論點分類成二百一十種。在眾多的論點之中，本書對羅馬帝國與日耳曼人的關係格外感興趣：自吉朋以降，羅馬人與日耳曼人就被視為是二元對立關係；而「文明」的羅馬人對上「野蠻」的日耳曼人，也成了理解日耳曼人摧毀羅馬人的帝國的認知前提。

然而，在第一次世界大戰結束之際，奧地利維也納大學教授阿方斯・多普施（Alfons Dopsch）卻認為日耳曼人絕非野蠻人，強調日耳曼人在羅馬帝國的影響下漸漸走上文明的道路，也提倡羅馬帝國與後繼的日耳曼人國家之間的連續性。在德國因引發一次大戰而備受撻伐的時代背景下，這樣的論點理所當然會被視為是在擁護「日耳曼人」。反觀二次大戰之後的一九四七年，戰時再次被德國侵略的法國則有學者安德列・皮查紐（André Piganiol）認為羅馬帝國並非壽終正寢，而是被暗殺的，他特別點出日耳曼人入侵的嚴重性。

此外，時間回推至一九二六年，俄羅斯歷史學者羅斯托夫采夫（Michael I. Rostovtzeff）出版了《羅馬帝國社會經濟史》（*The Social and Economic History of the Roman Empire*），當中提到羅馬帝國之所以滅亡，與撐起帝國的城市衰退有關。羅斯托夫采夫認為，羅馬帝國的繁榮全因帝國所轄城市及帶動城市活力的「資產階級」存在，但當帝國在三世紀陷入軍人皇帝掌權的混亂後，代表農村「無產階級」的軍隊便攻擊城市，古代帝國與引領文明前進的城市資產階級因此勢微，羅馬帝國也隨之滅亡。有人認為，這番見解與羅斯托夫采夫因俄國共產革命而不得不離開祖國的個人生命經驗有關。由此可見，歷史學者會深受自身所處時代的影響，來解釋羅馬帝國的衰亡。

從「羅馬帝國的衰亡」到「羅馬世界的變貌」

到了一九六〇年代，歷史學界對戴克里先及君士坦丁大帝之後的「後期羅馬帝國」做出了一番新的解釋。迄今歷史學者一直都認為後期的羅馬帝國不同於前期，是擁有大量官僚與軍隊的君主專制國家，而為了維持官僚與軍隊體系，需要豐沛的財源，所以必須對人民徵收更高的稅賦，為此才以土地、行業、階級來區分人民。人民無法自由選擇職業與居住地，整個社會逐漸僵化，原本負責管理城市的議員也失去光環。羅馬帝國就是這樣走上衰亡一途。這種解釋是在檢視史料之後，針對皇帝掌權情形，以及城市與城市精英的狀況而提出的新解釋。

但在八〇年代之後，學界對這個問題的討論進入了另一個境界。鑽研古代晚期基督教的彼得．布朗（Peter R. L. Brown）所發表的劃時代專書與論文，改變了學界對羅馬帝國後期的研究取徑，循著布朗路線進行的研究也倏然大增。羅馬帝國後期在《羅馬帝國衰亡史》中向來是被否定的一段時代，但布朗讓羅馬帝國後期與政治史脫鉤，而將這段時期定義為地中海周邊的文化轉型期，並從宗教、心理狀態及性別等角度切入，刻劃出歷史全貌。換言之，「羅馬帝國的滅亡」此一政治事件已不再重要，「羅馬世界的變貌」才是重點。於是從西元三世紀到八世紀，既非古典時代、也非中世紀，擁有獨立且正面意義的「古典時代晚期」歷史概念取代了向來被否定的羅馬帝國晚期，也重新解釋了這段時期。

「古典時代晚期」的歷史概念其實十九世紀末就已存在，但布朗所提出的「古典時代晚期」完全不受限於傳統的時代區分方式，因此他的歷史論述與研究吸引了許多人。進入九〇年代，歐洲科學基金會的計畫也以「羅馬世界的變貌」做為研究主題，並取得成果。「羅馬帝國的滅亡」這樣的主題已不再受到關注。

回歸「羅馬帝國的滅亡」

彼得．布朗的「古典時代晚期」概念雖然產出了不少研究成果，但到了九〇年代後期，卻浮現越來越多值得懷疑之處。包括迴避對政治史的討論，以及比起變化更偏重強調連續性，這樣的態度備受批判。早期與《羅馬帝國衰亡史》唱和的解釋認為古希臘羅馬文化在羅馬帝國後期逐漸衰退，但布朗的「古典時代晚期」論卻不做如此解釋，因為其背後的思維是以不評判文化優劣為基礎。如此思維被認為與現代社會多元文化主義的發展有關。除了布朗的「古典時代晚期」論之外，也有學者針對遷入羅馬帝國領土的人們提出新的論點。此類論點批評以往將這些遷入的「日耳曼人」打成「帶來破壞的暴民」的傳統論點，認為這群人既不暴力也不造成破壞，而是選擇「順應」羅馬帝國。

進入二十一世紀，彷彿像是批判不重視政治史的布朗「古典時代晚期」概念似的，強調「羅馬帝國的滅亡」對世界史之意義的書籍陸續問世。例如一邊闡述自恃強悍的羅馬帝國急速崩塌的事實，一邊認為匈人或哥德人的遷徙是帝國滅亡的主因，或是透過考古證據說明羅馬帝國的滅亡對人民的日常生活帶來多大變化，這類書籍的出版備受注目。而這些出版品與注目眼光，被認為與二〇〇一年的九一一事件及後續的世界局勢發展有關。即使進入二十一世紀初期，羅馬帝國衰亡史仍不斷影響著當代政治。對於羅馬帝國後期的討論，也重回「羅馬帝國的滅亡」這個主題的懷抱。

本書將根據上述的學界動向，來描繪「西方」古代帝國的落幕。內文一開始先以政治史為主軸，闡述羅馬帝國建立的世界秩序為何，以及這個世界秩序的崩解過程（第一章）。接著從法蘭克人從外部世界遷入羅馬帝國的時間點開始，敘述在西歐建立新秩序的法蘭克人王國及其社會（第二章）。再來從「大國家」與「核心城市君士坦丁堡」這兩個標準來觀察羅馬帝國東部如何應付哥德人與匈人這類外在勢力，以及當時的世界是何種面貌（第三章）。以具體的視角來敘述古代帝國秩序的崩解以至新秩序的形成，應該能看出轉換期的實際面貌。

中國史的「古代」？

除了「西方」之外，本書也想談談「東方」。日本史學界對中國史的時代劃分曾有過激烈爭論，其中有兩派尤其對立，一派是將隋唐之前劃為古代，宋到清定義為中世，之後則歸為近世；另一派則是將東漢之前定義為古代（上古），後續分裂的時期與隋唐劃為中世，再將宋之後的朝代歸為近世。*本書若依照上述爭論來解釋東漢滅亡後的分裂時期，恐怕會陷入這段分裂時期究竟該定義為中世還是古代的兩難局面。以唐為分界，將之前定義為古代，唐之後定義為中世的學者站在唯物史觀的立場，將唐之前視為奴隸社會，之後的時代則視為封建制的農奴社會。反觀將東漢之前定為古代、東漢至唐這段時間定為中世的學者則認為，中國史有著不同於歐洲史的獨特性，特別是中國在西元十世紀左右發生驟變，而從中世進入近世，開始邁向近代化。

漢帝國滅亡後，南北雙方各自樹立政權，但不管是哪一方，內部的主要人口都是漢人。在這個漢人社會裡，有人在朝為官的名門望族稱為「士族」，因此也被稱為士族社會。對於士族與皇帝的關係，學界有不同見解：一派認為與後世的貴族比較，這時期的士族對皇帝有較強的影響力，另一派認為這時期的皇帝仍擁有不遜於過去的權力。至於士族的源起，也出現了彼此對立的兩種論點：有人認為士族是源自東漢末期的地方士紳，有人則認為士族只不過是官僚。

就像這樣，做為本書課題之一的東亞，不僅到目前為止都沒有明確的斷代區分，在討論社會架構這類基本問題時也很難有定論。因此本書將漢帝國的滅亡視為「古代帝國秩序」的終結，希望以這樣的立場清楚刻劃出轉換期的時代輪廓，而不是隨著過去的爭論提出問題及闡述時代。第四章會先仔細介紹淝水之戰，接著討論東漢滅亡後的華北逐漸變化，而這些變化的意義為何。第五章則以東晉及南朝為中心，說明企圖建立新國家與社會的華南出現了怎樣的變化。

遷徙而來的人群

本書的重點除了放在維持古代帝國秩序的擔綱者身上，也會討論那些融入古代帝國世界的新移民，以便刻劃出時代全貌。不過，這些新移民究竟是怎樣的一群人呢？

為了認識引領歷史演進的擔綱者，我們在翻閱史料時，總會找到許多帶有民族中心主義（ethnocentrism，又譯種族中心主義）的史料，例如將中國視為文明的中心（華夷思想），就是非常具代表性的例子。所謂的民族中心，就是根據自身熟悉的價值觀來解讀周邊人群的行動，並將之紀錄下來。所以要從史料中探找被描述人群的真實樣貌，是非常困難的。因此，為了讓讀者理解內文的敘述背景，這裡將先行介紹在本書扮演要角的「日耳曼人」。之所以這麼做，是因為我們所要探討的古代晚期，正是各族群大幅遷徙的時代；時至今日，仍有許多人頻繁地回溯這個時代，探尋「民族」的起源。

研究西洋古代史所使用的文學作品或碑文，幾乎都以古希臘文與拉丁文寫成，所以大部分的史料都會偏向希臘、義大利以及地中海周邊人們的知識或價值觀。例如住在歐洲中部、後來被羅馬人征服的「凱爾特人」，若以今日的語言系統分類，會被定義為說凱爾特語的族群。但古代沒有所謂

＊ 前者以西嶋定生為首，後者則以內藤湖南及宮崎市定為首。另外，日本史學界沿用歐洲史學界的斷代法，將「近世」特指為近代早期（early modern period），介於中世與近代（modern）之間。

的語言系統，所以古希臘人或羅馬人都稱呼這群人為「Keltoi」或「Celtae」，也就是「住在北方的野蠻人」的意思。因此，若以現代的語言分類來區分，這些在古代被稱為北方野蠻人的人群當中，應該有不少難以被歸類為「凱爾特人」的人才對。

「日耳曼人」也是類似的情況。古希臘人與羅馬人口中的「Germani」或「Germanoi」，是指住在羅馬帝國邊疆行省或俗稱「大日耳曼尼亞」的非行省廣大區域的人。但其實，我們不能將這些人統稱為「日耳曼人」，他們也從來不曾稱呼自己是「日耳曼人」。他們肯定是以自身所屬的小族群名稱來區分彼此。因此，若要將「Germanoi」、「Germani」譯成中文，根據地名譯成「日耳曼尼亞人」絕對比「日耳曼人」這個由後世賦予特定價值觀的譯名來得正確。今日的我們實在難以斷言西元前一世紀的凱撒（Gaius Julius Caesar）在《高盧戰記》（*Commentarii de Bello Gallico*）中描述的「日耳曼人」，就是後來使用日耳曼語系的民族。

這些人群，尤其是住在羅馬帝國境外的人群，都被羅馬人歸類為文明未開的野蠻人。然而，羅馬帝國卻對這些境外之民敞開大門，例如與他們進行交易，羅馬人的貿易觸角更跨過了萊茵河與多瑙河，深入大日耳曼尼亞內部。此外，在羅馬帝國最強盛的時期，日耳曼尼亞的人們也常渡過萊茵河與多瑙河，遷入羅馬帝國境內，最終在行省落地生根，成為所謂的「羅馬人」。

一直要到西元四世紀結束之際，帝國境內以哥德人為主的人群與帝國的擔綱者彼此衝突的時代，這些日耳曼尼亞的居民才變成了與羅馬人敵對的「日耳曼人」。而導火線就是本書一開頭介紹的阿德里安堡戰役。

近代對「日耳曼人」的解釋

不過，「日耳曼人」在近代歐洲被賦予了正面意義。在相當於現今的德國與英國一帶曾在文藝復興時期發現羅馬帝國時期史學家塔西佗（Gaius Cornelius Tacitus）的作品，也總算能透過拉丁語了解這段歷史。德意志學者更解讀了他的《日耳曼尼亞志》（*De origine et situ Germanorum*），將古代的日耳曼尼亞人歌誦為自由純樸的人民，跟羅馬人不同。在十八世紀，學者也根據六世紀史學家約達尼斯（Jordanes）的《哥德史》（*Historia Gothorum*）進行考古學調查。到了十九世紀民族主義時代，基於對抗法國的意識，「德意志人」與「日耳曼人」的歷史開始交疊。古代日耳曼人的歷史對民族國家德國而言非常重要。一般認為，哥德人是從斯堪地那維亞故地移居至波蘭、烏克蘭及波羅的海一帶，最後進入羅馬帝國境內。然而進入二十世紀之後，高舉純正日耳曼民族優良血統的納粹掌握了德國政權，哥德人的遷徙地區就被解釋成外交政策上的「日耳曼人的生活空間」。

二次大戰結束後，為了遏止納粹的日耳曼至上主義所引發的暴行，政界與學界紛紛重新檢視「日耳曼人」的歷史，哥德人從北歐一路走來都維持族群同質性及正統性的看法也跟著消失。此外，雖然這些遷徙的族群有著維持繼承統治權的核心組織，但我們應該了解，族群本身會不斷地分散與重組。譬如哥德人，現在會認為他們並非一開始就有「西哥德人」及「東哥德人」的區別，是在進入羅馬帝國境內、歷經各種事情之後，才產生這類身分認同。無論法蘭克人或阿拉曼人都不是一個統一的部落族群，而是由各個小族群組成的混合族群，目前這種說法也成為定論。羅馬人從三世紀開始稱這個混合族群為「法蘭克人」，但就現代的觀點來看，不只被稱為「法蘭克人」的這群人，恐怕連羅馬人都不認為「法蘭克人」是一個具有同質性的族群。雖然這類研究已有些進展，但源自古代晚期的「民族」起源，這類議題到了二十世紀後期仍舊活躍於政治舞台，甚至引發南斯拉夫內戰及其他戰爭。

超越共時性

從現在的時點回頭檢視本書所介紹的時代，應該不難了解那是一段從統一到分裂的過渡期。當時的人們是否真能感受到時代的動盪呢？要解開這個問題絕非容易，但從當時的史料來看，長期以來被視為理所當然的政治與社會體系的確毀於一旦，人民也難以維持舊有的日常生活，整個社會肯定充滿了混亂。古代帝國在西元三、四世紀之前的歐亞大陸東西兩側建立了「長期以來被視為理所當然的政治與社會體系」，像這樣規範日常生活的架構、猶如空氣般存在的古代帝國秩序是如何崩解的，以及新架構是如何從中形成的，之後將有具體的介紹。

東西兩側的古代帝國之所以崩壞，與外部世界人群的遷徙息息相關。不管是西方還是東方的人民，恐怕都面臨了相同的課題與挑戰。眾所周知，在本書介紹的時代裡，陸路與海路貿易路線串起了歐亞大陸東西兩側，然而這一切也與政治的動向有關。對西方古代帝國造成深刻影響的匈人，與東方的匈奴到底有什麼關係？至今仍是未解之謎。因此，我們無法將在西方與東方發生的事情直接掛勾。

不過讀者在閱讀第一至三章，以及第四至五章描繪的世界變遷時，應該能從中找出東西兩方的差異、共時性，以及超越共時性的共通點，說不定還能發現同時代生活的人們奮力解決共同課題的痕跡。確認差異是學習歷史的基本功，然而找出東西世界的共通點，才能細細品嘗世界史的醍醐味。

第一章　羅馬世界秩序的崩解

南川高志

1　羅馬世界秩序

羅馬帝國全盛時期的樣貌

西元前二世紀中葉，稱霸地中海周邊地域的羅馬帝國持續擴大勢力範圍，國內政治體制也從城邦的共和制逐漸轉型為帝國。前三一年，擊敗政敵安東尼、掌握羅馬實權的屋大維（Gaius Octavius Thurinus）雖暫時將內戰時取得的統帥權交還國家，但在元老院委任他管理大部分的行省後，統帥權又回到他的手中。他將自己的代理人分派至由他管轄的行省擔任總督或軍團長（總督代理）之後立刻取得元老院管轄行省的總督人事權，整個帝國的統治權自此形同囊中之物。此時的他就算不擔任國家最高公職的執政官，或是神聖不可侵犯的護民官，也掌握了這些要職的權限。此外，他還擔任國家宗教的最高職位大祭司。自此，羅馬政體就於前一世紀轉型為獨裁體制，這與前六世紀末期共和制創始以來所忌憚的君主制於本質上無異。屋大維於前二七年自元老院獲贈奧古斯都（Augustus）的尊稱。這個由奧古斯都掌控的政局，表面上是歌誦共和制復興，實際卻是具有無上權限與權威的他，一手把持的獨裁政體。成為第一公民（元首）的奧古斯都以「元首制」的形式施行帝制，羅馬皇帝就此誕生。帝國化的羅馬催生出了皇帝與帝制。

之後約有兩個世紀，羅馬帝國穩定統治著地中海周邊、中歐與中東如此寬廣的地區，而這段時期通常被稱為「羅馬和平」，是帝國十分繁榮的時期。將此時羅馬統治世界的體制稱為「羅馬世界秩序」，應是相當合適的。本書提及的古代世界劇變，在西方指的就是羅馬世界秩序的崩解，所以接下來要為大家具體說明「羅馬世界秩序」究竟是什麼。

共和時期的內亂結束後，由奧古斯都建立的全新政治體制也就是帝制，在羅馬社會迅速生根。之所以能如此迅速，多少與奧古斯都活到七十七歲的高齡（在古代，七十七歲算少見）有關。一手掌握大權的奧古斯都自行指定繼承人，「王朝」也就此形成。雖然一世紀後期爆發了爭奪皇位的內亂，皇帝家系從奧古斯都的家系交棒給其他家系，但以皇帝為主軸的政治體制仍繼續維持。進入二世紀前期，國內的政治與社會在多位皇帝的治世下十分穩定，對外也展示了自身的強盛，羅馬帝國便於此時進入全盛時期，即俗稱的五賢帝時代（西元九六～一八〇年）。

在五賢帝時代，羅馬帝國的統治範圍北至不列顛島，南至埃及南部，西至摩洛哥，東至伊拉克，幅員非常遼闊。當時羅馬帝國跨出地中海周邊，除了將版圖擴張至阿爾卑斯山北部，也跨海占領不列顛島，同時在多瑙河對岸也就是現今的羅馬尼亞一帶設置了達契亞行省，並在萊茵河西岸設置了高盧行省與大日爾曼尼亞行省。多瑙河沿岸的行省陸續出現了多座城市，各地區人口逐漸增加，羅馬也不再是個「地中海帝國」，而是名符其實的世界帝國。

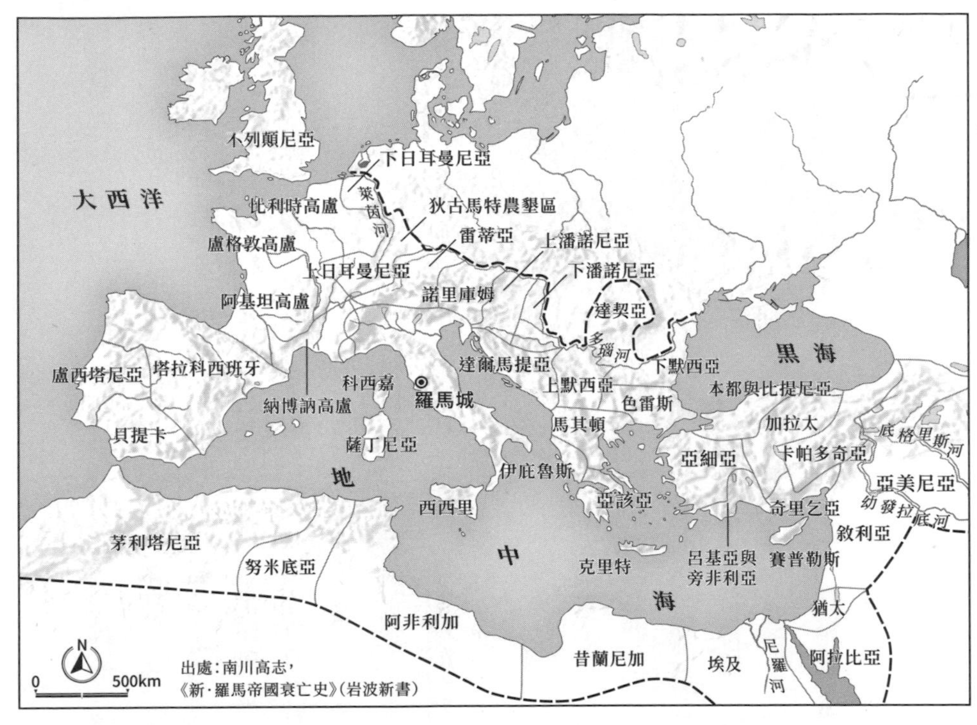

全盛時期的羅馬帝國（二世紀初）

在羅馬帝國長成龐然巨獸的過程中，國家與社會的基本元素也跟著改變。其中最顯著的，便是引領帝國前進的「羅馬人」被賦予了新的意義。從羅馬城崛起的羅馬帝國，以這座義大利中部的小城市為起點，一邊確認羅馬城的歷史，一邊擴張領土，再藉著各種機會將羅馬城的公民權授與義大利半島其他城市的居民，增加羅馬公民的人數。這類擁有羅馬公民權、亦即名義上的「羅馬人」不斷增加，尤其是在前一世紀初同盟者戰爭結束後，義大利半島各城市都被授與了羅馬公民權，而這項公民權授與政策也隨著凱撒遠征高盧與其他遠征作戰繼續施行。到了帝國時期，各行省擁有羅馬公民權的「羅馬人」已不計其數。這群與羅馬城或義大利毫無淵源的「羅馬人」，最終成為帝國統治階層的一員。

當羅馬帝國征服的地區被納為行省後，在帝國的統治下，居民也逐漸習慣羅馬式的制度與生活，並陸續取得羅馬公民權。這些地區的城市化速度非常顯著，例如建立羅馬式城市，或是舊部落的根據地轉型為羅馬式城市等等。演變到最後，行省的城市權貴躋身帝國統治階層變得習以為常，二世紀前期甚至有人登上了皇帝寶座，像前述五賢帝之一的圖拉真及後續的四位皇帝，都是來自行省。儘管羅馬帝國重視血統與國家的歷史傳統，但不管來自何處，只要行為舉止像個「羅馬人」，就能躋身帝國的統治階層。羅馬帝國全盛時期的政治體制，就是由這些「羅馬人」當中的權貴人士來實行統治。

服從、合作、共犯

在政局穩定的帝國時期，羅馬城的帝國政府會派遣具有元老院議員或騎士身分的人前往帝國各地擔任行政或軍事職位，但派到行省的公職人員少得驚人，不過三百餘人。如此少數的官員能充分治理幅員廣闊的全盛期羅馬帝國，全有賴於行省城市充分自治，以及主導這些城市的在地權貴人士。

在羅馬逐漸帝國化、成為帝國的過程中，與羅馬爆發激烈衝突的地區雖然發生了難以言喻的慘劇，但進入帝國時期後，這些地區變得越發習慣羅馬式的制度與生活。帝國西半部陸續出現羅馬式城市，舊部落的根據地也轉型為羅馬風格，城市化現象尤其顯著；而帝國東半部，尤其是希臘城市居多的地域，希臘古典時代與希臘化時代的城市也依舊繁榮。當時的羅馬將這類城市規劃為行政單位，交由在地的權貴主導城市的政局。有羅馬帝國的支持做為後盾，這些在地權貴更能進一步強化控制城市的力道。羅馬與這些城市權貴一同成了統治帝國的共犯。

這些城市除了應帝國要求徵兵納稅，還得擔起自治的責任，興建公共建設，努力改善市民的生活環境。帝國的西半部，特別是高盧、伊比利亞半島南部與北非一帶，設有廣場（forum）、巴西利卡*及各類羅馬式建築的棋盤狀城市林立。除了建築外觀，這些城市也模仿羅馬城的民眾大會、元老院、執政官及其他公職制度，設立民眾大會、市議會與二人執政官（duumviri）這類城市官職。城市居民漸漸熟悉拉丁語、羅馬宗教及法律，羅馬式的生活風格於當地紮根，公共浴場與圓形競技場這類義大利半島各城市的娛樂設施也完整移植到每座城市。當時普遍認為羅馬式的生活型態就是「文明」的象徵，臣服羅馬帝國等於進入文明的生活。行省民漸漸接納羅馬人的生活方式，也嚮往成為羅馬人，企圖藉由「模仿羅馬人」提升自己的社會地位。

由此可知，全盛時期的羅馬帝國並非單純倚靠武力壓制各地，而是在被征服者的誠心合作下治理各地。這種中央與地方合作的統治風格與實際統治情形，要在帝制出現、特別是西元二世紀時才

---

* basilica，原本指類似官員辦公處的公共建築，後來該建築布局被基督教挪用、建造教堂，成為一種建築形式的名稱。今日天主教會具特殊地位的教堂「宗座聖殿」亦稱巴西利卡。

得以確立。這就是在羅馬帝國境內實現的「世界秩序」。此種帝國型態有兩個重點，第一是同意帝國的統治方式且互為合作的，多是城市的權貴人士；第二是居民的認知。換言之，如此廣闊的帝國之所以能持續整合，全在於人民認同羅馬帝國的治理系統，將「身為羅馬人」視為一種榮耀，或覺得在帝國的治理下得以安居樂業。

羅馬帝國的內部與外部

以上所說的是羅馬帝國內部的「世界秩序」。倘若將視線望向帝國外側，那所謂的「羅馬世界秩序」又是怎麼一回事呢？

全盛時期的羅馬帝國將廣大的領土劃分成許多行省治理。坊間的歷史書或教科書一般將萊茵河與多瑙河視為羅馬帝國的自然邊界，帝國也會建築城牆保護行省。攤開歷史地圖，萊茵河、多瑙河或不列顛島的哈德良長城通常也被標註成羅馬帝國的「邊界線」。然而，羅馬帝國雖然有軍隊駐紮的邊境，卻沒有現代意義上用來排除他者的「國界」。

在羅馬人的想法裡，只要有人的地方都該由羅馬人統治，所以帝國是沒有「邊界」的。所謂的帝國境內，不過是為了方便羅馬人統治才劃出的行省。不管是萊茵河還是多瑙河，在現代的英國或德國築起的城牆，在當時也不是用來阻斷帝國內外的牆壁。人民與貨物平常都會來往於帝國內外，為了管制這些來往活動，帝國才會派遣羅馬軍隊駐紮管理。在當時，羅馬帝國的生活型態與經濟活動遠遠超過軍隊駐紮的邊境，例如在距離萊茵河以東二百公里遠的日耳曼尼亞一帶，就發現了羅馬風格的日常用品與貨幣。可見羅馬帝國不是用一條「界線」區分內外，而是用一片「區域」劃分，平時也並未設置將外部人群擋在境外的牆壁。

為了交易，羅馬帝國居民常常越過萊茵河、多瑙河附近的邊境進入日耳曼尼亞境內，日耳曼尼亞居民也會移居至羅馬帝國境內。進入帝國時期後，時常有大群移民進入帝國境內，帝國也接納這些移民，於是這些移民便就此定居，成為羅馬帝國的一分子。在奧古斯都統治時期，約有五萬名蓋塔人移居至多瑙河河口附近的默西亞行省；繼任的提貝里烏斯（Tiberius Caesar Augustus）時期也有四萬名日耳曼尼亞人移居高盧；到了西元一世紀的尼祿（Nero Claudius Caesar Augustus）時期，默西亞行省總督甚至在碑上刻下高達十萬人移居行省的紀錄。雖然這些移民的後續生活沒有留下任何史料，但全盛時期羅馬帝國的史料也沒有記載這些移民曾造成哪些大麻煩，可見這些移民隨著時間慢慢融入了帝國的生活，成為帝國居民。由此可知，全盛時期的羅馬帝國不僅在帝國內部建立了所謂的羅馬世界秩序，這個羅馬世界秩序也對外部的居民敞開大門。羅馬人雖然重視國家的歷史，卻不會因為出生地點的不同，排斥帝國之外的人民。自認「文明」的羅馬人雖將帝國之外的人民視為不知文明為何物的「野蠻人」，但只要是承平時期，他們不會將這些化外之民視為嚴格意義上的他者。羅馬人眼中的「他者」，是古典希臘時期的遠東世界、波斯與帕提亞，並非這些日耳曼尼亞的人民。

混亂與重建的時代

羅馬帝國在五賢帝最後一位的奧里略（Marcus Aurelius，一六一～一八〇年在位）時期飽受外族侵略行省（馬科曼尼戰爭）之苦。奧里略死後，帝國在一九〇年陷入混亂政局，內亂四起。到了三世紀，萊茵河與多瑙河的邊境地帶不斷受到外部侵擾，帝國東部邊境也被取代帕提亞帝國的薩珊王朝攻擊。在這種情況下，皇帝均由軍隊擁立或罷黜。當皇帝不斷換人，帝國就再也無法如往日般正常運作。皇帝也不再屬於元老院議員這類社會精英，而是由擁兵自重的軍人登基，這就是為什麼這個時代被稱為軍人皇帝時代的原因。經濟活動也因政治動盪而低迷，帝國境內多數地區陷入混亂，尤其在二六〇年時，羅馬帝國西部的高盧行省與日耳曼尼亞行省反叛，獨立為高盧帝國（Imperium Galliarum），東部以商隊城市聞名的帕米拉（Palmyra）也擴張勢力，實質上脫離帝國掌控。

到了軍人皇帝時代後期，在數任皇帝的努力下總算擊退入侵者，帝國也向外部勢力進軍，企圖回歸一統，最終畢其功於一役的是戴克里先（Gaius Aurelius Valerius Diocletianus，二八六～三〇五年在位）。戴克里先以中央集權統一帝國後，立刻推行財政改革，對外採取攻勢，重新樹立羅馬帝國的威望。三〇五年戴克里先主動退位後，帝國一度陷入爭奪帝位的混亂，但到了三二四年，君士坦丁大帝（Constantinus the Great，又稱君士坦丁一世）再次統一帝國，之後也不斷征戰各地，提升羅馬聲望。

君士坦丁大帝於三三七年辭世後，其三子將帝國一分為三。君士坦丁大帝宣布承認長期受迫害的基督教為合法宗教，並支持教會；但對羅馬來說更重要的是，他將三名兒子養成了基督徒，羅馬帝國也因此成為由基督徒擔任皇帝的國家。

一分為三的羅馬帝國在歷經兄弟鬩牆與篡奪皇位事件之後，三五四年君士坦丁二世（Constantinus II）成為羅馬帝國唯一的皇帝。他戮力維持其父君士坦丁大帝建立的帝國版圖，由君士坦丁大帝建立的政治體制也因此更加鞏固。皇帝進一步神格化，獨立於統治階層之外，受寵的部分元老院議員、官僚及宦官則在皇帝之下操持政局。對外方面，東側持續與薩珊波斯王朝對抗，維持當地統治，西側則由擔任副帝的尤利安（Flavius Claudius Julianus）統治萊茵河邊境一帶。帝國的國力在君士坦丁大帝死後未見任何衰退的跡象。

尤利安之後的世界

以副帝之姿統治高盧的尤利安在三六〇年造反，劍指當時在位的君士坦丁二世，但君士坦丁二世在隔年猝死，尤利安遂在內戰未全面引爆的情形下成為皇帝。進入君士坦丁堡後，他曾試著讓宮廷的一切從簡，也曾試著壓制宦官權勢，無奈前朝皇帝留下的政治生態與宮廷風格實在難以動搖。

此外，擺脫逐漸得勢的基督教、改投希臘羅馬傳統多神信仰的尤利安雖未曾迫害基督徒，卻不再保護支持前幾位皇帝信奉的基督教，而轉為重視傳統多神信仰活動，尤其重視與眾神溝通的獻祭儀式，他也因此被後世稱為「背教者」。不過這些行為都只是基於他個人的哲學思想與信仰，所以不僅惹怒基督徒，也難以取得傳統多神教的信徒諒解。三六三年決定親征波斯薩珊王朝的尤利安因過於深入敵陣，在底格里斯河畔的馬蘭加（Maranga）戰死，繼位者為基督徒約維安（Flavius Jovianus），尤利安一手主持的傳統宗教復興也就此煙消雲散。

新皇帝約維安與薩珊王朝議和，結束遠征踏上歸途。尤利安戰死與新皇帝的議和或許會讓人覺得羅馬軍隊吃了敗仗，帝國在東半部轉趨劣勢，但尤利安死後的帝國對外實力並沒有衰退。尤利安雖然遠征失利，但羅馬帝國只損失了底格里斯河以東的統治地區，還有美索不達米亞平原上的一些城市與據點。此外，尤利安在副帝時代曾於高盧與阿拉曼人多次交戰，誇示羅馬帝國的戰力，也多以勝利作結，所以帝國西半部可說是完全由羅馬宰制，也足以證實羅馬對外並未衰退。

甫即位的約維安於三六四年二月猝死，繼位者為瓦倫提尼安一世（Valentinian I，三六四～三七五年在位）。他生於多瑙河沿岸潘諾尼亞行省的西巴萊（Cibalae），是一名作戰經驗豐富的軍人。在小亞細亞的尼西亞即位後，他移駕帝國西部，繼承尤利安於副帝時期統治的帝國西半部領地，也於萊茵河一帶戰勝阿拉曼人、法蘭克人與撒克遜人。三六七年，不列顛島的諸部落圖謀占領了倫敦，瓦倫提尼安一世派遣老狄奧多西（Theodosius the Elder，之後狄奧多西大帝的父親）迅速驅趕外敵，重振行省的秩序。當夸迪人與薩爾馬特人入侵多瑙河沿岸的潘諾尼亞行省時，他也隨即處理。面對不斷侵擾的外族，瓦倫提尼安一世總是機敏地應對。直到三七〇年代中期前，萊茵河與多瑙河邊境一帶都在羅馬的控制下，帝國的威信也未曾有過絲毫動搖。

不過，這位瓦倫提尼安一世在即位之際，果敢做出了某項決定。他在即位一個月之後，將帝國領土分成東西兩半，東半部委由其弟瓦倫斯以共治身分治理。瓦倫斯比兄長年輕七歲，曾在尤利安與約維安皇帝的麾下擔任侍衛官（Protector）此一軍事精英職位。這對兄弟將軍隊、政府官員及相關財務（稅收）分成兩半，並於三六五年年初一同擔任執政官，帝國的統一與合作就此確立。後續兩人又於三六八年、三七〇年、三七三年擔任執政官。此時的羅馬帝國處於東西共治的狀態，但仍是一個帝國。

瓦倫斯才剛以君士坦丁堡為據點展開統治，自稱尤利安後裔、其實只是尤利安時期的高官普羅科皮烏斯（Procopius）就趁三六五年九月瓦倫斯離開君士坦丁堡之際發動叛亂自行稱帝，也奪取了首都。隔年五月瓦倫斯便平定叛軍，奪回帝國東部的統治權，史書卻將瓦倫斯評為無能的統治者與指揮官。即便如此，事件結束後直到三七〇年代中期，瓦倫斯仍不斷與哥德人及波斯薩珊王朝征戰，十分活躍。換言之，三七〇年代中期的羅馬帝國對外態度依舊強勢，也仍保有一定程度的威信與聲望。

2 西元三七八年的震盪

新羅馬人、新羅馬軍隊

正當統治帝國東半部的弟弟瓦倫斯準備平亂時，帝國西半部的哥哥瓦倫提尼安一世讓長子格拉提安（Flavius Gratianus）在三六七年登上與自己相同的正帝帝位，當時格拉提安還是個八歲的孩子。瓦倫提尼安一世於三七〇年代前期將這位幼帝放在高盧北部的特里爾，以保多瑙河流域的治安，自己卻在三七五年猝死於現今布達佩斯西北部的布里吉蒂奧，年僅十六歲的格拉提安就此繼承帝國西部。不過，在邊境與瓦倫提尼安一世共同作戰的軍隊卻擁護另一名年僅四歲的皇子瓦倫提尼安二世為正帝。發起這場行動、逼迫格拉提安與瓦倫斯首肯的，是握有軍權的梅洛巴烏狄斯（Merobaudes）。在格拉提安治下握有實權的他曾兩度擔任執政官，但他其實是個法蘭克人。

在三世紀這個危機四伏的時代，大多數皇帝都出自多瑙河南岸至巴爾幹半島這一帶的行省。於軍人皇帝時代登基的皇帝也有很多是來自這塊伊利里亞地區的下層社會。君士坦丁大帝是如此，四世紀後期的瓦倫提尼安一世也是如此。不過，戴克里先統治前的三世紀，與君士坦丁大帝之後、特別是這位瓦倫提尼安一世的時代有著決定性的差異，那就是在皇帝的基礎下，羅馬軍隊的中樞分子與軍隊本身組成出現了明顯的變化。

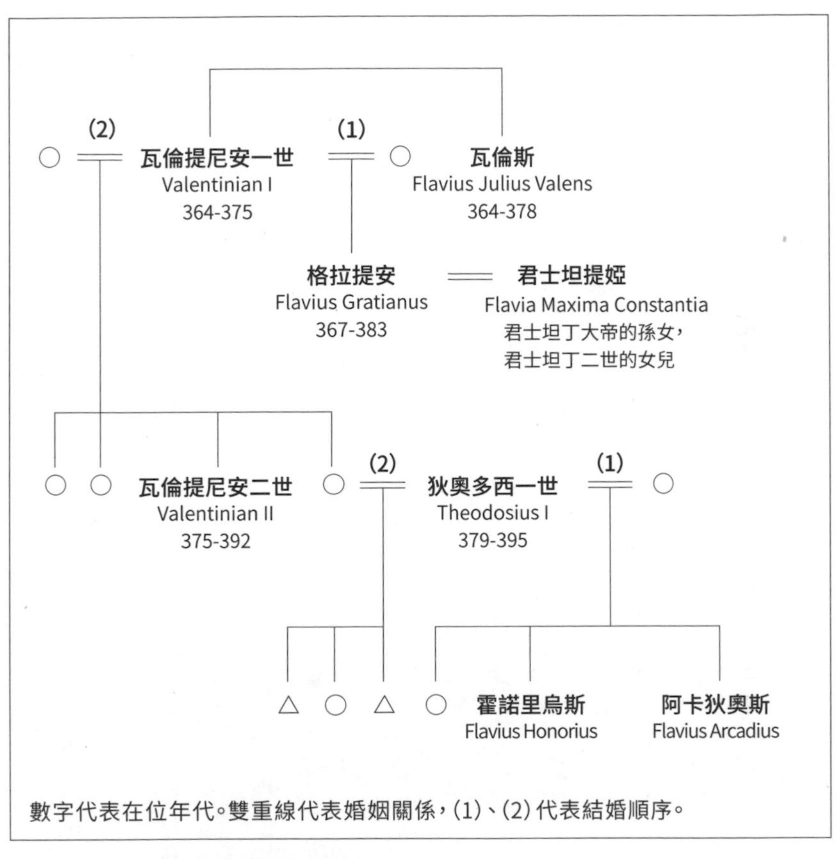

瓦倫提尼安一世與狄奧多西大帝的家譜

進入三世紀後，萊茵河東部與多瑙河北部的外族們越來越常侵擾帝國邊境的行省。這些入侵的族群與塔西佗《日耳曼尼亞志》記載的那些不同。這群人之中的阿拉曼人占領了萊茵河與多瑙河上游的阿格里戴克美特地區，並將這塊地區更名為阿拉曼尼亞。而哥德人在二五一年戰勝了原以為無法擊退的羅馬，皇帝德基烏斯(Trajan Decius) 更因此戰死。法蘭克人也開始於萊茵河下游一帶活動。

到了四世紀，這些部落不僅入侵羅馬帝國，還在帝國境內落地生根，過起了羅馬帝國居民的生活。如前節所述，在一至二世紀帝國的全盛時期，就已經有許多人集團式地渡過萊茵河與多瑙河，進入羅馬帝國定居，但到了四世紀之後，皇帝要求這些外族集中居住，也要求他們服役。這些於帝國境內定居的人群被稱為「Laeti」（異族人）。此外，從四世紀君士坦丁大帝統治時期就出現與羅馬結盟，在帝國境內展開自治生活，擁有獨立指揮權，與羅馬士兵一同作戰的人，這些人被稱為「Foederati」（異族盟軍）。軍隊可說是這些外族最重要的職場，尤其在萊茵河、多瑙河等邊境地區更是如此。

君士坦丁大帝統治時期最為知名的，就是讓這些外族部隊擔任皇帝的近衛軍。君士坦丁大帝於不列顛島登上帝位的三〇六年，當時阿拉曼人首領庫洛庫斯（Chrocus）就出了不少力；而君士坦丁大帝親征李錫尼（Licinius）的三二四年，帶領軍隊獲得勝利的指揮官是法蘭克人波尼托（Bonitus）。史書也記載，君士坦丁大帝對「蠻族」特別禮遇，甚至讓蠻族擔任執政官；但這應該不是事實，因為翻閱歷任執政官的名冊，並未發現疑似外族人士的姓名。不過，在看到五世紀的史學家佐西姆斯將「日耳曼人」、「凱爾特人」與「不列顛人」視為君士坦丁大帝主要的軍事力量時，可就不能以一句「這不過是古典時代晚期史學家的偏見」來解釋了。實際上，君士坦丁大帝在三一二年打倒馬克森提烏斯進入羅馬城時，就新設了「帕拉提」（Scholae Palatinae）這支近衛軍；眾所周知，這支近衛軍是由「日耳曼人」組成。君士坦丁大帝放棄戴克里先強化邊境守軍的政策，並擴增皇帝的隨從機動軍隊，但這支機動軍隊的士兵也都來自外族。當軍隊在帝國政治扮演的角色越發吃重，由外族組成的近衛軍自然會掌握更多的權力。

當這些外族掌握更多權力後，自然會對帝國的重大政治事件產生影響。三五〇年，一手篡奪君士坦丁大帝么子君士坦斯一世（Constans I）帝位的馬格嫩提烏斯（Flavius Magnus Magnentius）是君士坦丁大帝時期的一位司令官；他是前面提到的「異族人」出身，據說父親來自不列顛島，母親則為法蘭克人。此外在三五五年君士坦提烏斯二世（Constantius II）治下發動叛變的西爾瓦努斯（Silvanus），他的父親就是先前提到的君士坦丁大帝總司令官法蘭克人波尼托，史料上也記載其母為「蠻族出身」。

除此之外，起用外族的統治者還包括了君士坦丁大帝的外甥尤利安。尤利安在擔任副帝統治高盧時，曾與阿拉曼人與法蘭克人多次交戰，也讓部分法蘭克人移居至萊茵河河口。另一方面，他也讓外族擔任自己的部下，法蘭克人尼維塔與阿拉曼人阿基洛就是非常著名的例子。君士坦丁大帝時期確立了以機動軍隊為中心的羅馬軍隊體制，最高職位為總司令官（Magister militum），到四世紀末為止，四十四任總司令官之中有一半來自外族。在時代如此變遷下，法蘭克人梅洛巴烏狄斯才能於先前提到的格拉提安治下掌權。繼梅洛巴烏狄斯之後，包托（Bauto）、李科梅爾（Richomeres）、阿波加斯特（Arbogast）等法蘭克人都擔任總司令官，成為達官顯要。慢慢地到了四世紀後期，來自帝國外部的軍人都陸續擔任軍方最高職位的總司令官。

哥德人的遷徙與阿德里安堡戰役

在瓦倫提尼安一世猝死、造成帝國西半部動搖的三七五年，帝國東半部也出現了困擾皇帝的難題。許多黑海北岸的居民受到來自遠東的匈人威脅，不得不向南逃難到羅馬帝國邊境。這群難民主要為哥德人與阿蘭人。其中有一群由阿拉費法斯（Alavivus）率領的哥德人向東部羅馬皇帝派遣使者，希望瓦倫斯允許他們進入多瑙河南岸的色雷斯行省避難，他們也願意為羅馬帝國提供兵力。*由於之前都有接納外族的前例，瓦倫斯便答應他們，認為這是另一個帝國兵力的補充來源。

三七六年，阿拉費法斯率領的哥德人渡過多瑙河，進入色雷斯行省。但當地的羅馬軍司令官對這些難民百般刁難，不僅限制其行動，還逼迫這群無糧無地的人們以高價購買糧食，輕率地對待他們。當這群難民的不滿與怒氣持續高漲，軍司令官居然還想拘捕領袖。從羅馬布下的陷阱中脫逃的哥德人領袖菲列迪根（Fritigern）揭穿羅馬人的虛偽，並號召南下的各族群組成聯盟。此時的難民武裝成團，儼然是一群暴徒。

管控移民失敗的軍司令官出兵鎮壓哥德人，卻被菲列迪根的軍隊痛擊，不得不敗逃他處。如此一來，多瑙河下游的邊境不再有羅馬軍隊管理，移居行省的人民總算能不受任何限制，自由地生活。越來越多人投靠菲列迪根的軍隊，最後甚至連匈人與阿蘭人也加入。

與東邊薩珊王朝交涉的瓦倫斯在三七八年回到君士坦丁堡之後，便出兵鎮壓北方的騷動。三七八年八月九日，於君士坦丁堡西北處的阿德里安堡布陣的羅馬軍隊頂著豔陽，與哥德人組成的軍隊正面交戰。一如本書開頭所述，羅馬在這場戰役中慘敗，皇帝戰死，指揮官克拉斯與許多士兵跟著橫屍沙場，羅馬帝國東部的軍隊也就此瓦解。

西部的格拉提安接到叔父瓦倫斯戰死、帝國東部軍隊重創的消息後，立刻採取對應行動。這位十九歲的皇帝並未御駕親征，而是任命在西班牙、年過三十的狄奧多西前往東部統治。這位狄奧多西於三七九年即位後（Theodosius the Great，又稱狄奧多西一世）立即展開行動。幸運之神站在他這邊。在阿德里安堡大獲全勝的哥德人軍隊進軍君士坦丁堡，最後卻以失敗收場，軍力大為削弱。狄奧多西大帝在此時採取各個擊破的戰略，將勝利收入囊中。然而，此時羅馬帝國已無力將哥德人驅趕回多瑙河北部，於是三八二年皇帝將之納為「異族盟軍」，讓他們於行省定居。羅馬史研究學者對於三八二年狄奧多西大帝的這項舉動極為重視，認為從此以後，帝國境內出現了由哥德人統治的國中之國。但若比對史實就會發現，接納異族盟軍在當時並非特別的處置；除了早有前例外，統治羅馬帝國西部的格拉提安也才剛讓哥德人以異族盟軍的身分進入潘諾尼亞行省。只要這些移民後續也在當地定居的話，與之前的情況可說是沒有任何不同。

不過，阿德里安堡戰役成為風雲急變的分水嶺。主要的變化有兩個：一個是被接納的移民並未就此定居，而是繼續展開遷徙；另一個就是羅馬帝國敗北後，帝國內部對於參與政治與軍隊的外族

＊ 本支哥德人族群日後被稱為西哥德人（Visigoths）。

的敵視浮上檯面。這兩種變化都是前一節所述「羅馬世界秩序」開始瓦解的徵兆。那麼，下一節就來說明這個世界秩序瓦解的過程。

3 帝國西半部統治體制的崩解

狄奧多西大帝的時代

接納哥德人之後，狄奧多西大帝變得很少離開君士坦丁堡。在隔年，也就是三八三年，發生了任命狄奧多西為皇帝的羅馬帝國西部皇帝格拉提安被殺、帝位被篡的大事件。篡位者馬格西穆斯（Flavius Magnus Maximus）要求狄奧多西大帝承認他的正統性，狄奧多西大帝也應允了，並未採取任何行動。

三八七年，馬格西穆斯入侵格拉提安同父異母的弟弟瓦倫提尼安二世統治的義大利，年幼的瓦倫提尼安二世逃亡至狄奧多西大帝處，狄奧多西大帝遂起兵征討馬格西穆斯，最終獲得勝利。之後他將羅馬帝國西部統治權交還給瓦倫提尼安二世，自己則再度返回君士坦丁堡。

三八〇年代的羅馬帝國西部不管是在格拉提安或瓦倫提尼安二世的統治時期，權力中樞都由外族軍人把持。除了前面多次提到在暗地裡操控皇帝的梅洛巴烏狄斯，三八〇年任總司令官、三八五

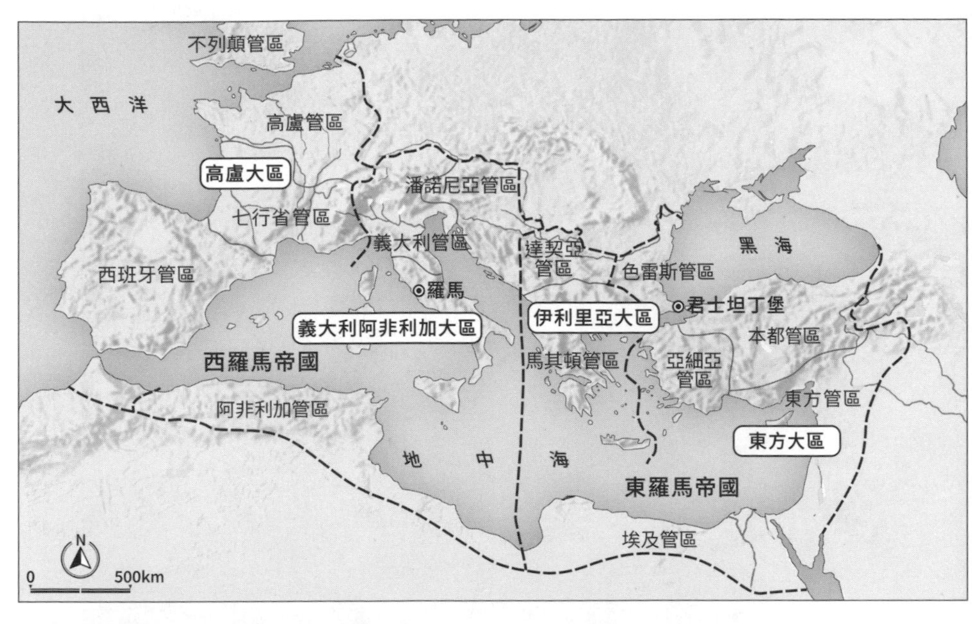

羅馬帝國東西分治行政圖（大區與管區）

年任執政官的法蘭克人包托將女兒尤多西婭（Aelia Eudoxia）嫁給狄奧多西大帝的長子阿卡狄奧斯（Flavius Arcadius）。三八四年擔任執政官的法蘭克人李希梅爾也手握大權，他的外甥阿波加斯特也於三八八年取代包托成為總司令官。由此可見，歷任皇帝非常重用這些外族。不過阿波加斯特卻掀起了某個事件。

三九二年五月，與阿波加斯特對峙的皇帝瓦倫提尼安二世在高盧行省的維埃納被人發現遺體。進入八月後，阿波加斯特擁立修辭學家尤金尼厄斯（Flavius Eugenius）為皇帝。篤信羅馬多神教的尤金尼厄斯即位後，便將基督徒皇帝從元老院撤下的勝利女神像移回原址，但遠在君士坦丁堡的狄奧多西大帝無法認同此事，便親自率軍與尤金尼厄斯及阿波加斯特交

圖 1-1　西羅馬帝國權臣斯提里科與妻子的浮雕像
藏於蒙扎大教堂（義大利）

戰。三九四年九月，兩軍於義大利以北的冷河正面衝突，最終由狄奧多西獲勝。「蠻族出身」的阿波加斯特雖然敗於狄奧多西大帝手下，但其實擔任狄奧多西大帝軍隊前鋒的是哥德人軍隊。由此可知，當時的羅馬若不靠外族人組成「新軍隊」，根本無法維持軍力。

狄奧多西大帝拿下冷河戰役後，羅馬迎來了睽違已久的單一皇帝統治。狄奧多西大帝將擔任西部共治皇帝的次子霍諾里烏斯（Flavius Honorius）叫來北義大利的米蘭，之後便於三九五年一月辭世。早在三八三年，長子阿卡狄奧斯就已在君士坦丁堡成為東部共治皇帝，於是羅馬帝國就由狄奧多西大帝的兩名兒子分別繼承。自三世紀之後，帝國東西分治的情形已有前例，四世紀後期則成為常態，因此由兩名皇子繼承也不值得驚訝。此外，雖然就法制而言帝國並未分裂，但是沒過多久，東西兩部帝國政府之間旋即產生糾紛，雙方也因此陷入對立與分裂狀態。

採取行動的哥德人

本章將依照慣例，將狄奧多西大帝兩名皇子統治的兩塊地區分別稱為東羅馬帝國與西羅馬帝國。東羅馬帝國皇帝阿卡狄奧斯年僅十七，西羅馬帝國皇帝霍諾里烏斯更只有十歲，所以權力肯定落在輔佐皇帝的權臣手中。輔佐東羅馬皇帝的權臣是來自高盧的官僚魯菲努斯（Flavius Rufinus），輔佐西羅馬皇帝的權臣則是斯提里科（Flavius Stilicho）。斯提里科的母親是羅馬人，但父親是汪達爾人。儘管有一半的外族血統，但他不僅爬上羅馬總司令官的位子，娶了狄奧多西大帝的姪女塞麗娜為妻，也把女兒嫁給霍諾里烏斯，做了西羅馬帝國皇帝的岳父。斯提里科視自己為狄奧多西大帝託付二子的唯一顧命大臣，而這樣的他認為，東西帝國邊境的馬其頓達契亞行省應該由西羅馬帝國的霍諾里烏斯統治，意即從東羅馬帝國手中奪回。這件事不僅是雙方的領土之爭，後來甚至發展成捲入哥德人的動盪。

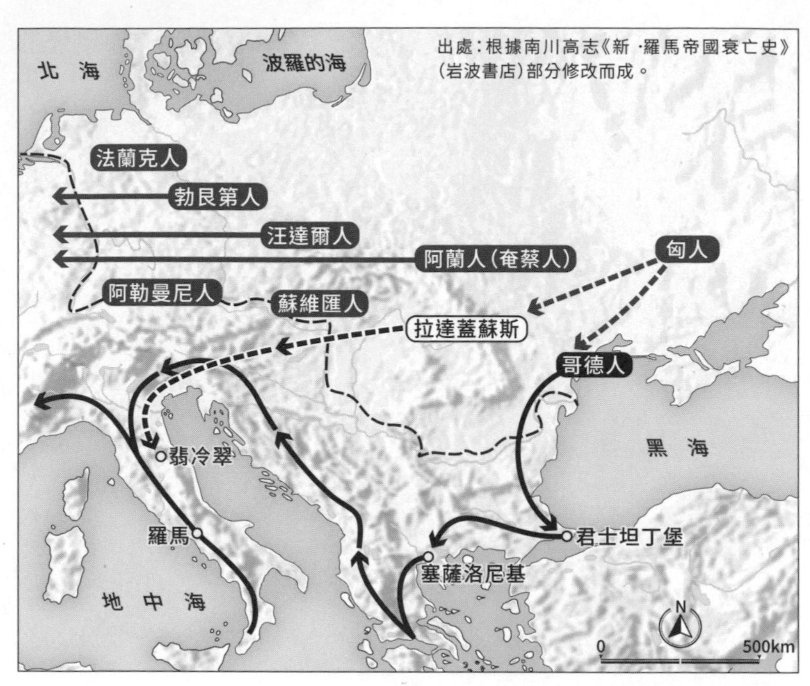

哥德人的遷徙路線與拉達蓋蘇斯

在狄奧多西大帝統治末期，哥德人在冷河一役擔任羅馬軍隊的前鋒，因此消耗甚鉅。不信任羅馬帝國所作所為的哥德人在三九五年跟著亞拉里克（Alaric I）往南方遷徙，洗劫了希臘。在渡過多瑙河之前就過著半農耕生活的他們，一旦放棄定居某處，便會為了生存開始四處掠奪。西羅馬權臣斯提里科見狀揮軍希臘，並於希臘北部與東羅馬軍隊會合，共同討伐哥德人。然而就在開戰前，東羅馬軍隊被阿卡狄奧斯下令召回，同一時間斯提里科也接到班師回朝的命令，於是不得不撤軍。讓阿卡狄奧斯下令召回軍隊的是東羅馬帝國的官僚魯菲努斯，而當時的東西帝國正為了邊界問題而對立，於是斯提里科與東羅馬帝國宦官，同時也是魯菲努斯政敵的歐特羅庇厄斯（Eutropius）聯手暗殺了魯菲努斯。

亞拉里克率領的哥德人軍隊於三九七年從希臘北上，斯提里科則再次率軍東征攻擊亞拉里克，可惜再度被阿卡狄奧斯要求撤軍，這次是從魯菲努斯手中奪得權力的宦官歐特羅庇厄斯，讓皇帝下達召回軍隊的命令。此外，歐特羅庇厄斯一方面逼君士坦丁堡的元老院宣布斯提里科是「國家之敵」，另一方面則將東西帝國邊界的統治權交給哥德人領袖亞拉里克，任命他為伊利里亞大區的總司令官。如此，東西羅馬帝國在四世紀末走向了對立局面。

亞拉里克眼見局勢對自己有利，便先澈底搾乾伊利里亞大區的資源，再往義大利進軍。他於四〇一年秋季進入北義大利，包圍了米蘭。此時的斯提里科從各地招募兵馬與之抗衡，最終於四〇二年的波倫提亞戰役及維洛娜戰役擊敗亞拉里克的軍隊。亞拉里克後續的動靜則未見相關的史料紀載。

只可惜過沒多久，又有新的敵人擋在斯提里科面前，那就是率領另一支哥德人入侵北義大利的拉達蓋蘇斯（Radagaisus）。*根據古史書記載，由拉達蓋蘇斯率領的軍隊光哥德人就有二十萬人，其勢高達四十萬人之譜。雖然是個令人難以置信的數字，但重點應該放在這支軍隊的多元化；除了哥德人之外，還有其他族群與拉達蓋蘇斯同行。不過斯提里科仍然擊退了大軍。他之所以能擊退拉達蓋蘇斯，全因手下的軍隊也是由羅馬人、匈人、阿蘭人組成的聯軍。

＊ 本支哥德人族群日後被稱為東哥德人（Ostrogoths）。

不過拉達蓋蘇斯的軍隊就此駐紮在義大利北部，依舊對義大利造成威脅。位於米蘭的西羅馬帝國宮廷為了避免哥德人入侵，早在四〇二年遷往位處險要的拉溫納，但為了守護義大利，斯提里科可說是拚了老命。他從義大利的外部，尤其是西北方召集了大量羅馬軍隊，但這項策略從根本上瓦解了西羅馬帝國統治西部行省的基本方針。這意味著羅馬放棄以「帝國」之姿維持行省治安與抵禦外侮的重要政策。

入侵高盧與帝國西部統治權的瓦解

四〇六年年末，汪達爾人、蘇維匯人、阿蘭人於現今德國美茵茲一帶越過了河面凍結的萊茵河，入侵羅馬帝國。駐紮在這個邊境的羅馬軍隊因戰事被斯提里科召回，所以守備空虛，於此定居的法蘭克人被逼得只能分頭往南北逃竄。萊茵河沿岸大型城市美茵茲被入侵的族群摧殘殆盡，高盧行省北部核心地區特里爾及其他城市也因此荒廢，鄉村別墅（villa）紛紛被掠奪與燒毀。勃艮第人與阿拉曼人也跟著越過萊茵河洗劫行省，史特拉斯堡等城市紛紛遭到毒手。各族群大肆入侵高盧的結果，使得羅馬帝國頓失西部諸行省的統治權。

同樣在四〇六年，位於帝國領地最北端的不列顛島也出現了違抗西羅馬帝國的舉動。發生兩名人物被拱上帝位又被殺害的事件後，第三位被擁立的人物不僅沒被殺，還率軍於四〇七年渡往歐洲大陸，以便建立不列顛島與大陸行省的聯繫，並進軍至南法一帶。這位人物後來自稱君士坦丁三世

（Constantine III），以亞爾為根據地，繼續進軍拿下西班牙。不過他負責看守不列顛島的部下被逐出島外，島上的羅馬行省也不聽從君士坦丁三世的命令。於拉溫納的西羅馬帝國政府沒有餘力顧及不列顛島，帝權無法號令當地。到了四〇九年，不列顛尼亞終於造反。自阿德里安堡敗戰以來短短三十年，羅馬帝國就失去了西半部主要地區的統治權。

這股如疾風怒濤般一波接著一波的外部族群大遷徙，對帝國政府的施政造成了又深又廣的影響。實質掌握西羅馬帝國權力的斯提里科雖二度擊退西哥德人領袖亞拉里克，但為了取得東西兩帝國邊境地區，這次只能接納亞拉里克。然而帝國應對拉達蓋蘇斯入侵及高盧淪陷的反應太慢，激怒了亞拉里克，想吸收亞拉里克為盟友的斯提里科則應其要求賠償四千羅馬金磅鉅款。不過，這件事讓西羅馬帝國內部對斯提里科產生懷疑與不滿。到了四〇八年，斯提里科隨即被人誣陷叛國罪而遭處決。同年年底，斯提里科的妻子、狄奧多西大帝姪女塞麗娜（Serena）也被處死，西羅馬帝國政府形同親手埋葬了屢次擔起國難的領袖。

斯提里科垮台後，帝國政府雖多次與占據義大利的亞拉里克交涉，但對情勢過於樂觀的判讀以及不成熟的外交手段不斷地激怒亞拉里克，雙方無法一同找出解決方案。最後由亞拉里克率領的西哥德人軍隊於四一〇年八月進入羅馬城，展開連續三天的殺戮與掠奪。當時的羅馬城人口僅為全盛時期一百萬人的一半，在政治上也不再重要。即使如此，羅馬城仍是個歷史悠久的大城市，更是帝國內部具象徵性的存在。這次羅馬城被洗劫的悲劇傳遍了古代世界各地，也造成難以估算的衝擊。

被當成他者的「日耳曼人」

西羅馬帝國內憂外患之際，東羅馬帝國也發生了值得注目的大事。與西羅馬帝國斯提里科對立的東羅馬帝國宦官歐特羅庇厄斯在三九九年失勢，哥德人總司令官蓋納斯（Gainas）雖繼而掌權，但隔年旋即下台。在他離開君士坦丁堡之際，君士坦丁堡市民殺害了七千多名麾下的哥德人士兵。類似的事件也在西羅馬帝國發生。四〇八年斯提里科被處死後，化身為暴徒的羅馬士兵殺害了許多異族盟軍的家屬，為此怒不可遏的盟軍遂轉投以拿下羅馬城為目標的亞拉里克哥德人軍隊。

這些事件都發生在君士坦丁堡或羅馬城這種設有元老院，傳統統治階層元老院議員所居住的大城市內。長期以來羅馬不斷接納外族，這些移民被同化為帝國居民，帝國也將這些居民視為補充兵源。對這些居民而言，從軍更是強化帝國子民身分與提升社會地位的門路。到了四世紀後期，外族的從軍人數、擔任指揮官及參與帝國政治的人數都大幅增加。對此帝國政府分裂成兩派，一派接受這樣的趨勢，認為該重用這些外族人，另一派則反對這樣的做法。之所以會形成兩派對立，與羅馬軍隊在阿德里安堡戰役慘敗有著密不可分的關係。三九五年，重用外族並互結姻親的狄奧多西大帝去世，讓帝國上層社會部分公民排斥外族的想法一口氣浮上檯面，之後演變成看不清現實的偏激思想與一連串有勇無謀的行動。有些論點認為上述兩個事件之所以爆發，各有其長期遠因，不該將矛頭指向「哥德人」，但就算不談哥德人這個族群，也不能忽略四世紀末至五世紀以來帝國內部蔓延對外族的不滿與排斥心態。

在四世紀末五世紀初寫下的辯論或書簡，都將外族視為不同於「我們羅馬人」的「他者」，也看得到不少文章記載帝國內部對這些外族的歧視與排斥。這種將外族視為「野蠻人」的歧視，在四世紀之後明顯可在勢力逐漸茁壯的基督教聖職人員身上看見。其中最偏激的主張莫過於昔蘭尼的西內修歐斯（Synesios）在君士坦丁堡發表的演講。身為北非昔蘭尼上層社會公民的西內修歐斯在三九九年至四〇二年之間以昔蘭尼使節身分造訪君士坦丁堡，他主張的「君主論」認為羅馬應該驅逐他口中的「斯基泰人」，也就是哥德人。他認為除了驅逐蠻族傭兵，連蠻族的司令官也不例外，如此一來才能打造「羅馬人」的軍隊，而斯基泰人則該如古代斯巴達的黑勞士（helots，負責農業生產的最下層奴隸）般從事農活。

之前從日耳曼尼亞進入帝國，成為「羅馬人」的「日耳曼尼亞人」如今不再被視為是「羅馬人」，而是做為「他者」的「日耳曼人」。在羅馬仍為世界秩序的時代，羅馬軍隊駐紮的邊境並非「界線」，沒有排除外部居民的「邊界」；但阿德里安堡戰役之後，外部居民迅速淪為他者。這種排斥外部世界的思想與「恢復羅馬帝國過往榮光」的行為是一致的。看不清現實、只緬懷過往榮光的排他思想，與全盛時期羅馬帝國所建立的世界秩序可說是南轅北轍，可以解讀成不過是那些被時代浪潮淘汰的人所發出的呻吟。只可惜西羅馬帝國內部似乎不認為這是種狹隘的思想，於是在四一〇年羅馬城被洗劫後，由西羅馬帝國維持的「世界秩序」便迅速瓦解。

哥德人定居與高盧的荒廢

失去斯提里科之後，西羅馬帝國的國力逐漸衰退，各外族便長驅直入，於西羅馬帝國舊領地肆無忌憚地遷徙。西哥德人在掠奪羅馬城之後繼續移動。對他們來說最重要的是填飽肚子，也就是糧食，或是能生產糧食的居地。率軍從義大利南下的西哥德人領袖亞拉里克未能成功渡往西西里島，沒多久便死去，後續由其弟阿陶爾夫（Athaulf）擔任領袖率領西哥德人往北，接著往西移動，於四一二年進入高盧。四一三年，阿陶爾夫占領南法的納博訥做為大本營，隔年則與洗劫羅馬城時俘獲的西羅馬皇帝霍諾里烏斯之妹加拉．普拉西提阿（Aelia Galla Placidia）結婚。

自斯提里科死後，被任命為西羅馬帝國總司令的君士坦提烏斯三世（Constantius III）率軍封鎖海面，陷入糧荒的西哥德人只好移往西班牙，但還是找不到足夠的糧食，阿陶爾夫沒多久就慘遭殺害。繼位的瓦列亞（Wallia）與君士坦提烏斯三世議和，讓普拉西提阿回到羅馬，也接受代替羅馬攻擊汪達爾人以獲得糧食補給的條件。答應條件的西哥德人滅了汪達爾人分支之一的西林汪達爾之後，順道攻擊了阿蘭人，為此西羅馬帝國政府答應瓦列亞率領西哥德人進入高盧西南部的亞奎丹，西哥德人便在此展開農耕定居生活。此時西哥德人的定居與之前做為異族盟軍時的集團定居不同，儼然是個獨立的國家。近年來的哥德人歷史研究指出，此時各支不斷遷徙的哥德人與其他哥德人集團有所區別，已產生出獨自的族群性，並建立自己的國家。

雖然西哥德人得到了定居地，但其他族群集團卻仍在騷動，西羅馬帝國舊領地仍陷於極度的混亂之中。自四〇六年年底的一波入侵以來，高盧各地有許多城市被破壞，象徵羅馬奢華生活的鄉間別墅也盡數付炬。許多人喪命、財產被奪、房屋遭毀，與二世紀時的此地全然不同光景。大地主們陸續逃往高盧南部及義大利，但大部分居民無力逃亡，只能在入侵的各集團魔掌下設法求生，或彼此團結以求自保。究其根本，全是因為地方城市的權貴們悉數逃亡或未能率領底層百姓起而抵抗，才讓這塊地區的生活被連根拔起，澈底變了樣。

就地方統治的角度來看，地方城市權貴與羅馬帝國政府向來是「共犯關係」，但在四世紀之後，羅馬政府為了維持國家財政而祭出稅收確保政策，致這些地方勢力的負擔急速加重，但為了繼續統治城市，也為了地區的安全，這些地方勢力仍需要帝國撐腰，所以便為帝國扮演稅吏的角色。不過，當時已無鎮守邊陲的軍隊，地區的安全既得不到保障，也無法得到帝國政府的支援，因此連免於戰火摧殘的地區也不需要與羅馬皇帝的政府合作，這意味著羅馬政府與撐起「羅馬世界秩序」的地方勢力不再緊密合作。

對此，西羅馬帝國政府並非毫無對策。就在承認哥德人居地的那年，有如行省會議般的年度集會在統治高盧的大區總長居住地亞爾舉辦。許多公職人員與地方勢力都參加了這次集會，大區總長也從高盧的地方權貴之中選出。可惜這次的集會無法加強高盧居民的團結，也無法拉回遠離羅馬的民心。更糟的是，在顛沛流離的時代裡，從他處避難而來的「羅馬人」權貴階級居然還折磨當地居民。四四〇年左右馬賽的薩維爾（Salvian）所寫的《論上帝的統治》（*De gubernatione Dei*）就指控了那些為禍人民的「羅馬人」；書中完全不認同「羅馬人」存在的價值，也認為在當時身為「羅馬人」不是什麼好事。面對如此艱困的時代，取代帝國官員與地方都市權貴領導地區的，是基督教教會的神職人員。

除了高盧及萊茵河以西的西羅馬帝國舊領土失去往昔榮光，四二九年汪達爾人渡過直布羅陀海峽之後，北非的羅馬行省也繁華不再。義大利也被捲入這股動盪的時代浪潮。位於拉溫納的西羅馬帝國政府一邊受各族群脅迫，一邊還得守住義大利的殘存領土與皇帝權威，已經十分吃力。至於先前被外族攻擊、皇帝戰死而元氣大傷的東羅馬帝國，則好不容易止住了混亂。此外，前面提過昔蘭尼的西內修歐斯曾發表反哥德人的激烈言論，但在哥德人往西遷徙之後，東羅馬帝國對「日耳曼人」的反感便逐漸淡化。在這點上，東西羅馬帝國對於外部勢力的應對朝著不同的方向發展。東羅馬帝國的部分將留待第三章說明。本章的最後，要繼續說明羅馬世界秩序崩解後，西部地區出現了哪些變化。

4　不再由帝國統治的世界

帝國統治瓦解後的西方世界

進入五世紀後過了十年，羅馬放棄統治西半部領土，但奉羅馬皇帝為統治者的國家仍持續到五

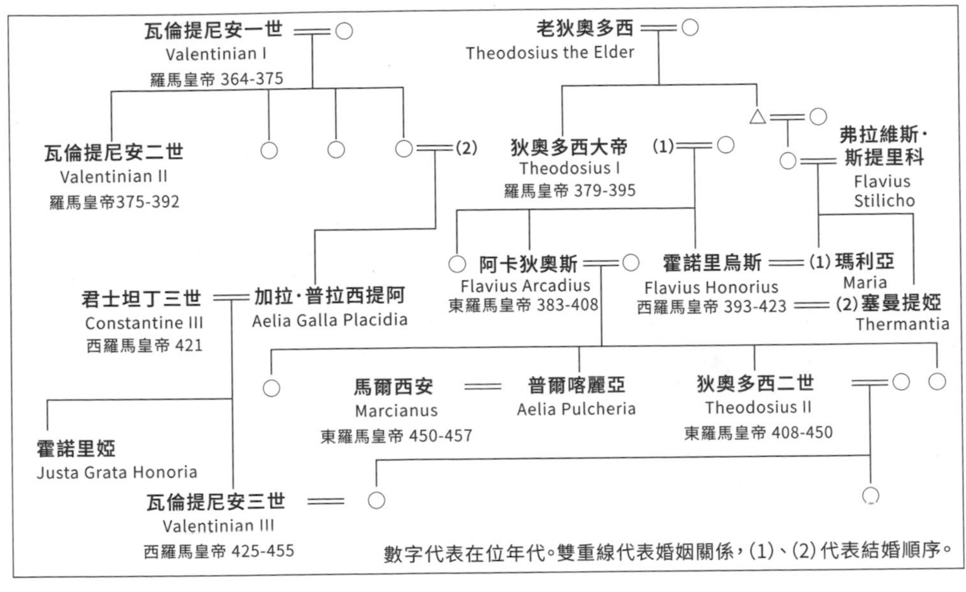

狄奧多西王朝的皇帝

世紀後期。一如本系列第一冊所述，羅馬是在前二世紀成為帝國，當時為共和時代，也是羅馬皇帝出現之前的時期。成為帝國之後，羅馬才誕生了所謂的皇帝。如今，羅馬失去了統治西方的力量，帝國也只剩下羅馬皇帝，可說是徒有其名。不過，正因羅馬皇帝還存在，所以羅馬才得以如虛幻的帝國般命懸一線。本節將帶大家認識虛幻般的羅馬帝國是如何展開後續的歷史。

在西羅馬皇帝主宰的政府方面，成功與哥德人議和的君士坦提烏斯三世在四一七年與脫離哥德人魔掌、重回羅馬的普拉西提阿結婚，並於四二一年與霍諾里烏斯皇帝共治西羅馬帝國。可惜這位君士坦提烏斯三世沒多久就病死，與其兄交惡的普拉西提阿則帶著與君士坦提烏斯三世生下的兒子瓦倫提尼安三世（Valentinianus III）及女兒霍諾里婭

（Justa Grata Honoria）逃至君士坦丁堡。四二三年霍諾里烏斯去世，上級官僚約翰（Joannes）雖被擁立為西羅馬皇帝，但東羅馬皇帝狄奧多西二世（Theodosius II）派遣軍隊護送普拉西提阿與其子回到西羅馬帝國，企圖重振狄奧多西王朝，約翰也被迫退位處以死刑。

四二五年，瓦倫提尼安三世雖然成為西羅馬皇帝，但他不過是個六歲的少年，只得由母親普拉西提阿代為攝政。直到四五五年為止，瓦倫提尼安三世在位長達三十年，但跟後期羅馬帝國的「專制君主政治」的皇帝不同，政治史上完全沒提到其帝號與作為，反而是其母后普拉西提阿與某位成為西羅馬皇帝政府掌權者的總司令官得以留名。這位總司令官就是埃提烏斯（Flavius Aetius）。

這位埃提烏斯曾於霍諾里烏斯死後繼位的約翰皇帝朝廷任職，後來普拉西提阿及瓦倫提尼安三世帶著東羅馬帝國大軍，準備攻入義大利。為了與之抗衡，埃提烏斯銜約翰皇帝之命向匈人求援。求援成功的他雖然帶回高達六萬多人的匈人大軍，但約翰皇帝早在大軍抵達的三天前就被處死。與東羅馬軍隊一戰後，埃提烏斯與普拉西提阿議和，並以遣回匈人軍隊為條件，換得高盧軍司令官一職。這一切發生在四二五年。往後三十年，他一直是瓦倫提尼安三世政府的重要人物。四三二年他與普拉西提阿及其他政敵爭鬥，一時間逃往匈人處尋求庇護，後來於隔年在匈人的支持下重回西羅馬帝國，並逐出政敵。此時的他成為總司令官，更在四三五年受封貴族（Patricii）稱號，擁有無可動搖的權力。

埃提烏斯最為有名的事蹟，當屬在卡塔隆平原戰役大破從東方率領大軍壓境高盧的匈人之王阿提拉（Attila）。早在六世紀，拜占庭史學家普羅科匹厄斯（Procopius）便將這位埃提烏斯與其宿敵波尼法提烏斯（Bonifacius）稱為「最後的羅馬人」。中世紀初期，都爾的額我略（Sanctus Gregorius Turonensis）所著的《歷史十卷》（*Decem libros historiarum*，又稱法蘭克史）也根據失落的弗利加利多斯（Renatus Profuturus Frigeridus）所寫的歷史著作殘篇，特地騰出一章介紹埃提烏斯的容貌與實力，將他形容成「剛毅不阿，醉心工作，不懼危險、無視飢餓、口渴與失眠」的人。近代的吉朋也在《羅馬帝國衰亡史》沿用普羅科匹厄斯的評價，認為埃提烏斯「堪稱最後的羅馬人」，對其優異的能力與高尚的精神給予高度讚賞，更認定他是拯救帝國的人物。即使進入後續的民族主義時代，時人也同樣將他描述成抵禦匈人、守護衰敗的羅馬帝國與歐洲的悲劇英雄。不過在匈人與其他外族都被定義為「他者」的情況下，埃提烏斯的行動是否能被視作是「羅馬人」的行動呢？接著就讓我們一邊關注埃提烏斯及其行動，一邊俯瞰西羅馬帝國的歷史演進吧。

內在為「他者」的埃提烏斯

埃提烏斯大約生於狄奧多西大帝統治末期的三九〇年，出生地點為多瑙河下游下默西亞行省的軍事據點杜洛斯托勒（現今保加利亞的錫利斯特拉）。父親高登提烏斯（Gaudentius）是來自斯基提亞行省（位於多瑙河流入黑海的河口一帶）的高階軍人，位處行省統治高層，家中為正統派基督教信仰，母親則來自義大利的富裕家庭。在高階軍人家庭出生的埃提烏斯年少時任職於西羅馬皇帝的宮廷，當時掌權的斯提里科與西哥德人領袖亞拉里克準備互結同盟，所以埃提烏斯曾以人質身分前往亞拉里克麾下，從四〇五年到斯提里科下台的前一年，也就是四〇七年為止，三年間都在哥德人的掌控下度日。四〇九年霍諾里烏斯為了向匈人借一萬名傭兵，再次將埃提烏斯與其他貴族子弟當成人質，送往匈人陣營質押，但尚不知埃提烏斯在多瑙河北邊待了多久。

不過史學家認為，埃提烏斯這幾次擔任人質的經驗，讓他擁有西羅馬帝國政治人士所沒有的能力，而這股能力也讓他得以拯救瀕臨滅亡的西羅馬帝國，只可惜無法證實這點。唯一可確定的是，少年時期的埃提烏斯的確有機會就近觀察哥德人與匈人，也得以了解並親近這些外族。霍諾里烏斯死後，擁立高級官僚為帝的西羅馬帝國為了與東羅馬軍隊抗衡，派遣埃提烏斯前往匈人處求援。之所以會挑選埃提烏斯，想必是非常清楚他的背景，而埃提烏斯也順利完成這項任務。雖然來不及救出約翰皇帝，但他挾著匈人軍力與瓦倫提尼安三世的母后加拉普拉西提阿交涉，換得高盧軍司令官一職的機會。想必此時埃提烏斯已經發現，與哥德人、匈人之間的關係是他最大的力量來源，也非常明白他今後的課題，就是與站在對立面的西羅馬皇帝家族相處。

成為高盧司令官的埃提烏斯令人刮目相看。他先趕走圍攻亞爾的西哥德人，接著又擊潰法蘭克人軍隊，連朱頓基人也一併打倒。不過西羅馬帝國對這位埃提烏斯並不放心，最終埃提烏斯與皇帝的母后普拉西提阿以及勢力與這位母后相當的派系之間，還是展開了爭鬥。埃提烏斯在四三二年被任命為執政官，同年與普拉西提阿支持的將軍波尼法提烏斯開戰但敗陣。由於勝方波尼法提烏斯沒多久就傷重不治，所以埃提烏斯仍得以掌權，但後來又被波尼法提烏斯的女婿塞巴斯蒂安（Sebastianus）攻擊，只好逃往匈人處。不過，他以多瑙河流域南岸潘諾尼亞行省的統治權為條件換得匈人的支援後，便率領大軍返回義大利，放逐了塞巴斯蒂安重新奪回權力，成為總司令官，更受封貴族稱號，此時的他表面上是瓦倫提尼安三世的輔臣，但實質上是西羅馬帝國權力最高的領導者。

對埃提烏斯來說，要持續掌權，就必須與皇家維持勢力均衡，加上他是藉著匈人之力才登上權力寶座。就這層意義來看，埃提烏斯絕對是西羅馬帝國內部的「他者」。

成為最高領導者的埃提烏斯在高盧的外交與戰爭耗費了不少心神。西羅馬皇帝的統治地區之中，負責供給羅馬城穀物的北非各行省當然重要，只可惜力有未逮，這些行省只能在四二九年拱手讓給從西班牙入侵的汪達爾人。在高盧方面，四三六年埃提烏斯攻打以萊茵河右岸（約現今德國的沃姆斯）為據點的勃艮第人。儘管勃艮第人投降，但埃提烏斯仍於隔年派遣匈人軍隊攻入據點，並殺害了兩萬多名勃艮第人。這場戰役也成為歌誦英雄齊格菲的中世紀敘事詩《尼伯龍根之歌》（*Nibelungenlied*）的題材。當布列塔尼大區的農民起義，形成所謂的「巴高達運動」（Bagaudae）時，埃提烏斯也派大軍鎮壓。之後也與蘇維匯人開戰。

在四三〇年代末期至四四〇年代之間，埃提烏斯最為警戒的莫過於西哥德人。西羅馬帝國政府從四三〇年開始就與實質獨立建國的西哥德人議和，也將人質送入狄奧多里克一世（Theodoric I）的西哥德宮廷。在當時這些人質之中，也有日後成為西羅馬皇帝的阿維圖斯（Eparchius Avitus）。當西羅馬帝國與西哥德人之間的對立日益高漲後，埃提烏斯的副官里多里烏斯（Litorius）於四三六至四三七年派遣匈人組成的傭兵部隊，拯救了被西哥德人圍攻的納博訥，只可惜在四三九年攻擊西哥德人據點的土魯斯失利，里多里烏斯也因此被殺，可見對埃提烏斯來說，西哥德人是久攻不下的頑敵。

進入四四〇年代之後，埃提烏斯不再只攻擊外族，也同步強化讓外族定居的政策。為了鎮壓布列塔尼大區的暴動，埃提烏斯在四四〇年讓阿蘭人在瓦朗斯與奧爾良一帶定居。到了四四三年，也讓之前在匈人部隊猛攻下倖存的勃艮第人在法國東南部的薩瓦定居。

話說回來，是什麼力量讓埃提烏斯得以長期領導逐漸流失領土的西羅馬帝國，又能在高盧地區不斷抵擋外族入侵呢？答案想必是埃提烏斯與匈人之間的聯繫吧。匈人的軍力是埃提烏斯的權力基礎，但其中更值得注目的，就是既有研究指出的布塞拉里（bucellarii）軍隊。布塞拉里並非羅馬帝國的官兵，而是有實力的將軍私募的外族部隊。這種四世紀末期在西羅馬帝國不斷增加的部隊是一種將軍保障士兵生活、士兵無條件服從將軍的組織。埃提烏斯也擁有這種強大的私人軍隊。將布塞拉里視為私人軍隊起源的佐藤彰一認為，埃提烏斯的私人軍隊規模「比駐紮在義大利的正規軍隊更龐大，埃提烏斯也以此為基礎，握有大片領地、獨立發行的貨幣與大量奴隸，其勢猶如國中之國」（佐藤彰一，《羅馬帝國後期法蘭克史研究》）。

身為政治及軍事領袖的埃提烏斯在西羅馬帝國帶著公職從事各種活動，繼四三二年之後又於四三七年、四四六年、四五四年擔任執政官。但一如前述，他的力量來源並非羅馬帝國，而是他與匈人之間的關係，以及他所擁有的私人軍隊。雖然不少意見認為埃提烏斯是以「羅馬人」的身分，為了收復西羅馬帝國領土而在高盧與外族交戰，但事實真的是如此嗎？或許解釋成埃提烏斯為了維護自身權力，而在西羅馬帝國內部展開各種活動，會比較精準。表面上是羅馬人的他，其實骨子裡是個「他者」；而「他者」得以指揮羅馬，則因為羅馬已然是個空有其表的帝國。

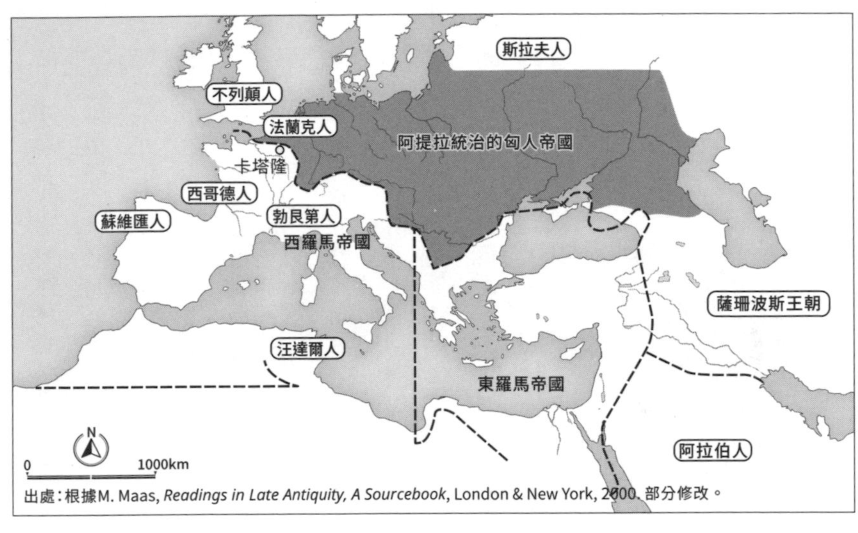

出處：根據M. Maas, *Readings in Late Antiquity, A Sourcebook*, London & New York, 2000. 部分修改。

匈人的帝國

埃提烏斯與匈人的對立

如前所述，少年時期的埃提烏斯曾被送往西哥德人與匈人的陣營充當人質，但他與西哥德人之間形同水火，卻與匈人長期維持良好的關係。一般認為，埃提烏斯是在得到匈人的支持後，才得以維護與擴張自己的權力，但從匈人陣營的角度來看，埃提烏斯就像是個從西羅馬帝國吸取利益的窗口。不過這種互利關係終究在四五〇年決裂，雙方最初的對立源自高盧問題。四四八年，在高盧領導巴高達運動的領袖、同時也是醫師的尤多西烏斯（Eudoxius）逃入匈人陣營，阿提拉將他迎入宮廷，提供棲身之地。後續則是法蘭克人的王位繼承問題。四五〇年，法蘭克人分支之一里普利安人的國王死後，阿提拉支持長子繼任，埃提烏斯則支持次子，甚至將之納為養子。原本這些都是可透過外交解決的問題，卻發生了意料之外的事件，讓對立進一步升級，演變成極度危險的局面。

若以現在的話描述，這起突發事件就是「公主的醜聞」。皇帝瓦倫提尼安三世的姐姐霍諾里婭與侍衛長尤金努斯（Eugenius）私通後懷孕。後來尤金努斯雖被處死，霍諾里婭也被押入大牢，但為避免問題擴大，霍諾里婭被迫下嫁給元老院議員赫庫蘭努斯（Bassus Herculanus）。被母后普拉西提阿與皇帝弟弟怨恨的霍諾里婭向匈人之王阿提拉寫了封求援信，信中提到若能救她出大牢，並與她結婚，她願意以帝國一半的領土做為嫁妝。阿提拉遂以霍諾里婭的未婚夫之姿，要求西羅馬帝國皇帝做出適當的外交處理。事情一發不可收拾。

無需贅言，匈人是讓原本居住在黑海北岸及日耳曼尼亞的人們往西移動的族群，他們為了追趕哥德人一路往西前進，到了五世紀又頻頻侵擾東羅馬帝國邊境，該如何應對匈人也成為東羅馬帝國最大的課題。從四世紀末期開始，羅馬帝國的史學家就將匈人描述成窮凶極惡的蠻族。在舊羅馬帝國居民眼中，移入帝國的日耳曼尼亞人是「他者」也是「日耳曼人」，但匈人卻是更究極的「他者」。

匈人集團在四三五年由布列達（Bleda）與阿提拉這對兄弟共同統治後，迅速吸納周遭部落，更在四四〇年代對西方的伊利里亞大區展開攻擊。雖然與君士坦丁堡的帝國政府時而對立，時而議和，但當布列達在四四四年之際被暗殺，阿提拉成為匈人唯一君王之後，匈人與西羅馬帝國之間的關係就變得十分緊繃。最初的危機恐怕就是與匈人有淵源的埃提烏斯設法解決的。

進入四四〇年代後期，阿提拉試著對東羅馬帝國的行省展開大規模侵略，東羅馬帝國政府也在四四九年擬訂了暗殺阿提拉的計畫，可惜最後功敗垂成。阿提拉與東羅馬政府交涉未果的情況下，又與西羅馬帝國交惡。四五〇年東羅馬皇帝狄奧多西二世辭世，繼位的馬爾西安（Marcian）拒絕支付前任皇帝對匈人獻納的貢金。此時碰巧發生前述霍諾里婭的求援，讓阿提拉有了攻打西方的藉口。其實這起霍諾里婭事件還另有插曲。阿提拉之所以棄東羅馬轉攻西羅馬，可能也與東羅馬帝國的交涉不順利有關。

阿提拉告訴西羅馬帝國政府要討伐西哥德人，又告訴西哥德人自己與西羅馬皇帝的關係惡化，四五一年率大軍從多瑙河攻往萊茵河上游，接著進軍中游，最後正式對高盧展開進攻，現今法國洛林的梅斯被燒毀，奧爾良也遭受攻擊。對此，西羅馬政府的埃提烏斯向周邊各族求援，並將身為高盧貴族的阿維圖斯送往西哥德人處，試圖說服狄奧多里克一世與他一同抵禦匈人。如前所述，阿維圖斯曾於西哥德宮廷充當人質，與狄奧多里克一世有淵源。阿維圖斯的英姿由其女婿希多尼烏斯·阿波黎納里斯（Sidonius Apollinaris）大肆宣揚，阿維圖斯的人格讓西哥德人之王願意與埃提烏斯站在同一陣線。對西哥德人來說，匈人是仇敵，而且他們好不容易在高盧獲得棲身之地，怎麼能夠容忍被匈人統治。對於即位後三十年來不斷整合西哥德人的狄奧多里克一世而言，即使前來求援的是長年交戰的埃提烏斯，這次也只有共同抗敵的選項。

四五一年，在卡塔隆平原（現今法國香檳區的沙隆一帶），阿提拉率領的匈人及旗下的各族聯軍，與埃提烏斯組成的西羅馬帝國軍隊及各族聯軍正面開戰。這就是著名的卡塔隆平原戰役。雙方雖然戰得難分勝負，但一般認為是阿提拉率軍撤退，埃提烏斯率領的聯軍獲得最終勝利。與其說西哥德人的軍隊是為了幫助埃提烏斯，不如說是為了將匈人趕出自己的領土，所以才在前線拼死殺敵。順帶一提，狄奧多里克一世於此役戰死。

卡塔隆平原戰役的勝利可解釋成西羅馬帝國擊退了來犯的匈人大軍，也可理解成這是衰敗的西羅馬帝國最後綻放的光芒，擔任總指揮官的埃提烏斯也因此獲得極高的評價。不過阿提拉率領的軍隊除了匈人以外，還摻雜了蘇維匯人、法蘭克人、勃艮第人、格皮德人等族群；無獨有偶，埃提烏斯的軍隊也一樣是由各族群編成，其中包含與埃提烏斯同任指揮官的西哥德人之王狄奧多里克一世及法蘭克人、撒克遜人、勃艮第人。歐洲中世紀史專家帕特里克·格里（Patrick J. Geary）在《民族的神話》中就指出，乍看之下根本無法分辨出對壘的兩軍。前面說過，埃提烏斯這位政治家在帝國內部始終是位「他者」，他扛在肩上的是那虛幻的羅馬帝國。所以，將這場戰役制式地解釋成埃提烏斯這位「最後的羅馬人」率領的羅馬軍隊與阿提拉率領的外族聯軍開戰，是不恰當的。將這場戰役解讀成羅馬帝國建立的世界秩序陷入空窗期後「他者」之間的交戰，才較為適當。

阿提拉之死與埃提烏斯的命運

阿提拉雖然自卡塔隆平原撤退，卻並未就此放棄。隔年四五二年，他率軍攻打義大利，將北義大利的城市夷為平地。在羅馬帝國前期，屢屢讓敵人無功而返的阿奎萊亞城也在此波入侵被破壞殆盡，其餘多座城市慘遭掠奪，就連皇帝瓦倫提尼安三世也不得不從拉溫納逃往羅馬城。這場大掠奪在經過多次外交使節的往來與談判後，最後是由羅馬教宗利奧一世平息，而非埃提烏斯。在教宗的仲裁下，阿提拉是退兵了，但退兵的真正原因恐怕是糧草不足及軍中瘟疫蔓延，只好趁著教宗調停而光榮撤退。

自義大利撤兵的阿提拉在隔年四五三年自己的婚禮當夜猝死。阿提拉一死，隔年麾下的各族群便高舉反旗，匈人的大帝國瞬間土崩瓦解。阿提拉攻打義大利與猝死這兩件事對埃提烏斯造成重大影響，其一是埃提烏斯雖在卡塔隆平原一役擊退阿提拉，卻無力阻擋義大利被摧殘；再者，阿提拉的死與匈人勢力的消滅，也讓埃提烏斯失去力量來源。當匈人不再是威脅，西羅馬皇帝周邊肯定有些人開始無視埃提烏斯的存在。就在這樣的情況下，埃提烏斯希望促成身有婚約的兒子高登提烏斯（Gaudentius）與瓦倫提尼安三世之女普拉西提阿（Placidia）的婚事。由於皇帝沒有兒子，因此他與身邊近臣都認為埃提烏斯的這項要求是想讓自己的兒子成為皇位繼承人。對瓦倫提尼安三世而言，埃提烏斯是反對他來義大利登上帝位的人，雖然因政治考量得將國家交給埃提烏斯，但不代表他打從內心接受埃提烏斯。在埃提烏斯長期把持朝政之下，許多派系的官員都遭其凌虐，這些官員也紛紛在皇帝耳邊嚼舌根，最終疑心生暗鬼的皇帝便在四五四年九月下令刺殺了埃提烏斯。

埃提烏斯被殺後，他的女婿希多尼烏斯．阿波黎納里斯隨即表示「陛下用自己的左手切掉了自己的右手」。隔年四五五年三月，瓦倫提尼安三世在閱兵之際被刺殺，犯人是埃提烏斯舊部的士兵。佐藤彰一將這件事形容成埃提烏斯的私人軍隊「賭上性命的血債血償」。

埃提烏斯剛登上政治舞台時，就以自己與匈人之間的淵源為武器。這項武器在與狄奧多西王朝的羅馬皇帝對立時第一次使用，在掌握高盧的權力、征討勃艮第人之際也屢屢使用。擁有大批私人軍隊的他在壯年之後，已能擺脫西羅馬皇帝獨立活動。不過自阿提拉勢力壯大與稱王後，埃提烏斯的老招數就再也行不通了，最終不得不與匈人為敵，以匈人為矛的這項武器在卡塔隆平原戰役勝利之後也無法使用。對年邁的埃提烏斯來說，要免除「他者」這個身分認同的問題並重新掌握力量，恐怕還是只能依賴皇帝的權力。至於他的兒子與皇女的婚事，也可解釋成是為了從皇帝手上重新獲得權力所推動，只是最後他也因這門婚事而被刺殺。

古代世界的終結與新動向

瓦倫提尼安三世遇刺，狄奧多西大帝的血脈斷絕，西羅馬帝國領地也只剩下義大利及瑞士與維也納等部分地區。埃提烏斯死後，世界開始動盪，沒有人能提出良策讓縮小後的國家得以維持現狀。在高盧一帶，高舉「羅馬人」理念的思潮仍在，先前聲名大噪的高盧貴族阿維圖斯也被推舉為皇帝進入義大利，之後卻被父親為蘇維匯人、母親為西哥德人的總司令官李希梅爾（Ricimer）逐出義大利。李希梅爾後續立了多位傀儡皇帝，長期大權在握。他於四七二年病死後，其外甥勃艮第人岡多拜德（Gundobad）掌握實權。在變化如此激烈之際，四〇八年斯提里科被處死時的那股厭惡「日耳曼人」的風潮恐怕是被淡忘了，幾位「他者」們居然得以高登朝堂，掌控虛幻的羅馬帝國。

李希梅爾樹立傀儡皇帝時，曾企圖取得東羅馬皇帝的認可，因此西羅馬帝國出現多次皇帝不在位的空窗期。李希梅爾之所以透過各種管道爭取東羅馬皇帝的認可，怕的不是自己身為「他者」的屬性，而是為了得到東羅馬皇帝的支援，才能抵禦從非洲而來、對義大利造成威脅的汪達爾人。話說回來，能出現這麼多次帝位高懸的空窗期，也代表西羅馬帝國連「充當傀儡的羅馬皇帝」都不需要。而東羅馬帝國也應李希梅爾要求，派遣了皇帝的候補人選。其中之一的尼波斯（Julius Nepos）曾以皇帝身分與西哥德人作戰，卻因反抗總司令官歐里斯特斯（Orestes）而逃亡。這位曾是阿提拉部下的歐里斯特斯在四七五年讓自己的兒子登上帝位。四七六年，司令官奧多亞塞（Odoacer）率領外族傭兵部隊造反，殺死歐里斯特斯，又將剛成為皇帝的歐里斯特斯之子流放到坎佩尼亞，讓這位被廢黜的皇帝領著年金過活。這位皇帝名為羅慕路斯・奧古斯都（Romulus Augustulus）。奧多亞塞將皇帝徽章繳回東羅馬帝國，昭告東羅馬帝國今後不再需要派遣皇帝到西羅馬帝國，西羅馬帝國就在這位與羅馬開國始祖同名的少年手中斷絕。

循著前述的脈絡來看，三七八年外族軍隊在阿德里安堡戰役打敗羅馬軍隊，不到三十年，羅馬奠定的世界秩序就完全瓦解，西羅馬帝國的帝位也高懸百年之久。在五世紀的開頭十年，名存實亡的羅馬只是一個以義大利為據點的國家，六十多年來都是靠東羅馬帝國派來的皇帝才得以保全帝國之名，至於政局則都由高舉「羅馬」之名的「他者」把持。這段期間的羅馬帝國可說是虛無飄渺的存在。這個徒具其名的羅馬帝國一直得到法蘭克王國的查理曼大帝被加冕為西羅馬帝國皇帝之後，才以神聖羅馬帝國之姿復活。

本章的主軸雖是政治變遷，但當時的社會樣貌也產生了劇變，尤其「羅馬式城市生活」已不復見於各地。四〇六年底入侵高盧、四〇九年不列顛島行省叛亂，以及西班牙與北非被各族群入侵掠奪等等，都讓各地陷入混亂，致使西羅馬帝國政府稅收銳減，羅馬城也難以取得食物補給。更甚者，四一〇年洗劫羅馬城的歷史又在四五五年重來一次：這次的主角是汪達爾人，占領與掠奪的時間長達兩週之久，該城人口也在五世紀中期從原本的百萬人銳減至三十五萬人。

同一時間，新的社會也逐步形成。遷徙而來的人們紛紛組成具有獨立族群認同的新國家，例如高盧北部的法蘭克人、高盧中西部的勃艮第人、高盧東南部的西哥德人、高盧東部的阿拉曼人、北非的汪達爾人都屬其中一列，東哥德人的國家也持續成形。目前學界對這些遷徙人群如何廢止、改革或維持傳統的羅馬世界秩序，以及他們是一味地「破壞」象徵羅馬的事物抑或傾向「順應」傳統秩序，曾有過一些爭論。但另一個同等重要的問題是，在羅馬建立的世界秩序崩解後，原本的居民與新移民之間如何共生共存，原本的居民又該如何在新勢力的籠罩下求生，這部分將在第二章以高盧北部地區的例子說明。至於看著西羅馬帝國建立的世界秩序崩解、決定分道揚鑣的東羅馬帝國，則會在第三章說明一些重要的局勢，其中最為知名的莫過於西哥德人在昔蘭尼的西內修歐斯發表反哥德人的演說後開始往西方移動，使得東羅馬帝國居民對「日耳曼人」反感不再那麼強烈。可見東西兩帝國在因應外部勢力的態度上也產生了歧異。

西方世界的政治軍事於四世紀末期變得動盪不安，百姓生活也因此受到牽連。在羅馬帝國全盛時期的「羅馬式城市生活」就此勢微之際，近年的古典時代晚期社會史研究指出，這些動盪讓各族群於各地遷徙，基督教也於各地普及，導致人們的日常生活與心性在潛移默化中改變，基督教會的領導者取代了羅馬帝國時期的地方勢力，建立了由他們帶領居民生活的在地社會。人們也不再渴望得到尊重歷史的「家父長式」意識型態的「羅馬式城市生活」，以及「羅馬人」的富庶與幸福。若從之後的變化來看，吉朋在《羅馬帝國衰亡史》提到日耳曼人與基督教是帝國衰退主因的見解，即使是在二十一世紀的今日也不難獲得認同吧。

渡過多瑙河的人們——「民族大遷徙」的開始

要了解西元四世紀的羅馬帝國，最重要的史料就是阿米阿努斯的《歷史》，裡頭描述了三七六年許多外來移民渡過多瑙河的景況（三一卷四章五～六節）：

懷著如此期待，許多官員都帶著推車，準備載運這群暴徒，就算其中有病入膏肓的人，官員們也不願把任何人留在多瑙河的彼岸，即使這些人將對羅馬造成破壞。

由於皇帝允諾這些人在渡過多瑙河之後可於色雷斯各處定居，於是他們便連續幾天，不分晝夜地一群群搭上船隻、木筏或坐上樹幹挖成的獨木舟渡河。不過多瑙河非常湍急危險，水位也因雨勢而高漲，再加上實在太多人渡河，有不少想逆流泳渡的人都溺死了。於是這些異常執著的人就為羅馬世界帶來毀滅性的破壞。唯一知道的是，那些抽到下下籤、被派去幫助這些蠻夷族群渡河的官員雖多次計算渡河人數，最終還是無法盡數。

引文開頭的「懷著如此期待」，是指皇帝身邊有人提出將這些外來移民納入軍隊、輕鬆增加兵力的計畫。此外，阿米阿努斯在後面引用了羅馬詩人維吉爾（Virgil）《農事詩》（*Georgics*）第二歌一〇六篇的內容，將計算渡河人數形容成如同計算數不勝數的利比亞沙漠的沙粒。與阿米阿努斯約莫同時代的哲學家、修辭學家暨史學家恩納皮烏斯（Eunapius）認為，實際的渡河人數有二十萬人（《殘篇》四二）。不過，現代的研究學者並不相信這個數字。蓋伊・哈爾索爾（Guy Halsall）根據遷徙前的哥德人相關研究指出，當時渡河的人應該是一萬五千人至二萬人的戰士集團，若加上其家眷，至多只有四萬人之譜。倘若哈爾索爾的推論正確，那麼這波移民規模與帝國前期開始從邊境靜靜遷入行省的移民人數不相上下，這點與傳統印象中的「大遷徙」有著相當出入。

到底都是哪些人渡過多瑙河呢？長期以來都認為被匈人驅逐的西哥德人率先渡河，但現在的學界認為，渡河時的哥德人尚未出現「西哥德人」、「東哥德人」這種於日後得以形成王國的自我認同，也認為渡河的族群包含了阿拉費法斯率領的瑟文吉人、同是哥德人的格魯森尼人、阿蘭人，甚至還包含匈人。

長期以來，三七六年的渡河都被視為是「日耳曼民族大遷徙」的序幕，但從這些渡河的族群沒多久就打敗駐紮行省的羅馬軍隊這點來看，於多瑙河沿岸邊境駐紮的羅馬軍隊已無法壓制這些族群，因此他們得以隨心所欲地進入帝國領土。同樣的事件也於四〇六年底在萊茵河的邊境發生。當時有許多外來族群不顧羅馬軍隊的壓制，逕自入侵高盧行省，羅馬也因此無法繼續在西側維持帝國的統治體制。

第二章　西歐世界的重組

加納　修

在第一章講述羅馬帝國失去西側領土統治權的過程後，本章將介紹新的世界秩序如何在歐洲逐步建立，同時說明這塊地區的歷史演進。具體來說，就是法蘭克人如何建立王國，以及該王國如何發展。

1 「王國」的形成

法蘭克人的名稱最早出現在西元三世紀後期左右的史冊裡，那時他們不斷侵擾羅馬帝國。當時住在萊茵河下游一帶的法蘭克人主要是以卡馬維人、安普希瓦里人、查士阿里人、西坎布里人、撒利人這些小族群組成。三五八年，以羅馬帝國軍人之姿登上皇位的尤利安允許撒利法蘭克人於萊茵河口至比利時東北部這塊名為托克森德里亞（Texandria）的地區定居，法蘭克人的歷史才自成一格，之後他們也為羅馬帝國提供強悍的士兵。法蘭克人迅速融入高盧社會的事實可從墓地調查得到佐證。

自四世紀後期開始，法蘭克人經常擔任帝國的高階軍職，例如第一章曾介紹過阿波加斯特這位登上羅馬帝國總司令官大位的法蘭克人。我們就從這位阿波加斯特的經歷，來觀察法蘭克王國的形成過程。他在三七〇年代被逐出法蘭克人共同體之後，投身於格拉提安（三七五～三八三年在

480 年左右的高盧

位）指揮的羅馬軍隊。到了三八〇年，奉這位皇帝之命與同為法蘭克人的總司令官包托歸入君士坦丁堡狄奧多西大帝（三七九～三九五年在位）的麾下，對抗蹂躪馬其頓達契亞與色薩利的哥德人，後來晉升為總司令官，在以特里爾為首都的瓦倫提尼安二世（三七五～三九二年在位）底下握有強大實權。一個世紀之後的佐西姆斯（Zosimus）在史書中如此描述阿波加斯特：「他的勇敢、作戰知識以及對財富的不屑一顧，足以讓他從士兵中脫穎而出，獲得無上的權力。他滿足於如此傑出的地位，敢直諫皇帝，更擅長阻止那些他認為的不義之舉。」日後與瓦倫提尼安二世對立的他在三九二年皇帝因不明原因去世後，擁立修辭學家尤金尼厄斯為皇帝，並於三九四年與狄奧多西大帝在冷河交戰失利後選擇自盡。他是羅馬多神教虔誠信徒一事也廣為人知。

阿波加斯特的活躍足以證明羅馬帝國仍保有一定實力，例如他能趕走跨過多瑙河的哥德人，也在三九三年暫停對萊茵地區的法蘭克人發動報復戰爭，與當地各族群結成同盟，還讓負隅抵抗的部分法蘭克人加入羅馬軍隊。

這番經歷與移動距離，堪稱是縱橫於帝國東西。賦予他至高無上權力的地點，是特里爾的瓦倫提尼安二世政府。阿波加斯特活躍的時代，也是羅馬皇帝在高盧東北部一帶仍具影響力的時代。一旦皇帝死去，特里爾失去首都的地位，阿波加斯特的權力也不再。

阿波加斯特死後七十年，四六〇年代末期，出現了另一位以特里爾為據點的阿波加斯特伯爵（Arbogast, comes of Trier）。一般認為，父親為阿里基烏斯（Arigius）的他，應該是阿波加斯特的子孫。關於這位特里爾伯爵阿波加斯特的史料，目前只有以他為收件人的兩封信件，但從中可知，他在羅馬帝國的舊都附近指揮軍隊、重振行政制度，也讓羅馬文人的涵養在當地復興。此外他與父親不同，是一名基督徒。

特里爾伯爵阿波加斯特的祖先曾縱橫帝國，於帝國擔任高位，而他則在西羅馬帝國瀕臨瓦解時成為高盧地區的統治者，不過他並未在當時的羅馬帝國首都嶄露頭角，也不曾於帝國政府任職。從他實際的活動範圍，便可了解他為何能在高盧成為統治者。同時間與這位阿波加斯特一般舉足輕重的人物還有很多位，讓我們觀察這些人物，一起探索時代的變化。

五世紀後期的西羅馬世界

六世紀末，都爾的額我略所著的《歷史十卷》（二卷一八章）根據佚失的《年代記》（*Chronicles*）描述了西羅馬帝國滅亡前，一場於高盧西部爆發的爭端：

> 希爾德里克正在奧爾良作戰，奧多亞塞則率領撒克遜人來到昂傑。當時，瘟疫的陰影籠罩著每一個人，連埃吉迪烏斯將軍都難以倖免，只留下西阿格里烏斯這個兒子。埃吉迪烏斯病死時，奧多亞塞正從昂傑及其他地區擄劫人質。不列顛人被哥德人趕出布爾日之後，許多人都在德歐魯村被殺，司令官（伯爵）保魯斯則率領羅馬人與法蘭克人攻擊哥德人，獲得戰利品。當奧多亞塞來到昂傑之後，隔天希爾德里克也趕來，殺了司令官保魯斯，占領布爾日這座城市。是日，教會就因一場大火付之一炬。
>
> ——譯自兼岩正夫、臺幸夫之日譯版，《歷史十卷（法蘭克史）》

要從剛剛這段敘述還原事件樣貌，是非常困難的。希爾德里克（Childeric I）是法蘭克王國「創建者」克洛維一世（Clovis I，四八一～五一一年在位）的父親，奧多亞塞則是那位以罷免西羅馬皇帝聞名的日耳曼人司令官。從前半段引文很難看出希爾德里克在奧爾良跟誰作戰，但看後半段引文，希爾德里克應該是得到奧多亞塞的協助，與埃吉迪烏斯這號人物作戰才對，但這點目前仍存有異議。唯一可確定的是羅馬帝國滅亡前，高盧地區除了墨洛溫的希爾德里克之外，還有其他地方勢力存在。

首先我們就從只在這裡登場的保魯斯伯爵（comes Paulus）開始介紹吧。根據額我略的描述，他的據點在昂傑，具有動員羅馬人與法蘭克人的實力。這裡的哥德人為西哥德人，自四一八年以來就一直以土魯斯為據點定居於亞奎丹一帶，偶爾會掠奪周邊地區，造成居民恐慌。保魯斯與剛剛介紹的特里爾伯爵阿波加斯特都擁有「伯爵」這個稱號，獨自統治亞奎丹。

埃吉迪烏斯（Aegidius）是統治羅亞爾河到索姆河這塊高盧北部地區的羅馬人，四五七年晉升總司令官，並在希爾德里克因奢靡生活被法蘭克人放逐的八年內成為法蘭克人的王，統御法蘭克人。他最有名的事蹟為不承認利比烏斯・塞維魯（Libius Severus，四六一～四六五年在位）的統治，在高盧北部有著不可撼動的地位，也曾以蘇瓦松為據點。

埃吉迪烏斯與特里爾伯爵阿波加斯特的父親阿里基烏斯一樣，在四六四或四六五年成功讓兒子西阿格里烏斯（Syagrius）繼位，可知高盧北部的統治權實質上是世襲的。地方勢力的地位越能傳承，代表這些地方勢力的實力越強，卻也代表羅馬帝國的地方政府越無法正常運作。

五世紀後期的高盧陷入了錯綜複雜的政局。有時政治領袖是羅馬人，有時卻是法蘭克人，而像希爾德里克這種具有實力的法蘭克人在羅馬帝國擔任高位，這也是不容忽略的事實。墨洛溫家族就在各方勢力環伺下，一步步建立屬於自己的霸權。

「比利時第二行省」統治者克洛維

克洛維是在四八一年左右繼承其父希爾德里克的衣缽。位於現今法國東北部漢斯的雷米吉烏斯主教（Saint Remigius）得知此消息後，便寄了封信給克洛維。幸運的是，這封信得以保存至今，讓我們得以一窺克洛維的「王國」屬於何種性格：

聽聞您繼承了比利時第二行省，心中很是歡喜。這並非前所未見之事，您與您的祖先做了相同選擇。您首先該做的是保持謙卑，讓您的功績達到無上境界，才能在神審判之際獲得眷顧。一如世人所云，行為可證明為人，您必須自行尋找能為您宣揚名聲之諫臣。您的恩寵必須清廉誠實，您必須將判斷交由您的主教並聽取他們的建議，若能與他們和睦相處，您所掌管之地將確保長存。請為您的子民打氣，為悲嘆終日之人發聲，善待寡婦，助養孤兒。與其教導眾人，不如讓眾人愛您敬您。但願正義之聲出自您口，別對貧民與外人抱有任何期待。請不要收取禮物或贈品。請向所有人敞開您的宮殿大門，別讓任何人悲傷地從這扇大門離去。願您善用從父親處繼承之財富，讓更多不自由的人得到解放，讓他們肩上的軛得以放下。若有人在您眼前出現，願您視他如親。若您想施行統治，做出高貴判斷，請與年輕人同樂，與老人共談。

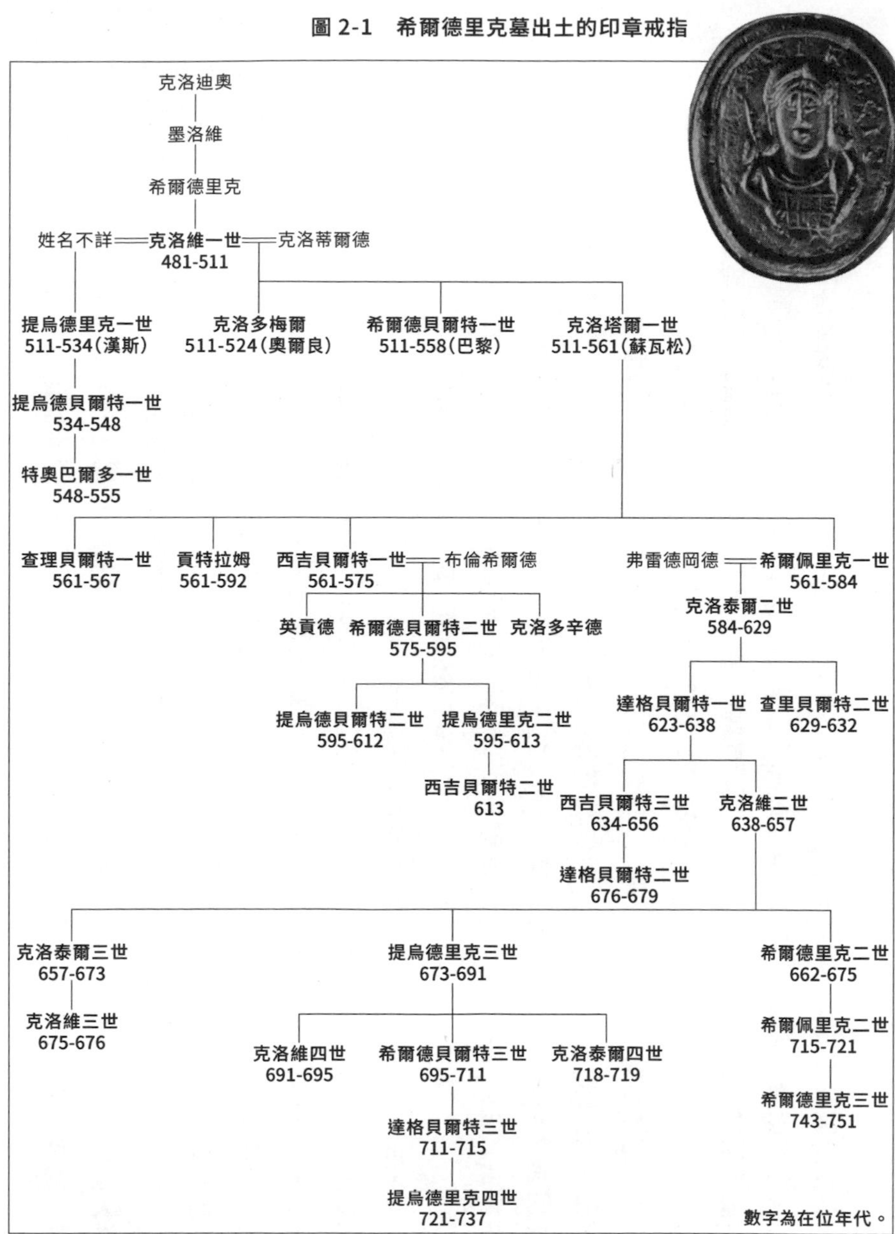

圖 2-1　希爾德里克墓出土的印章戒指

墨洛溫王朝世系圖

漢斯主教雷米吉烏斯最為著名的事蹟，便是在四九六年克洛維皈依基督教時為他施洗禮；他至少在十五年前就認識克洛維了，當年克洛維僅十五歲，雷米吉烏斯則已四十五歲。若要更深入地了解這封信的意思，得先了解雷米吉烏斯是怎樣的一位人物。

四三六年雷米吉烏斯在漢斯出生，父親為埃米利烏斯（Emilius, comes of Laon），母親為卡埃莉尼雅（Saint Celina）。他有個兄弟擔任蘇瓦松主教的第一公民。據聞他在二十二歲就任漢斯主教後，長達七十餘年都擔任此職務。臨死前寫下的遺言收錄至相關傳記，可從中得知他至少擁有一百位以上的奴僕。此外，他也是高盧的貴族。五世紀的高盧有不少羅馬貴族投身主教一職，從雷米吉烏斯的父親曾是司令官（或「伯爵」）這點來看，他應該與其他貴族走上相同的道路。雷米吉烏斯的信件應足以代表五世紀後期高盧羅馬貴族的想法與思維。

對我們這些歷史學家而言，克洛維的即位意味著「法蘭克王國」的成立。但對雷米吉烏斯來說，這件事卻另有意義。克洛維是羅馬帝國比利時第二行省的統治者。羅馬帝國的行省裡也有羅馬公教會，所以對雷米吉烏斯而言，由克洛維繼承自己以首都大主教之姿統治的地區，絕對是件非常重要的事。儘管無法斷定克洛維是否知道自己是比利時第二行省的統治者，但對高盧居民、尤其對高盧的貴族而言，克洛維的即位絕對具有這層意義。

再者，克洛維的即位並不是什麼新鮮事。這位年輕的國王只是登上與「祖先」相同的地位，繼承既是法蘭克人國王、又是羅馬帝國官員的父親希爾德里克的地位。一如前述，在羅馬帝國晚期「皇帝權力」漸微的高盧，這類地方「王朝」在當地的統治力也越來越強。五世紀是高盧各地貴族

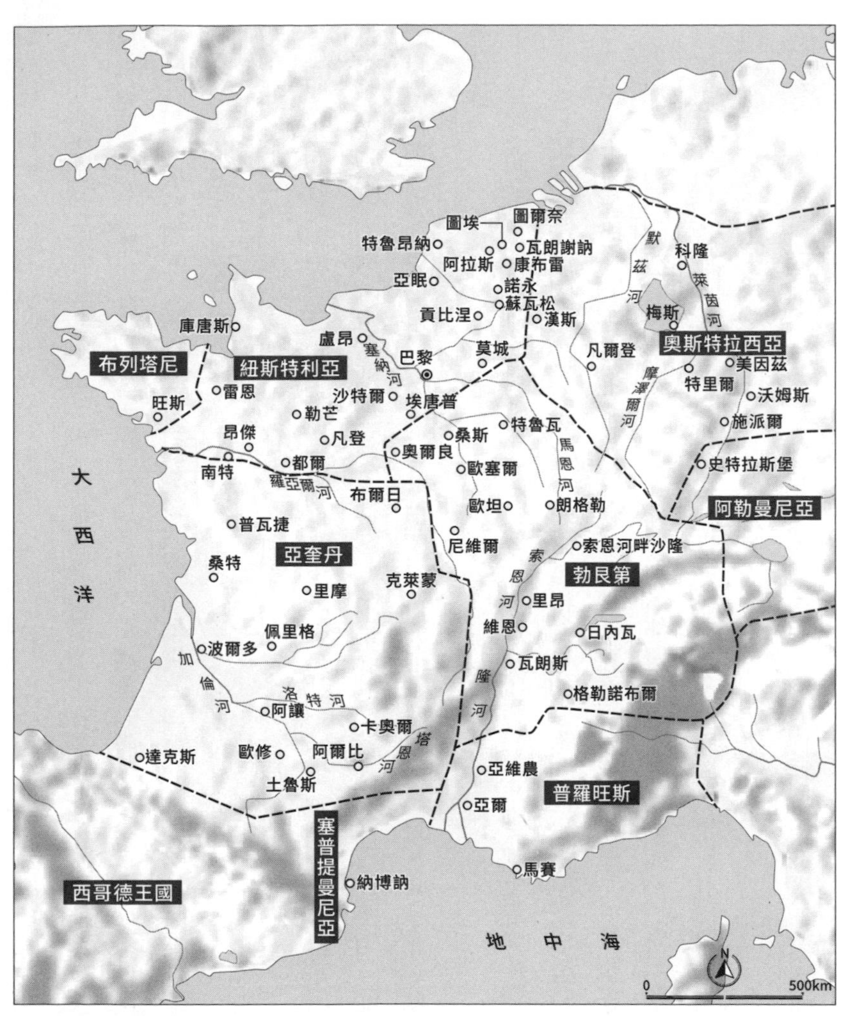
圖埃
圖爾奈
特魯昂納
瓦朗謝訥
阿拉斯
康布雷
亞眠
諾永
蘇瓦松
貢比涅
漢斯
庫唐斯
盧昂
塞納河
巴黎
莫城
凡爾登
布列塔尼
紐斯特利亞
雷恩
沙特爾
埃唐普
旺斯
勒芒
桑斯
特魯瓦
昂傑
凡登
奧爾良
南特
都爾
歐塞爾
羅亞爾河
布爾日
歐坦
朗格勒
大西洋
普瓦捷
尼維爾
桑特
亞奎丹
克萊蒙
里摩
佩里格
波爾多
加倫河
洛特河
阿讓
卡奧爾
達克斯
歐修
阿爾比
塔恩河
土魯斯
塞普提曼尼亞
納博訥
西哥德王國
默茲河
科隆
萊茵河
梅斯
奧斯特拉西亞
美因茲
特里爾
摩澤爾河
沃姆斯
施派爾
史特拉斯堡
阿勒曼尼亞
馬恩河
索恩河畔沙隆
索恩河
勃艮第
里昂
維恩
日內瓦
瓦朗斯
隆河
格勒諾布爾
亞維農
普羅旺斯
亞爾
馬賽
地中海
N
0
500km

墨洛溫時期的高盧

紛紛建立世襲政權的時期，克洛維的第一場戰役便是與埃吉迪烏斯之子、人稱「羅馬人之王」的西阿格里烏斯對抗。在這個統治末期，他們也會除去其他被稱為法蘭克人「小王」的自身親族，例如於萊茵河沿岸法蘭克人舊地為勢力範圍的科隆之王西吉貝爾特、康布雷之王拉格納查爾，還有以西部的勒芒為根據地的法蘭克王。一般將克洛維即位視為墨洛溫王朝的「創建」，但正確來說，墨洛溫王朝應該是在這個統治末期慢慢站穩腳步。

讓我們繼續閱讀雷米吉烏斯的信件。雷米吉烏斯在信中提及國王施行統治之際應晉用哪些人材。他認為應該由圍繞在國王身邊的諫臣們組成「宮廷」，也強調國王做決定時必須徵求主教們的意見。這不是因為雷米吉烏斯本身是主教，而是考慮到當時高盧社會的權力分配狀況，有許多主教都來自在地勢力。克洛維於五一一年在奧爾良召開主教會議，建立了與主教、教會共同經營王國的制度雛形。

雷米吉烏斯希望國王能扮演主教的角色，例如保護貧民、寡婦、孤兒這些社會底層的弱勢族群，或是贖回、釋放囚犯，這些都是主教應積極從事的工作。他也沒忘記提醒國王以羅馬地方官員身分統治該地區時，有哪些需要特別注意的事項。克洛維是得天獨厚之人，也是權力的分配者，更是做出正當判決的法官。要完成這些任務，就不能優待那些有能力賄賂的富裕階層，而是要盡可能公平對待所有階層的人民。所以雷米吉烏斯才希望國王的宮殿大門應該「為所有人民敞開」，也期待國王能「發出正義之聲」。

有關國王賦予個別教會、修道院、王國居民領土與各種特權，亦即記載王家法庭判決結果的國王文書，一直要到六世紀末才開始流傳。但克洛維早已實踐了身為統治者該實踐的準則。

《薩利克法典》裡的國王

雷米吉烏斯的信件為克洛維的權力在羅馬帝國晚期以降的高盧社會找到了定位。然而，當中並未描述到日耳曼人國王的固有特質。雷米吉烏斯寄給克洛維的信件還有一封。這封於四九六年至五一一年之間寄出的信件主要是為了撫平克洛維失去姐妹阿爾布弗蕾德的傷痛，信中提到國王是「眾人之首」，必須有智慧地統治「王國」，行為必須符合基督教倫理，做眾人的榜樣。

這些信件充分說明了雷米吉烏斯的立場。至於那些對於克洛維的施政提醒，當然也是雷米吉烏斯內心的期盼。

接著，讓我們從不同層面來探索「法蘭克人之王」的特質。在此採用的史料為克洛維統治末期（五〇七～五一一年）編撰、集法蘭克人習慣法之大成的《薩克利法典》（*Lex Salica*）。這部總共六十五章的法典，有一半以上是竊盜或殺人相關的刑法。

在《薩克利法典》中可以看見怎樣「日耳曼色彩」或「法蘭克色彩」的國王呢？讓我們先將注意力放在這部法典中國王的行動，之後再一窺貫徹整部法典的國王意圖。

《薩克利法典》記載了不少國王的活動，而雷米吉烏斯的信件與《薩克利法典》記載的國王活動之間有許多有趣的共同點。第十八章的主題是「將無罪之人交在國王面前之人」，證明王家法庭已經開始運作。此外，第十四章也可以看出若有人希望移居他地，國王會發行允許移居的證書。若有人對國王發行的證書提出異議，將處以二百索利都斯（solidus，金幣單位）的高額罰金，這個金額等同於自由民被殺害、其親屬可得到的「贖罪賠償金」。第四十五章也記載了移居相關的細則。由於移居者會不時侵害在地居民的權利，所以移居者必須得到允許才能入住當地，而且也有驅逐移居者的手續。為此，移居者可請求國王允許，而國王也會根據該請求發行允許入住的文件。

如同雷米吉烏斯希望國王解放不自由的人，這裡也提到了能在國王面前以第納里烏斯銀幣（denarius）贖回奴僕的自由，《薩克利法典》就記載了奴隸或農奴（Litus，介於奴隸與自由民之間的階級）能在國王面前以這種方式贖回自由。法蘭克人是由自由民與各種奴隸組成，要讓自己的奴僕澈底成為自由人，必須在國王面前舉行此儀式。至於農奴，一般認為是順服法蘭克人的俘虜後代。此外，從七世紀記載的證據來看，由主教贖回的奴隸也必須在國王面前舉行儀式才能重獲自由。這種以第納里烏斯銀幣贖回自由的方式，是雷米吉烏斯對國王的期待之一。

《薩克利法典》與國王

《薩克利法典》並未對竊盜或殺人定出刑事罰則，而是以獨特的贖罪金制度進行處罰。這裡之所以不說罰金，而用較為拗口的贖罪金，是因為獲得賠償的是被害者，而且不是由國家強制賠償，基本上只是當事人雙方用來解決紛爭的自力救濟，所以《薩克利法典》才被認為帶有日耳曼的色彩。

近年來學界認為，於殺人之際支付的贖罪賠償金源自羅馬法的賠償制度，但本書要介紹這種贖罪賠償金與羅馬法的差異之處，還要介紹贖罪賠償金那難以言喻的「日耳曼色彩」。下面將根據德國中世紀史學家卡爾．烏布爾（Karl Ubl）的研究進行說明。為了說明《薩克利法典》的贖罪金系統特徵，這裡以切斷馬尾這項違法行為的贖罪金為例：

第三十八章第十四條　任何人切斷他人馬匹的尾巴時，須處以一百二十第納里烏斯或三索利都斯的贖罪金。

看來偷割馬尾這類行為似乎滿盛行的，因為同樣的罪行也在同為日耳曼人的哥德人《西哥德法典》與勃艮第人《勃艮第法典》中出現。不過這兩者都不屬於贖罪金系統：前者規定，割斷他人馬匹的馬鬃或馬尾，必須賠償受害者一匹馬；後者規定，馬匹被切斷馬尾的主人可以牽回自己的馬匹，並要求對方再賠償一匹馬，或直接要求對方賠償兩匹新馬。這兩部法典都比《薩克利法典》更受羅馬法影響，對這類處罰也如出一轍。羅馬末期的法律是以賠償實物做為刑事案件的罰則，反觀《薩克利法典》則以賠款取代實物，這部分算是法蘭克人法典的創新之處。贖罪金的計算方式也滿特別的，只可惜目前還不知道為什麼切斷馬尾必須賠償三索利都斯。唯一知道的是，若是偷竊跟在母馬後面的小馬，也必須賠償相同的金額。

關於贖罪金的計算方式，到目前為止仍有許多謎團，但就已解明的部分來看，有更高額的贖罪金這點值得注意：只要被告否認犯行、刻意犯罪或是未自首，就會被課以更高額的贖罪金。接著讓我們看看第九章的內容。

第九章　農田或園地遭受損害的情況

一　在自己的農田內發現了牛、馬或家畜時，絕不能傷害這些牲畜。假設傷害了這些牲畜，也自白犯行，加害人必須賠償相當於該牲畜的價值，並可將這些受傷的牲畜納為自身財產。假設未坦白犯行，犯行（傷害牲畜）又被證實，加害人必須賠償相當於該牲畜的價值，以及六百第納里烏斯或十五索利都斯。

五　當豬隻或其他牲畜闖入他人農田，牲畜主人否認犯行，但犯行被證實時，牲畜主人必須賠償六百第納里烏斯或十五索利都斯。

九　若因仇視或傲慢之心破壞他人圍籬，放任自己的牲畜闖入他人的農田、牧地、葡萄園或工作地點，此犯行又被證人證實時，牲畜主人必須賠償損害，還得另外支付一千二百第納里烏斯或三十索利都斯。

從上述規定可以發現，若被告否認傷害牲畜或牲畜造成的損害，或因仇視他人而造成他人損害，則除了賠償損害，還得額外支付十五或三十索利都斯這類相對高額的贖罪金。

一般認為，《薩克利法典》的贖罪金制度反映了王權無法對被告處以國家級的刑罰，卻能看出王權對這些犯罪或違法行為有著不同的處理方式。此外，該制度超越了當時高盧社會通用的羅馬法損害賠償制度，贖罪金額度的制定規則更蘊藏了抑制犯罪的意圖，也企圖以公權力建構更為複雜的刑法。換言之，這套制度隱含了彰顯王權的意涵。這是烏布爾的看法。其實不斷在法典出現的「若犯行被證實」這類敘述，也充分顯示了王權希望於法庭內解決紛爭的企圖。這部法典帶有公權力透過官方法庭維持和平秩序的強烈色彩。

2 家族與社會

西吉貝爾特與布倫希爾德的聯姻

西元五六六年春天，奧斯特拉西亞王國的法蘭克國王西吉貝爾特（Sigebert I）與西哥德人公主布倫希爾德（Brunhilda）結婚，並在梅斯的宮殿舉辦婚禮。從義大利趕來法蘭克王國的詩人萬南修福多諾（Venantius Fortunatus）為祝賀而寫的詩歌傳承至今，以下介紹開頭的部分：

春天來訪，凍霜之地得以解放，原野覆上整片色彩繽紛的花草，遠山峰頂探出點點綠意。為人們提供涼蔭的樹木，枝椏也冒出翠嫩綠葉。孕養人們的葡萄樹幼枝上不斷冒出新芽，花苞慢慢膨脹，像是答應母枝未來將結出一串串纍實的葡萄。蜜蜂穿梭於花叢間嗡鳴，鑽進滿是蜜汁的花蕾裡，為花朵傳播花粉。在純潔大地上多產的蜜蜂，似乎將從花中產出蜂群子嗣。啼叫的鳥兒為了獻上忠實的愛，急忙趕往雛鳥身邊。這些生物即使終將老去，只要回到子孫身邊就能重返青春。一切將如往昔，大地亦將稱慶。承天之命，王的宮廷因「皇家」聯姻而變得富足，全世界也為之喝采。願吾王永遠幸福，身邊隨時圍繞充滿光輝的能人異士，也願有才之人紛紛前來這唯一的高峰。看吧，戰神馬爾斯將為吾王帶來將帥，和平也將伴隨名譽而來。所有人來到這裡，為這王室的祝禮播下興奮的種子。王的人民將因這場婚禮得知吾王之願已遂。讓地上湧出泉水的汝，請傾聽我的聲音，汝的審判，將使小事化為大事。

——《詩集》六書一

接在這段詩之後的是一百一十九行的祝婚歌。維納斯與邱比特祝福兩人的婚姻，太陽神照耀婚禮舞台，妖精們紛紛獻上美麗的花朵。就格式而言，這首充斥著羅馬多神教與基督教色彩的詩，算是古典文化的餘韻，也只會在古代過渡至中世紀的時期出現，後續的墨洛溫王朝再也沒有能寫出這類詩的詩人，萬南修福多諾也因這首詩得以活躍於墨洛溫王朝。六世紀中期之後的法蘭克社會繼承了古典時代教養也接受了基督教倫理，在這層意義上，或許也是六世紀的墨洛溫社會被視為「過渡期」的原因吧。不過在此要特別注意的是這場聯姻本身，尤其是促成這場婚姻的因素，而不是過渡期這個特徵。

萬南修福多諾的詩雖然有提到布倫希爾德的「嫁妝」，但僅以「她領受了名為美麗的帝國做為嫁妝」稱讚嫁妝有多麼美侖美奐。不過就法國歷史學家布魯諾・杜梅吉爾（Bruno Dumézil）的調查，在都爾的額我略的《歷史十卷》與其他史料中都可以發現她帶著大筆嫁妝嫁給了西吉貝爾特。從西吉貝爾特國王統治了長期隸屬於西哥德人的塞文地區阿利斯提烏姆這點來看，這塊地區應該是布倫希爾德從父親處繼承來的「嫁妝」（faderfio）。西哥德人原本就沿用羅馬法，女兒出嫁時父親必須給女兒嫁妝。西哥德國王讓公主出嫁時，通常都會附帶奴隸或僕人做為嫁妝；若辦得更奢華點，財產除了衣服、寶石飾品這類動產與奴隸，還包含土地。

此外，布倫希爾德與西吉貝爾特成婚之際，也從丈夫手上收到許多禮物。這些禮物的內容與分量目前沒留下直接記述，但間接的記述卻不少。在動產方面，王妃離開盧昂時，將五個包裹交給該處主教普里提克塔都斯（Prætextatus），據說其中有兩包裝滿了「貴重物與各類裝飾品」，總價值應超過三千索利都斯。另一包則裝有二千索利都斯的金幣。目前已知的是，普里提克塔都斯從其中一個包裹取出金絲織帶後，將絲帶切成小段分送給想驅逐國王的人們。一般認為，布倫希爾德擁有非常龐大的財產，其中有許多是西吉貝爾特送的。除了這些動產，這位王妃也在漢斯與科隆擁有許多土地，我們可將這些土地視為王的賞賜。

若從日耳曼人的習俗來看，西吉貝爾特在成婚時送給布倫希爾德的禮物稱為「晨禮」（morgingab）。這是丈夫在成婚後第二天清晨送給妻子的禮物，後世將這個禮物解釋成「處女的對價交換」。可見這場西哥德公主與法蘭克國王的婚姻同時遵守了羅馬法與日耳曼法。一如羅馬帝國全盛時期史學家塔西佗所述，羅馬法與日耳曼法在結婚送禮的習俗完全相反，日耳曼人認為「嫁妝該由丈夫送給妻子，而不是由妻子帶給丈夫」（塔西陀，《日耳曼尼亞志》）。那麼到了中世紀，法蘭克國王國的結婚贈禮又是如何處理呢？

「晨禮」與結婚贈禮

進入中世紀之後，不再採用羅馬式嫁妝，也就是父親直接送女兒禮物，而是由新郎／丈夫間接贈予新娘／妻子禮物，這樣的禮物稱為「聘禮」（meta/metfio）。不管是直接或間接贈予，這些財產都用於經營婚姻生活，鞏固兩國邦交，避免妻子被休或是被家暴。當時可能適婚男性比適婚女性來得多，所以才形成這種由丈夫贈予妻子的社會習俗，但目前尚無足夠數據針對中世紀初期進行統計。放眼其他婚後住在夫家的例子，由新娘帶著嫁妝成婚的方式雖是主流，卻仍無法解釋上述的現象。

剛才已經提過，在羅馬帝國由新娘帶著嫁妝成婚是慣例，但在四、五世紀時，新郎通常會在婚前給新娘聘禮或聘金，而且從四世紀末開始，羅馬皇帝還要求聘禮與嫁妝必須「等值」。由此可見，當時新郎免不了得提出聘禮。這類聘禮很容易與日耳曼的「晨禮」混為一談。但其實，是由於這種婚前贈送的聘禮被君士坦丁大帝定為「新娘禁欲的對價交換」，才因此與象徵「處女的對價交換」的晨禮畫上等號。

當丈夫贈予妻子禮物的方式在法蘭克時代普及後，就很難追溯這項傳統究竟屬於羅馬社會還是日耳曼社會，也很難釐清羅馬式嫁妝習俗到底被保留多少，因為記錄結婚禮品的證書通常都是由丈夫寫給妻子的。

結婚時的贈予在中世紀扮演非常重要的角色。教會行規也多次提到「沒有聘禮就不可結婚」。既然有這類贈予，婚姻才得以正常化，那麼當然就有不正常的婚姻。其中最具代表性的就是近親婚與綁架婚，兩者都是源自日耳曼人的習俗。不過隨著研究發現，這類婚姻也是羅馬社會的傳統之一。

禁忌的婚姻（一）近親婚

數年前，小名為阿烏斯的維達斯特（維達斯提斯）愛上了安布羅修斯的妻子，因此殺害了盧普斯與安布羅修斯，娶了這位據傳是堂姐妹的女人為妻。雖然他在普瓦捷境內犯下多起罪行，但當他與撒克遜人的庫魯德里克在某處惡言相向時，庫魯德里克的一名傭人用長槍將阿烏斯刺倒在地上，接著繼續追打，導致阿烏斯渾身是血。最終，阿烏斯失去了他那邪惡的靈魂，神也讓阿烏斯對那些為他所害的無辜之人償還了血債。這個極為可悲的男人曾犯下多起竊盜、姦淫、殺人的罪行，對這些罪行閉口不談才是上上之策。不過那位撒克遜人卻要為了殺死阿烏斯支付阿烏斯的兒子賠償金。

——《歷史十卷（法蘭克史）》

本段引自《歷史十卷》七卷三章。安布羅修斯與盧普斯這對兄弟是都爾市民，維達斯提斯是住在同一區或在普瓦捷壞事做盡的居民。都爾的額我略之所以將這段歷史視為「傳言」，一來是因為無法確定這是事實，再者是維達斯提斯娶了自己的堂姐妹，同時也是安布羅修斯妻子的女人。額我略的字裡行間充滿了批判，因為在當時，這種堂兄妹結婚是教會法判定違法的近親婚，而維達斯提斯是個羅馬人。

近親結婚在羅馬人社會不算新鮮事，所以從羅馬時代就以法令禁止，不過最近的研究卻發現，墨洛溫時代的近親婚也被視為是日耳曼社會的傳統。六世紀拜占庭史學家普羅科匹厄斯的《戰史》（*De Bellis*）提到，在圖林根地區，兒子與繼母結婚是「代代傳承的習俗」；教宗額我略一世（Pope Gregory I，五九〇～六〇四年在位）也禁止盎格魯人與堂姐妹、繼母與結拜姐妹結婚；法蘭克人社會也能看到與繼母或嫂子結婚的例子。因此在墨洛溫時代，主教們透過主教會議屢屢禁止近親婚姻，即是想讓日耳曼人停止具有異端色彩的家族祖先祭祀，改以基督教的方式祭祀。

不過先前提到的學者查理．烏布爾認為，這種理解必須從根本重新檢視，因為在墨洛溫社會的日耳曼人之間幾乎看不到堂兄妹結婚的例子，通常是羅馬人才會如此。此外，從古典時代晚期的證據也發現，這種堂兄妹結婚的情況在羅馬人社會相當普及，被視為是強化精英家族勢力或避免財產外流的手段。

若將範圍限縮至墨洛溫王室的婚姻，最常見的就是兄弟死亡、未亡人由其他兄弟迎娶的例子，這也是最能與禁忌的近親婚比擬的情況。舉例來說，克洛維之子克洛泰爾一世（Chlothar I）在哥哥克洛多米爾（Chlodomer）去世後，娶了嫂子貢迪奧克（Guntheuc），但這是為了接收克洛多米爾的王國。王室的近親結婚通常帶有政治目的，也是為了避免王室財產外流。財產就是結婚的籌碼，與多神教的習俗或信仰無關。

不管是羅馬人還是日耳曼人，親屬間的近親結婚情形尤其嚴重。過去的人類學者不斷討論這種亂倫禁忌的問題，卻一直沒有釐清禁止的理由與目的，此時期的史料也沒有任何與遺傳學有關的敘述。從墨洛溫時期的史料來看，近親婚被禁止的原因在於「保持血統純淨」，但這是否與血統具有某種神聖性質有關，目前尚無定論，但一般認為，禁止近親婚是為了促進各家族或各地區能進一步交流。由此可見，羅馬人與日耳曼人對於近親婚的態度沒有明顯差異。漸漸地，與外族通婚就在西歐成為主流。

禁忌的婚姻（二）綁架婚

所謂的綁架婚，是未經女方雙親同意就與之結婚。雖然也有失敗的例子，但到底是怎麼綁架的，《歷史十卷》記載了相關的小故事：

……庫帕又召集自己的同夥，準備搶劫勒芒主教巴德基希魯的女兒為妻。為了實現這個陰謀，夜裡，他夥同一群人闖入馬勒伊的莊園，但莊園女主人馬格娜多爾蒂在識破他的詭計後，立刻帶著一群僕人趕走庫帕。庫帕的許多同夥都受了傷，他自己也落荒而逃。

——《歷史十卷（法蘭克史）》十卷五章

由於《薩克利法典》將綁架婚定為違法行為，因此要綁架新娘得盡可能掩人耳目，通常選在晚上。此外，考量到新娘的家族會抵抗，所以夥同幫手闖入新娘家中的例子並不罕見，新娘的家族也會動用武力抵抗並保護自家女兒。

綁架的結果非常多種，其中之一就是上面這種遭到新娘家族抵抗而失敗的例子。另外當然也有成功的例子，此時就可能比照羅馬皇帝的做法，由國王允許這場綁架婚。此外，新娘本人同意結婚、但父母親不同意的情況下，也常導致這種綁架婚發生，此時犯人通常會支付新娘家人賠償金，事後也得以與新娘結婚。日耳曼法典通常是以賠償金解決紛爭為前提，但也有將犯人打入奴隸階級的案例，每個王權做出的判決都不一致，墨洛溫國王甚至下過執行死刑的命令。

綁架婚之所以被歸類為「日耳曼習俗」，是因為羅馬法律禁止這樣的行為，但日耳曼人認為這是一種私奔，有時甚至將這種綁架婚視為合法。羅馬法律規定，就算新娘本人同意，也必須與犯人同處死刑；日耳曼法律則不同，只要犯人能於事後得到女方親屬同意，就能合法結婚。換言之，綁架婚是否成立，端看事後有無得到女方親屬同意，所以綁架婚才被歸類為「日耳曼習俗」，而非「羅馬習俗」。

由此衍生的其他解釋，例如綁架的「幫手」被解釋成隨從，也就是跟在主人身邊、擁有自由身分的日耳曼戰士團。不過在其他例子裡也發現，這些戰士會幫忙綁架奴隸，譬如巴德基希魯的妻子之所以斥退庫帕那群人，全拜自己的隨從頑強抵抗所賜。這不禁讓人想起過去君士坦丁大帝規定只要發生綁架婚，新娘的乳母以及與綁架有關的奴隸全都要處以極刑。《西哥德法典》（*Lex Visigothorum*）也有為了綁架新娘而出借奴隸的紀錄，甚至有時候，新娘家裡的奴隸也會幫忙犯人綁架新娘。日耳曼人當然是利用隨從綁架新娘，但就綁架的方法而言，日耳曼人與羅馬人應該大同小異。

總之在墨洛溫時期，綁架婚這項習俗由法蘭克人帶入，但並未普及。然而新的情況是，在羅馬人與法蘭克人的通婚中也出現了綁架婚的例子，在法律上擁有土地繼承權的羅馬女性很可能經常成為綁架的對象。另一種新的情況是，日耳曼各國雖然繼承了羅馬法的死刑規定，卻以更寬容的方式處理綁架婚。此外有一點不可忽略，羅馬皇帝頒布的法令已不如過去具有約束力，西羅馬帝國逐漸勢微，才讓該法令變得「有彈性可言」。日耳曼諸國部分繼承了羅馬皇帝頒布的法令，讓不同的規範得以並存，而這些規範也隨著羅馬帝國的勢微變得更具彈性。當時的人們就是在這樣的社會中生活。

3 紛爭與社會秩序

《薩克利法典》的神明判決

前一節提到，羅馬人與法蘭克人在結婚習俗上有許多共通之處，本節則要說明中世紀初期解決紛爭的方法有什麼改變。之所以要介紹這點，是因為解決紛爭是維持社會秩序的基柱之一。到了中世紀初期，日耳曼人的法律文化是否已占有優勢？讓我們從充滿日耳曼色彩的神明判決（Trial by ordeal）來思考這個問題吧。一開始先列出《薩克利法典》中有關神明判決的條文：

第十四章　埋伏與搶劫

一　以埋伏的方式洗劫自由人，且犯行被證實時，犯人必須處以二千五百第納里烏斯，也就是六十二．五索利都斯的賠償金。

二　羅馬人搶劫撒利法蘭克人，但缺乏決定性證據時，該羅馬人必須與二十五名宣誓輔助者（一半由選拔而來）一同宣誓，洗刷自身嫌疑。假設找不到宣誓輔助者，就必須接受煮沸熱水的神明判決，並服從判決。

三　法蘭克人搶劫羅馬人，但缺乏決定性證據時，必須連同二十人（一半由選拔而來）一同洗刷嫌疑，若找不到宣誓輔助者，該犯行又被證實時，得處一千二百第納里烏斯，也就是三十索利都斯的賠償金。

這些規定主要是處理搶劫財產造成的紛爭。當搶劫的犯行被證實，犯人就必須賠償贖罪金，唯獨缺乏決定性證據時，可與宣誓輔助者一同宣誓自己的清白。倘若找不到宣誓輔助者，而被告為羅馬人、被害為法蘭克人時，就得透過沸水的神明判決來裁決；反之，則不需經神明判決。

沸水的神明判決又稱湯釜神判，主要以下列的方式進行：在公眾面前生火，接著將盛滿水的釜放在火上面，直到釜裡的水煮沸後，將戒指或小石頭丟入釜中煮熱，再由被告伸手取出。若被告因此燙傷就判有罪，若安然無事則判無罪。這與日本古代的「盟神探湯」*類似，都是將判決交由神明。

這種神明判決在中世紀的歐洲非常普及。其他的神明判決還有熱鐵神判，讓犯人握住燒紅的鐵棒或在鐵棒上裸足行走，再由燙傷的程度裁決犯人是否有罪；以及冷水神判，將嫌犯丟入河中，嫌犯若浮出水面代表有罪，若沉入水面代表無罪；或是抽籤神判等等。此外，決鬥也被歸類為一種神明判決。這類神明判決在十三世紀勢微之前，都於各種需要裁決的場面出現，為中世紀文化增添了

＊　又稱湯誓，盛行於日本古代的神明裁判形式。盟神即向神宣誓，恭迎天神主持判決；之後是探湯，由原、被告雙方洗淨雙手後，將手放進煮沸的水中取物，誰的手潰爛就判誰敗訴。

不一樣的特色。

神明判決被歸類為不合理的判決，因為重點在於將審判交給神明，而不是辨別事件或紛爭的真相。這種判決方式常被認為是源自日耳曼人的習俗，不同於羅馬那種找出真相的判決方式。

話說回來，《薩克利法典》只記錄了湯釜神判這種神明判決，其他形式的神明判決應該是在日後才逐漸成形與普及。《薩克利法典》後續經過多次修訂，在初版的六十五章內，採行神明判決的審判除了搶劫之外，還包括縱火。當羅馬人為被告時，必須先宣誓自己的清白；倘若找不到宣誓輔助者，就改以神明判決。在六世紀頒布新敕令之後，連竊盜也會採用神明判決，即便被告是隸屬國王親衛隊的人也比照辦理。此外，若被懷疑做偽證，也一樣要接受試煉。

若想知道湯釜神判被用在哪些案例上，《薩克利法典》記載了幾個相關線索。第一個線索是，「缺乏決定性證據時」必須宣誓自己的清白；若找不到宣誓輔助者，就會採用湯釜神判。其實不管宣誓也好，神明判決也罷，只要沒有確切證據、無法解決事件，就會進行湯釜神判。將審判交給神明是最後的手段。正如歷史學者羅伯特．巴特利特（Robert Bartlett）的結論：「神明判決是在知識不足以解決事件、卻又不得不有個結果時，用於解決事件的手段之一。」當時的審判水平固然不佳，但神明判決是在經過各種證據判斷犯人是否有罪之後，才會選擇的方式。雖然神明判決與宣誓都不算合理的審判方式，但我們不能從這些方式來斷言當時的人很迷信。

第二個線索是，從初版《薩克利法典》的內容來看，當羅馬人是被告時，傾向採用神明判決的方式審判。這當然不是說法蘭克人不採用湯釜神判，但即便如此，湯釜神判也只於搶劫或縱火這類案件的處罰出現，而且多半排除法蘭克人，只適用於羅馬人。這點值得特別關注。

第三條線索是，儘管事件性質與神明判決之間沒有明確關聯性，卻還有一件與搶劫或縱火不同性質的事件會採用湯釜神判，這點也很耐人尋味。那就是偽證。

從後面兩個線索來看，與其說湯釜神判是源自日耳曼人或法蘭克人的習俗，源自高盧地區羅馬人習俗的可能性更高。其實從四世紀初歐坦的某位修辭學家讚嘆君士坦丁大帝的詩裡就可以發現，阿波羅是羅馬的太陽神，在高盧則另有格蘭努斯（Grannus）這個名字，被奉為治療之神，並會「以煮沸的熱水懲罰作偽證之人」。這種對阿波羅的崇拜，某種程度也普及於日耳曼人之間：

> 在過去，泰美斯可以操縱大地之息，但欺騙凡人的阿波羅卻獲得各民族的擁戴。不得不四處搬遷的阿波羅，在成為里契人（高盧北部的居民）的醫神後，如今又被放逐到高盧的原野上。這種狡詐的行為讓日耳曼人深深著迷，擄獲眾蠻族的心。

五世紀初馬賽的基督教修辭學家克勞狄烏斯．馬呂斯．維克多（Claudius Marius Victorius）在傳頌開闢天地到索多瑪城被天火所焚的詩中，同樣嚴厲批評羅馬異教的存續。這首詩顯示了阿波羅不僅普及於高盧羅馬人的信仰，更滲透進日耳曼人的信仰。

《薩克利法典》新增的敕令中規定以湯釜神判來審判偽證，應該是為了因應全新事態而另外採行的步驟。

制裁虛偽

先前介紹過，六世紀主教都爾的額我略在傳誦基督教殉教者及其奇蹟的書中，收錄了多篇與殉教者無關的逸事，其中有幾篇提到了湯釜神判。我們來看看：

某位阿里烏教派神父與我們宗教（羅馬公教）的執事爆發口角。他以一貫的口吻與充滿惡意的主張反對聖子與聖靈。我們的執事雖然多次主張信仰的真理，但眼前這位異端者被虛假的黑暗蒙蔽了雙眼，就像「因為，智慧不進入存心不良的靈魂裡」（《智慧篇》一章四節）這句經文，他們拒絕接受正確的事。所以這位執事又補充了下列說明：「為什麼要花這多時間在言詞上交鋒，致使我們精疲力竭呢？事物的真相乃由行為決定，讓我們將青銅的釜放在火上加熱，再將我們其中一人的戒指丟進煮沸的熱水吧。能從沸水中取回戒指的人，代表正義與他同在，另一方則須洗心革面，接受正義。異端者啊，請您務必了解，與聖靈同在的我們，肯定能從沸水取回戒指，您也定會承認神聖的三位一體中，沒有任何不和諧與不相襯之事。」異端者認同這個規則，兩人也在同意早上進行審判之後離開現場。

——《殉教者的榮光》八〇章

隔天一早，這兩人來到公共廣場，在眾人面前舉行了沸水神明判決。來自拉溫納的執事介入兩人的紛爭，率先從釜裡取出戒指，但阿里烏教派（Arianism）的異端者把手伸入釜中後，手臂的肉卻被溶得見骨。至此，正統信仰的正確與異端阿里烏（Arius）的虛偽都被證實了。

這段逸事發生於五世紀，但地點為何至今尚無定論。不過，肯定是在堅持正統信仰的羅馬公教聖職人員與異端阿里烏教派神父同時存在的地區，故事的舞台很可能在信仰異端阿里烏教派的哥德人或勃艮第人統治下的高盧南部或西南部一帶。

這是至今描述湯釜神判場景最古老的史料，但這場審判卻不是用在法院裁判，也不是用在法蘭克人身上。五、六世紀時，羅馬公教聖職多半是在地的哥德人，所以有位研究者認為，法蘭克人的習慣法很早就被高盧的羅馬人接受。不過這種說法應該是被神明判決源自日耳曼人的通論所影響。

有趣的是，這場湯釜神判居然是用來判決正統信仰的正確，以及異端阿里烏的虛偽主張。雙方聖職人員在爭辯不休的情況下，選擇以湯釜神判證明己方主張的正確，提出審判的還是正統信仰的執事，可見當時的基督教也認同這種方式。假設湯釜神判真的是異教徒法蘭克人引進的習俗，那麼要得到基督教這般認同，想必得花上不少時間與心力吧。反之，湯釜神判在數個世紀前就已普及於信奉基督教的羅馬居民之中，所以這次才會由羅馬公教的聖職人員提出吧。由此可知，在高盧居民心中，湯釜神判是審判「偽誓」的方法，才會提出來以平息這類爭議。以上的推測應是其來有自。

其實在古典時代晚期的高盧社會，發偽誓似乎是司空見慣的事。五世紀初，出身高盧的盧提里烏斯．那曼提亞斯（Rutilius Claudius Namatianus）高升為羅馬城長官，有部羅馬最後喜劇《克埃羅盧斯》（*Querolus*）做為祝禮獻給他，是諷刺羅馬末期司法界的作品。從內容對高盧知之甚詳這點來看，推估劇作者應該來自當地。主角克埃羅盧斯與家庭守護神拉爾之間發生了下列對話：

拉爾：看來你做了超過千次以上的偽誓啊，我想問的就是發偽誓的部分，給我從實招來。

克埃羅盧斯：喔，你在乎的是隨處可見又有趣的偽誓啊？

拉爾：我不懂你所謂的「有趣的偽誓」是什麼，讓我們談談習俗讓你變得輕薄的事吧。到底怎麼了？你應該從不在意毀約吧？為了堵住悠悠眾口，你不是曾經宣誓要愛那些你發誓憎恨一輩子的對手嗎？

克埃羅盧斯：噢，你說的是這回事啊。看來今天是個不幸的日子。我承認很多次我都是隨口說說，不是真心發誓喲。

拉爾：總而言之，你就是一本正經發假誓對吧。這是很尋常的事。我喜歡不善言辭、卻意志堅定的人。話說回來，克埃羅盧斯，你覺得憑三寸不爛之舌能獲得原諒嗎？沉默的人常發偽誓，因為對真相閉口不談等於是助長虛偽歪風。

克埃羅盧斯：看來你已經查明所有的事了，我應該是有罪吧。那就這樣吧。

乍看之下，這裡所說的宣誓不同於在審判時自清的手段，但卻很難斷言不包含審判時做的宣誓。這是因為在六世紀羅馬居民占多數的墨洛溫王國西部，最常見的自清手段就是宣誓，因此很難認定這是由法蘭克人引進之後的狀況。

昂傑地區解決紛爭的方法（一）伯爵判決

能描述六世紀法蘭克王國判例的證據很少，頂多只有都爾的額我略的敘述，或六世紀後期王國西部城市昂傑所編撰的法律判例集，裡頭大部分判例都與殺人、竊盜這類事件有關。讓我們從《昂傑地區判例集》（*Formule Andecavenses*）看看在昂傑地區發生法律糾紛後，人們會以什麼方式解決。首先列出與殺人事件有關的判決書（第五〇號）：

> A及其兄弟B、C，在昂傑市的達官顯要伯爵D以及列席的陪審團（陪審員會在判決書下方簽名或畫押）面前，控訴E男在X年前以某種方式殺害了他們的親人F。當E男被要求對這項控訴做出回答時，E男立刻否定犯行，兄弟檔也接受這種說法，所以前述的伯爵與陪審團做出下列判決。從四十夜之後的Y月朔日回算的第Z日，E男夥同相同身分的十二名鄰居，共計十三人發誓，並未於該市的教會共謀殺害F的犯行，也未殺害F，更未同意殺害F。若成功發誓，他們將一輩子免受此次控訴的糾纏，否則須依法律賠償。

在城市主持審判的是在地方代表國王權力的伯爵。審判時，精通法律的陪審團會一同出席。目前無法得知伯爵多久召開法庭一次，但從其他案例來看，每月朔日（初一）至少會審判一次。計算下次開庭日期是採用「從朔日回算」這種羅馬曆法。之所以在朔日召開法庭，很可能是基於從羅馬時代開始就習慣在月初舉辦各種集會。

由伯爵召開的法庭集會是昂傑地區的審判方式之一，其他還有「代理人」、「長」或修道院長主持的紀錄。由伯爵做出的判例目前只有兩件，均屬殺人事件，或許是因為竊盜、綁架、財產糾紛這類紛爭在其他法庭解決，殺人這類重大事件則需於伯爵主持的法庭解決。

這些紛爭通常是如何解決呢？訴訟從原告提出控訴開始，過程則根據原告與被告之間的攻防推進，法庭很少主動查明事實真相，通常是根據當事人的主張來判決。以財產糾紛案件為例，只要該土地的前任主人宣誓作證，有時可以當庭宣判結果。《歷史十卷》也描述了在某次法庭鑑定國王證書真偽、以確定國王領地贈與是否屬實的內容。至於竊盜或殺人這類案例，絕大部分是由犯人宣誓自清來解決。

一般認為宣誓是日耳曼人的習俗。在前面介紹的事例中，被告會與宣誓輔助者一同宣誓，證明自己與犯行沒有任何關聯，輔助者的人數會隨事件的嚴重性而增減。輔助者的任務是替宣誓者的人格做擔保，而不是保證宣誓內容的真實性。羅馬法雖然沒有設計宣誓輔助者的角色，但被告在法庭宣誓自清的情況也很常見。二世紀的羅馬法學者蓋尤斯（Gaius）就提到「法官在面對無法證實的犯行時，常會要求宣誓者宣誓，做出有利宣誓者的判決」，拜占庭帝國於六世紀前期集羅馬法之大成所編撰的《查士丁尼法典》（*Corpus Juris Civilis*）中也規定了在法庭宣誓的方法。

透過宣誓解決紛爭是羅馬人非常熟悉的方式，但在法庭宣誓的方法及相關規則到底是由法蘭克人引進，還是比羅馬晚期更早之前就已出現，值得好好思考。

昂傑地區解決紛爭的方法（二）和解

無法以其他方法分辨事實真偽時，常以宣誓自清的手段解決紛爭。中世紀初期的法庭還有所謂的不出庭手續，意指當事人的其中一方若不出庭，就判決出庭的另一方勝利。這一類判例非常多，可見當時的確有許多紛爭是以這種方式判決。比起神明判決，法庭的判決更能平息紛爭。不過，中世紀初期的紛爭並不一定是在法庭解決，也常可看到在法庭外解決紛爭的情況，六世紀後期的昂傑就有類似判例。在此為大家介紹第三九號判例：

我叫A。X日前，某位A男控訴B闖入住宅盜走財產，B於聖C的教會與Y人一同宣誓自清。不過他們透過多位良善之人的調解達成協議。我理解B絕對未曾犯案，我也帶著簽過名的文件同意這項協議。今後絕不再以此件對B提起控訴，你也應能得到平靜。如果別人或我對此件犯行提出賠償，該人必須支付Z個索利都斯。我所簽署的這份文件內容一切屬實。

事情的緣由是原告在法庭提出控訴，被告則打算以宣誓方式自清，但在宣誓前兩造就透過「多位良善之人」調解，原告認同被告未犯下竊盜罪。可惜的是，我們無法得知調解的內容。此外，本案的調解結果是原告願意做書面承諾，不再向被告提出任何控訴。至於其他竊盜案件紀錄，則是被害者同意加害者以賠償金額的方式解決紛爭，相關文件則由「多位良善之人」署名作證。

法蘭克時代初期的地方社會發生糾紛時，會有許多解決方案。除了有許多不同性質的法庭可幫忙解決，也能選擇不透過法庭來解決紛爭。

王權的統制與教會的介入

從四至六世紀紛爭解決方式的演變來看，已經無法單憑「審判制度從合理走向不合理」一句話來概括形容。羅馬帝國的法官雖會依證據查明真相並判決，卻又會在缺乏證據的情況下認同宣誓自清的手段，甚至還採用湯釜神判，只是不知這種方式能否在正式法庭上使用。雖說如此，將判決交給神明的情況不多，羅馬法也沒留下神明判決的紀錄。然而這裡的重點在於，羅馬帝國的法律並未認同這種不合理的審判方法。在羅馬帝國晚期的西歐社會，尤其是高盧，出現了與日耳曼社會相同的習俗，而這類習俗可能藏在羅馬帝國完備的統治組織與洗練的法律制度之下。對此，歷史學者尚菲力普·利維（Jean-Philippe Lévy）如此形容：

> 說到底，神明判決是否藏在帝國法之下，在羅馬帝國大部分行省裡是否為不成文習俗，我們仍不可知。但與其將神明判決視為突如其來的異物，不如解釋成神明判決在帝國制度沒落後，立刻以驚人的速度死灰復燃。

筆者深有同感。假設推測屬實，那麼羅馬帝國的滅亡確實帶來極大衝擊。沒有了羅馬帝國這把遮天大傘，傘下的地方社會便原形畢露。因此近年來的研究認為，要了解中世紀初期的發展，應該將注意力放在羅馬末期的社會，而不是日耳曼社會。此外，也有必要從羅馬末期的社會發展來檢視中世紀初期的社會。

話說回來，當時已經進入法蘭克時期，也就是墨洛溫時代。整個社會在新統治者的掌控下重新架構，所以也必須關注在這個時期出現的新現象。

其中一個新現象，是神明判決被官方正式承認。除了集法蘭克人習慣法之大成的《薩克利法典》或《利普里安法典》（*Lex Ripuaria*），連墨洛溫國王頒布的敕令都提到了神明判決。所以，即便神明判決仍十分粗糙，卻會搭配公權力用來審判特定身分的人士或犯行。例如希爾德貝特一世（Childebert I）與克洛泰爾一世頒布的和平協議（五一一～五五八年），就採用抽籤神判來確立奴隸的罪狀，同時也讓自由人接受這種試煉。在神明判決普及的情況下，不應忽略國家公權力於其中扮演的角色。進入加洛林王朝之後，國家採用了十字架神判：當事人兩造的代理人會在十字架底下高舉雙手，誰先放下，誰就會被宣判打輸官司。然而這種由國家確立的十字架神判，最後也是由國家廢止。

神明判決通常適用於國家失去權威的時代，主要是彼此認識的小團體間維持和平與秩序的手段。然而在觀察中世紀初期的神明判決時，絕不能忽略國家一邊透過公權力促進神明判決的普及，一邊又企圖以公權力操控神明判決這點。

另一個新的現象，就是神明判決與宣誓自清成為基督教的一部分。此時下達判決的神明已非阿波羅，而是基督教的上帝。當時出現許多種類的神明判決，例如吃祝禱的麵包，或利用十字架來審判，也出現了根據聖經章節以冷水進行審判的例子：被丟入河中的嫌犯浮出水面代表有罪、沉入水中代表無罪，這種冷水神判源自耶穌在約旦河受洗的章節；聖潔的水只會接受無辜的人。其他還有許多神明判決是在教會內部聖職人員的見證下進行。至於宣誓自清，法蘭克人最有名的是向武器宣誓，但在昂傑地區判例集中也有紀錄，嫌犯會在教會裡對著聖經或聖物宣誓，證明自己的清白。

雖然解決紛爭是世俗官員的工作，但教會或聖職人員在這件事上也占有一席之地。

4 基督教與文化變貌

克洛維的皈依

耶穌基督！克洛蒂爾德稱祢是永生上帝之子，我由衷盼望祢拯救受困之人，願祢賜予仰望祢的人希望與勝利，我以赤誠之心向祢祈求，請祢榮施救援。若祢賜准我戰勝敵人，若我與因祢之名而聖潔的人一同跟隨祢，體驗那奇蹟的力量，我將信奉祢，以祢的名義領洗。我也曾呼喊自己的神，但祂們卻未幫助我並救援侍奉祂的人，所以我相信這些神沒有任何力量。如今我請求祢，我信奉祢，只要能從敵人的手中將我拯救。

——《歷史十卷（法蘭克史）》二卷三〇章

都爾的額我略記錄克洛維的軍隊與阿拉曼人開戰，即將全軍覆滅時，克洛維曾如此哭求耶穌基督，最終取得了勝利。他也寫下克洛維因這次的勝利，皈依了王妃克洛蒂爾德（Clotilde）信奉的羅馬公教（亞他拿修派）。《歷史十卷》的多個謄本都記載了這場與阿拉曼人的戰爭，時間是國王統治的第十五年，因此許多研究者推測克洛維是在四九六年受洗。當時國王與妹妹們一同皈依羅馬公教，三千名以上的士兵也跟隨國王的腳步，改信羅馬公教。

這場對阿拉曼人的勝利，以及來自勃艮第王室的妻子克洛蒂爾德的勸說，絕對是促成國王皈依的兩大關鍵，但額我略卻是在接近一百年之後才寫下這些紀錄。然而與受洗同一時期、維恩主教阿

圖 2-2　克洛維受洗圖

漢斯主教雷米吉烏斯為克洛維施洗。藏於皮卡第博物館

維圖斯（Avitus of Vienne）寫給克洛維的書信中，與額我略的紀載卻是完全不同。本書無法在此介紹那文藻華麗的內容，只能如下簡述這封書信的前半段。

根據內容所述，克洛維的皈依是他自己的決定，但他是聽了主教的建議及周遭人士的提案才做出決定。不過，阿里烏教派的支持者在當時尤其反對國王的決定。

這也難怪，跟著克洛維皈依羅馬公教的妹妹蘭特提爾德原本信奉阿里烏教派，包括身邊的日耳曼人、哥德國王、勃艮第國王，連汪達爾國王都是阿里烏教派。在如此氛圍下選擇皈依羅馬公教，的確是個大膽的決定。但比起外部，克洛維更以王國內部的統治為優先。國王的皈依不只是個人或王室內部的問題，更是攸關整個王國的問題。克洛維的王國以高盧北部為根據地，而高盧的居民大多是羅馬公教徒，當地羅馬貴族的主教也仍保有一定的影響力。有鑑於此，為了穩定王國的統治，克洛維才選擇皈依羅馬公教。

墨洛溫王朝的高盧異教

那麼，被克洛維拋棄的神明是哪些神呢？一般認為，克洛維是從日耳曼人的異教信仰皈依羅馬公教，但《歷史十卷》與墨洛溫王朝的史料都未提及法蘭克人信仰的日耳曼眾神名字，反倒是在王妃克洛蒂爾德說服夫婿皈依的小故事裡，提到了羅馬眾神：

> 你所崇拜的眾神毫無意義，因為這些神幫不了自己，也救不了別人。這也難怪，祂們說到底只是由石頭、木頭、金屬雕成的物品，而你們為這些神取的名字都來自凡人而非上天，例如薩圖爾努斯為了不讓兒子奪走王國而逃亡，邱比特則是行各種淫穢之事的神明，不僅污辱眾多男人，還玷污整族的女人，連自己的妹妹都說「我是邱比特的妹妹，也是祂的妻子」（節錄自維吉利烏斯《埃涅阿斯》），祂甚至無法壓抑與妹妹同衾共枕的欲望。而馬爾斯與負責為眾神傳遞訊息的墨丘利又能有什麼作為呢？與其說他們擁有以神為名的權力，不如說祂們擁有幻術……。
>
> ──《歷史十卷（法蘭克史）》二卷二九章

薩圖爾努斯是羅馬的農業之神，邱比特、馬爾斯、墨丘利也是羅馬眾神。七世紀寫成的努瓦翁主教埃利吉烏斯傳記在列舉民眾應避諱的異教習俗時，也提到了羅馬眾神：

基督徒不該傳誦惡魔之名或海神納普敦、死神奧迦斯、狩獵女神黛安娜、智慧女神米娜瓦與傑尼斯庫斯的名字，更不該相信祂們的存在……。

——《聖埃利吉烏斯傳記》二書一六章

除了惡魔之外，傑尼斯庫斯應是地方神明，但具體是哪方面的神則不得而知。其他全都是羅馬的神明。

這樣看來，日耳曼的異教與高盧居民的宗教大致重疊。額我略就曾提到，法蘭克人擁有「狂熱的崇拜」（fanatici cultus，**異教**）（二卷一一章），三世紀中期布爾日貴族也「委身**異教**」（一卷三一章）。他以幾乎同樣的詞彙來形容法蘭克人與羅馬人的信仰。

從巴黎的事例來看

六世紀後期，源自埃及的查士丁尼瘟疫讓拜占庭帝國陷入一片愁雲慘霧，更蔓延至高盧的港口與英格蘭一帶，巴黎也難以倖免。研究中世紀初期的歷史學者阿蘭・斯托庫雷（Alain Stoclet）認為，受苦的人民也因此更加信奉治療之神。接著讓我們看看足以佐證此說法的根據，其中之一就是《歷史十卷》八卷三三章中記載的巴黎火災。

……那場在橋的彼端熊熊燃燒的大火平息了，但其他地方的火災卻狠狠吞噬了一切，直到岸邊才肯罷休。所幸，教會與人員居所逃過一劫。據傳這座城市從很久以前就是聖化之地，所以本就能躲過火災，也不會有蛇或老鼠出沒。話說回來，最近打掃橋的下水溝，去除黏在水溝裡的髒污後，發現了青銅做的蛇鼠像。一將它們搬離原地，無數的老鼠與蛇就傾巢而出，這座城市也才因此遭受祝融之災。

——《歷史十卷（法蘭克史）》

當時的巴黎居民正為鼠疫所苦，所以才想仰賴治療疾病之神。這位治療之神有可能是源自埃皮達魯斯、而後普及於希臘世界的阿斯克勒庇俄斯（Asclepius），也可能是另一位希臘神，也就是在羅馬為人熟知的治療之神阿波羅。

一如前述，阿波羅信仰普及於羅馬帝國晚期的高盧北部，祂雖貴為治療之神，卻又被視為帶來瘟疫與驅走瘟疫的神明。不管是阿斯克勒庇俄斯還是阿波羅，其形象都是蛇，腋下有鼴鼠或其他齧齒類動物。此外，阿波羅還有「鼷鼠」（Smintheus）這個別名。在基督教於巴黎普及前，巴黎應該是奉阿斯克勒庇俄斯或阿波羅為守護神，而「青銅的蛇鼠像」則是獻給這位守護神的神像。額我略會記載這段故事，或許是想告訴後世異教信仰不僅害人，還無法讓人躲開災害吧。真正能保護人民的，只有免於惡火吞噬的基督教會。

在這場火災之後，巴黎就以聖母瑪利亞為守護者，異教眾神也被基督教的神或聖人取而代之。

基督教的普及

偉大的中世紀法國史學家勒高夫（Jacques Le Goff）曾強調，基督教於西歐世界普及之際不僅破壞了異教神殿，也吸收了異教元素，例如異教徒間盛行的偶像崇拜就轉型成基督教對聖物或聖像的崇敬，也繼承了使用護符的習俗。此外，讓疾病得以痊癒或起死回生的奇蹟，也從異教的神殿或泉水，改成在教會或基督教聖人之墓發生。而咒術師為病人驅趕疾病的行為，也轉化成基督教聖人的驅魔儀式。異教的各種儀式雖然得以透過其他形式延續，卻也代表這些儀式轉化成基督教的一部分。都爾的額我略在《聖瑪爾定的奇蹟》（*Liber in gloria martyrum*）中記載了許多於馬爾定墓發生的奇蹟，在此舉出一例：

> 我（額我略）的少年隨從因熱病纏身所苦。身體內部的熱讓他極為口渴，外部的熱讓他的手臂彷彿在燃燒。不管喝下什麼他都立刻吐出來，也陷入滴米不進的狀態。就在他備受煎熬四、五天後，我從馬爾定的墳墓取來少許塵土，要他伴著葡萄酒服下。這位少年滿懷信心地服下，便

恢復了健康。

——《聖瑪爾定的奇蹟》三書一二章

這看來既像咒術又不太合理的奇蹟，是基督教聖人所賦予的神蹟。這種治療方式應該是源自民族習俗，在書中卻被視為聖人與基督教神祇賜予的奇蹟。

隨著基督教的普及，對於餐具的清潔程度也有了新的看法，也就是「清潔程度」不是由衛不衛生來衡量，而是取決於有沒有被惡魔污染。例如有部分修道戒律規定「用餐前必須先對湯匙劃十字架」或「用餐前必須先祝禱」，這類規定都帶有驅魔的意義（七世紀初《哥倫巴努斯戒律》及七世紀中期《多拿鐸戒律》）。食物與餐具是否被惡魔污染，一般人是無法憑肉眼判斷的，只有聖人才能察覺。例如巴黎的聖女熱納維耶芙有次碰見一位買了裝有魚醬的陶器的女性，發現陶器中藏有惡魔，便驅走了惡魔。這類奇蹟都在傳遞一項訊息，那就是只有聖人能發覺潛藏於日常飲食中的危機，也只有聖人能幫助信徒躲開危機。至於如何預先躲開危險，則由教會扮演主導角色。

「君主之鑑」的誕生

法蘭克社會的基督教化在六、七世紀緩步進行，國王的權力也慢慢染上基督教的色彩。當時的國王雖是基督徒，但王權尚未由基督教確立，一直到進入七世紀情況才出現變化。某個類型的基督教作品登場了，那就是聖職人員或修道士希望君主的言行應符合基督教倫理的「君主之鑑」。在本章開頭引用的漢斯主教雷米吉烏斯的書信也蘊含了類似敘述，但所占篇幅不多。六四〇年代某位主教（不知其名）寫給西吉貝爾特三世或克洛維二世的書信，則從頭到尾都是君主之鑑。來看看開頭的部分：

無比尊貴的王啊，願您喜悅我所獻上的文字，無比虔誠的王啊，請您多閱讀聖經，了解上帝喜愛哪些前代的王，了解這些前代的王是如何保持謙卑，蒙神喜悅。若能循著他們的腳步前進便能讓國家永享榮譽，您也能獲得永恆的生命。大衛王因為謙卑，一心追求神所喜悅之事，所以總能百戰百勝。他為上帝建造的神殿，也由其子所羅門完成，因為上帝早就透過先知告訴他「日後為我建造聖殿之人，必出自你的腿」（《列王記》的紀載是「為我建造神殿的不是你，而是出自你的腰的兒子」。）這位所羅門王擁有不去質疑這句話的智慧與謹慎。他的判斷正確，出自他口的話充滿智慧，他的一切都符合王該有之言行。

接著強調以聖經裡的王為榜樣，別聽信小丑的讒言，傾聽主教與年長顧問的建議，並透過特權與其他恩寵的賜予營造親疏遠近，做出正確的判決，解放奴僕以示虔誠，對貧民常保慈悲，才能永續統治。之後又從墨洛溫王室中舉出一些值得效法的先祖，其中以克洛泰爾二世最被讚賞，他甚至得到「在世時一言一行皆與主教無異」的讚美。

緊接著，信中又提到「法蘭克人的高貴之王啊，可親可愛的兒子啊，隨時敬畏您的神，愛您的神」。在這段始於呼籲的敘述中，國王被告誡要「謹記自己是神所定之使者」，是神在地上的代理人，一言一行都必須合神心意，符合基督教倫理。這封信的最後以「親愛的吾王，卑微地希望神的救贖降臨在您與您所有的事物上」做為總結。

基督教的王權模型慢慢成為法蘭克國王必須效法的重要範本。在七世紀末期巴黎地區編撰的法律文集《馬爾庫爾夫範本》收錄了國王判決文件的格式，序文將國王定義為「上帝委託的統治者」。自稱「受神恩寵之王」的加洛林王朝基督教王權理念也於七世紀逐漸形成。

到目前為止，本書將重點放在政治、社會、文化，觀察了五世紀後期至七世紀前期的西歐世界如何重組。這段時期的西歐在不同層面上顯現了羅馬帝國晚期的社會特徵，與新興統治階層的日耳曼人風俗與文化也有許多共通之處。從基督教普及這點不難明白，這段時期是大幅轉變的時期，將如此巨大的轉變歸因於西羅馬帝國的滅亡也不為過。羅馬帝國晚期的高盧社會在習俗與文化上有不少與日耳曼人共通之處，這些習俗與文化在擺脫了羅馬皇帝與象徵羅馬帝國的法律體制後，才得以在歷史寫下新的篇幅；而新興統治階層的法蘭克國王也必須不斷嘗試，從中建立一個取代帝國秩序的新秩序。當然，此時的政治秩序與社會秩序還不像中世紀那般成熟，但這個時期的法蘭克社會經驗確實是後續發展的基礎。

◆ COLUMN ◆

大盾巡行二三事

岡多拜德與上述諸公一同來到利穆贊後，聽當地人的指引，抵達了聖瑪爾定曾橫躺休息的布里夫拉蓋亞爾德村，接著王被扛在盾牌上。當他們第三次與岡多拜德一同巡行時，王摔下地面，周圍的人來不及用手撐住王。之後他便逛了逛周圍的城鎮。

——《歷史十卷（法蘭克史）》

都爾的額我略在《歷史十卷》七卷十章提到，篡奪墨洛溫王位失敗的岡多拜德曾於五八四年在利穆贊地區（Lemovices）的布里夫（Brive-la-Gaillarde）短暫登上王位。歷史學者感興趣的是被稱為「大盾巡行」的登基儀式。與墨洛溫時期大盾巡行相關的紀載還有兩例，其中一例發生在克洛維在其統治末期成為萊茵地區法蘭克國王的時候，另一例則發生在五七五年，西吉貝爾特從其兄弟希爾佩里克手中奪走紐斯特利亞王國的時候。《歷史十卷》均有紀載。

大盾巡行只會在即興登基（克洛維）或非正統王位繼承（西吉貝爾特、岡多拜德）之際舉行，而蕾吉娜．勒尚（Régine Le Jan）這位法國中世紀歷史學者則留意到，以這種方式登基的國王，最後下場都很悲慘。西吉貝爾特被扛上盾牌時，側腹被塗了毒藥的小刀刺中身亡；篡位者岡多拜德則被敵人用石頭砸到頭部而死。至於克洛維，大盾巡行被描述成其死前發生的事件。因此勒尚認為，額我略企圖讓讀者了解大盾巡行是危險且不正當的儀式。

話說回來，塔西佗在其著作《歷史》（*Historiae*）提到，將新的統治者扛上盾牌是住在萊茵河下游日耳曼人康尼涅法特斯族的布林諾（Brinno）成為指揮官時舉行的儀式，同為日耳曼人的東哥德國王維蒂吉斯也曾在五三六年「按照習俗」被扛在大盾上面巡行。因此有許多學者認為大盾巡行是源自日耳曼的習俗，而扛上盾牌的舉動意味著「高舉」國王，將國王擁上天際，也有學者認為這是一種象徵國王被民眾推舉的儀式。

然而，羅馬帝國也有大盾巡行的例子。三六〇年以背教者聞名的尤利安在巴黎被擁戴為皇帝時，就被軍隊扛在大盾上。另外，與西吉貝爾特同時代的拜占庭也出現相同事例，查士丁二世（Justin II）於五六五年即位時，士兵們也將他扛上大盾。所以，大盾巡行到底是日耳曼、羅馬，還是拜占庭的習俗呢？我們實在無法憑著岡多拜德的例子來說這個儀式起源自墨洛溫王朝。不管這個儀式代表何種意義，我們只能說，它是一種古代的傳統習俗。

第三章　拜占庭世界秩序的形成

南雲泰輔

1　結構性轉變：從羅馬世界秩序轉換成拜占庭世界秩序

世界的新中心

土耳其最大的城市伊斯坦堡（Istanbul）以前被稱為君士坦丁堡（Constantinople），曾是東羅馬帝國、日後被稱為拜占庭帝國的「首都」，盛極一時。西元五世紀的拉丁文史料《君士坦丁堡要錄》（*Notitia Urbis Constantinopolitanae*）曾經這樣介紹當時的城市風貌，讓我們來一窺當時的繁榮景況：

> 君士坦丁堡有下列這些東西：宮殿五座、教堂十四座、神聖皇后的宅邸六座，貴族宅邸三座、公共浴場八處、巴西利卡（宗座聖殿）二處、廣場四處、元老院（議員專用）二處、糧倉五座、劇場兩處、演藝廳二處、港口四個、賽馬場一處，貯水槽四處、泉水四處、道路三百二十二條、宅邸四千三百八十八間、柱廊五十處、私人浴場一百五十三間、公營麵包坊二十間、民營麵包坊一百二十間、樓梯一百一十七處、肉舖五處、管理官十三人、官奴十四

人、公會五百六十個、街區長官六十五人，紫色紀念柱一處、內部附樓梯的紀念柱兩處、圓形競技場一座、黃金城門一座、奧古斯塔廣場一處、神殿一處、造幣廠一間、停船處三個。

——《君士坦丁堡要錄》十四・二〇〜五五

根據這份史料記載，五世紀初君士坦丁堡人口約有二十至三十萬人（有一說是五十萬人，但五世紀中期的人口僅約三十至四十萬人，所以近期研究認為五十萬人的推估過於樂觀。不過六世紀初的人口就增加至六十萬人）。一般認為君士坦丁大帝創建這座城市之初人口才不到三萬人，但百年間就增加了十倍有餘。相較之下，義大利半島的羅馬城在帝國全盛時期（二世紀）人口雖高達百萬人之譜，但五世紀初就降至五十萬人，到了五世紀中期更減至三十五萬人。

換言之，進入五世紀前期，羅馬帝國東西兩邊可說是兩樣情：一邊是蓬勃發展的「新首都」，也就是君士坦丁堡，另一邊是逐漸沒落的「舊首都」，也就是羅馬城。在四至五世紀這段期間，這兩座「首都」呈現出鮮明的對照，恰恰說明了時代從古代進入中世紀，世界秩序出現了結構性的轉變，從羅馬世界秩序轉換為拜占庭世界秩序。人與物的流動也產生本質上的變化。

人與物的流動

人與物的流動是這種結構性轉換的象徵之一，讓我們試著將觀察的焦點放在歷史學家與穀物上面。歷史學家之所以會是焦點，是因為他們會為了尋找適合記錄歷史的環境而移動，他們的所在之地通常是社會或文化中心；而將焦點放在穀物上，則因為糧食是人類生存之必需，糧食之所在通常也是政治及經濟中心之所在。這兩者是觀察社會、文化、政治、經濟的顯著指標。

首先是歷史學家的遷移。美國拜占庭歷史學者華倫·崔德戈德（Warren Treadgold）曾在其著《早期拜占庭的歷史學家》放了一張耐人尋味的地圖，上頭標有早期拜占庭時代（四~六世紀）四十位歷史學家的出生地與活躍地。其中當然包含一些未經證實的推測，但根據崔德戈德的說法，在東羅馬帝國出生的這些歷史學家之中有二十人，也就是多達一半的人都將某座城市設為目的地——他們都想前往「第二羅馬」（Altera Roma）、「新羅馬」（Nea Roma），也就是君士坦丁堡。另有八人出生於君士坦丁堡，並在該地完成著作。總計二十八名，多達七成的歷史學家選擇在君士坦丁堡活動。

一心前往君士坦丁堡的不只歷史學家。接著讓我們觀察穀物的移動。過去為了供養羅馬城的大批人口，該城設立了公糧供給制度，讓海外行省將穀物（小麥）源源不絕地送入。穀物的主要供給來源為埃及、北非、西西里島，據推估每年的輸送量至少二十二萬公噸。但五世紀之後，北非出現了汪達爾王國（四三九年），通往羅馬城的穀物路線立刻中斷，埃及的穀物也只供給君士坦丁堡。在古代世界，只有羅馬城與君士坦丁堡能建立如此完善的公糧供給制度，但到後來，糧食供給的終點也從西邊轉移至東邊。

濱海城市

位於歐亞交界的君士坦丁堡跟自然形成、後續日益擴大的「舊首都」羅馬不同，是君士坦丁大帝一手打造的「人工首都」。它建立於前六六〇年左右，原本是一座小小的希臘殖民城市。傳說中，該城由墨伽拉的領導者拜占斯（Byzas）建造，所以又被稱為拜占庭市（Byzantium）。

君士坦丁堡雖位於海陸交通要衢，卻有幾個不利的天然條件。該城瀕臨銜接黑海與愛琴海的博斯普魯斯海峽，又夾在馬摩拉海與金角灣之間，但長年遭受強風吹襲，所以要從海路接近這座城市相形困難。就陸路來看，該城位於亞德里亞海沿岸城市都拉齊翁通往艾格納大道及小亞細亞通往東方的大道節點，但一如歷史學家波利比烏斯（Polybius）引用詩人荷馬所形容的「坦塔羅斯之罰」（波利比烏斯，《歷史》四．四五），以及三七八年阿德里安堡戰役中看到的，這座城市難以抵擋來自巴爾幹半島、尤其是色雷斯地區的外敵；此外，活動頻繁的北安那托利亞斷層就位於附近，使得該城時刻都籠罩在地震的陰影下。

相較於其他城市，這座城市在四世紀初期之前的歷史實在不值一提。若說有什麼足以寫入羅馬帝國時期史冊的資料，大概只有寥寥可數的兩筆，但都很難從中看出有什麼地方比其他城市來得突出。

第一筆資料是崇尚希臘文化的羅馬皇帝哈德良（一一七～一三八年在位）在此地建設了水道。一如本書後述，這項基礎建設對城市發展極為重要，但哈德良同樣在對岸的尼西亞建造水道（一二三年）；而從小普林尼（Pliny the Younger）的書信可得知，前任皇帝圖拉真也曾試著在對

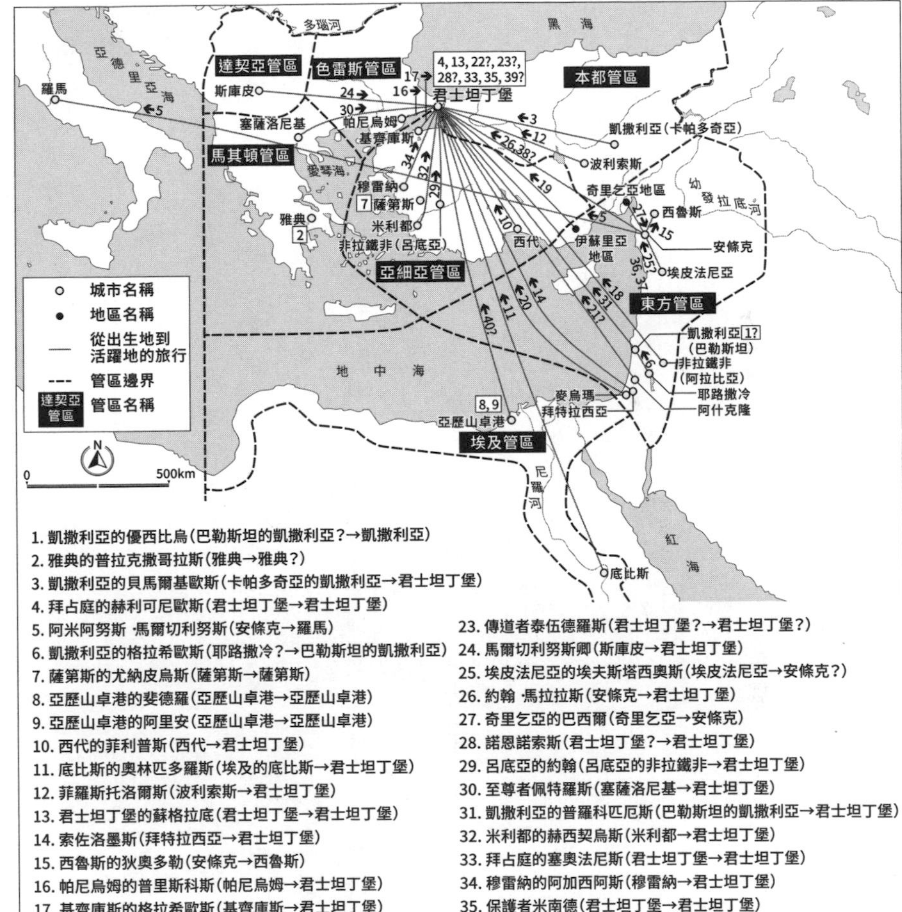

1. 凱撒利亞的優西比烏(巴勒斯坦的凱撒利亞?→凱撒利亞)
2. 雅典的普拉克撒哥拉斯(雅典→雅典?)
3. 凱撒利亞的貝馬爾基歐斯(卡帕多奇亞的凱撒利亞→君士坦丁堡)
4. 拜占庭的赫利可尼歐斯(君士坦丁堡→君士坦丁堡)
5. 阿米阿努斯 ·馬爾切利努斯(安條克→羅馬)
6. 凱撒利亞的格拉希歐斯(耶路撒冷?→巴勒斯坦的凱撒利亞)
7. 薩第斯的尤納皮烏斯(薩第斯→薩第斯)
8. 亞歷山卓港的斐德羅(亞歷山卓港→亞歷山卓港)
9. 亞歷山卓港的阿里安(亞歷山卓港→亞歷山卓港)
10. 西代的菲利普斯(西代→君士坦丁堡)
11. 底比斯的奧林匹多羅斯(埃及的底比斯→君士坦丁堡)
12. 菲羅斯托洛爾斯(波利索斯→君士坦丁堡)
13. 君士坦丁堡的蘇格拉底(君士坦丁堡→君士坦丁堡)
14. 索佐洛墨斯(拜特拉西亞→君士坦丁堡)
15. 西魯斯的狄奧多勒(安條克→西魯斯)
16. 帕尼烏姆的普里斯科斯(帕尼烏姆→君士坦丁堡)
17. 基齊庫斯的格拉希歐斯(基齊庫斯→君士坦丁堡)
18. 非拉鐵非的馬可斯(阿拉比亞的非拉鐵非→君士坦丁堡)
19. 伊蘇里亞的康第多斯(伊蘇里亞→君士坦丁堡)
20. 米蒂利尼的撒迦利亞(麥烏瑪→君士坦丁堡)
21. 諾昔繆斯卿(阿什克隆?→君士坦丁堡)
22. 約翰 ·第亞克利諾梅諾斯(君士坦丁堡?→君士坦丁堡)
23. 傳道者泰伍德羅斯(君士坦丁堡?→君士坦丁堡?)
24. 馬爾切利努斯卿(斯庫皮→君士坦丁堡)
25. 埃皮法尼亞的埃夫斯塔西奧斯(埃皮法尼亞→安條克?)
26. 約翰 ·馬拉拉斯(安條克→君士坦丁堡)
27. 奇里乞亞的巴西爾(奇里乞亞→安條克)
28. 諾恩諾索斯(君士坦丁堡?→君士坦丁堡)
29. 呂底亞的約翰(呂底亞的非拉鐵非→君士坦丁堡)
30. 至尊者佩特羅斯(塞薩洛尼基→君士坦丁堡)
31. 凱撒利亞的普羅科匹厄斯(巴勒斯坦的凱撒利亞→君士坦丁堡)
32. 米利都的赫西契烏斯(米利都→君士坦丁堡)
33. 拜占庭的塞奧法尼斯(君士坦丁堡→君士坦丁堡)
34. 穆雷納的阿加西阿斯(穆雷納→君士坦丁堡)
35. 保護者米南德(君士坦丁堡→君士坦丁堡)
36. 埃烏格里歐斯 ·蘇格拉底(埃皮法尼亞→安條克)
37. 埃皮法尼亞的約翰(埃皮法尼亞→安條克)
38. 安條克的約翰(安條克→君士坦丁堡)
39. 復活節編年史的作者(君士坦丁堡→君士坦丁堡)
40. 西摩卡塔的塞奧非拉克特斯(亞歷山卓港→君士坦丁堡)

出處:根據Treadgold, *The Early Byzantine Historians*, Basingstoke, 2007. 繪製。

拜占庭初期的歷史學者出生地與活躍地

箭頭的起點為各歷史學者的出生地，終點為撰寫著作的活躍地。

在所有歷史學者之中，只有生於安條克與討厭君士坦丁堡的阿米阿努斯 · 馬爾切利努斯因嚮往羅馬而前往羅馬城。

岸的尼科米底亞建造水道（《小普林尼書信集》一〇・三七、三八）。再者，擁有「旅行家皇帝」美譽的哈德良在希臘及帝國各地都興建了不少公共建設（《哈德良回憶錄》一九・《羅馬君王傳》收錄）。因此從這筆資料無法看出拜占庭在當時有什麼特別之處。

第二筆資料是塞維魯（Septimius Severus，一九三～二一一年在位）時期，拜占庭曾與他的政敵奈哲爾（Pescennius Niger）為伍，因此當塞維魯大敗奈哲爾後，便在拜占庭市到處破壞城牆，做為懲罰。據史料記載，在塞維魯的兒子卡拉卡拉（Caracalla, Marcus Aurelius Antoninus）的說情下，拜占庭得以保有舊有的權利；但相同命運不只發生在拜占庭，塞維魯建設的傳統城市安條克也一樣因支持奈哲爾而遭摒棄，日後也同樣恢復舊有的權利（《安東尼努斯・卡拉卡拉回憶錄》一・《羅馬君王傳》收錄）。在這場大肆破壞之後，拜占庭市被塞維魯冠上了奧古斯塔・安東尼納（Augusta Antonina）這個新名字（作者不詳，《派多利亞》一・三六），也重建了柱廊、廣場、公共浴場、賽馬場這類公共建築（約翰・馬拉拉斯，《編年史》一二・二〇）。但這些出自塞維魯的重建計畫在原因不明的情況下未能完成，至少公共浴場與賽馬場在塞維魯辭世時的二一一年尚未竣工。這座城市的名字也隨著塞維魯之死而復原。

對「新中心」的觀察角度

《君士坦丁堡要錄》記載，這樣一座平凡的濱海城市最終發展成足以與「舊首都」羅馬城比擬

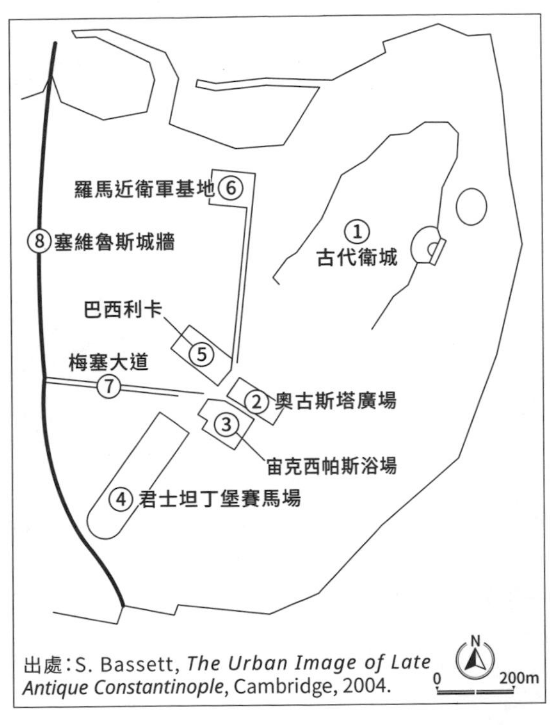

出處：S. Bassett, *The Urban Image of Late Antique Constantinople*, Cambridge, 2004.

塞維魯時代（193-235）的拜占庭

的千年古都，其規模在中世紀的世界裡也是屈指可數。然在其建城之初，羅馬帝國東部有尼科米底亞（現今土耳其的伊茲密特）、塞爾迪卡（現今保加利亞的索菲亞）、塞薩洛尼卡（現今希臘的塞薩洛尼基）、安條克（現今土耳其的安塔基亞）、亞歷山卓港（現今埃及），帝國西部則有米迪奧拉姆（現今義大利米蘭）、阿奎萊亞（現今義大利）、阿瑞拉特（現今法國亞爾）、奧古斯塔・特里沃魯姆（現今德國特里爾）。即使還有其他足以成為新世界秩序中心的重要城市，但君士坦丁堡仍然在四帝共治時期（Tetrarchy）成為宮廷的所在地。

君士坦丁堡的創建被視為拜占庭史的濫觴，德國拜占庭歷史學者漢斯

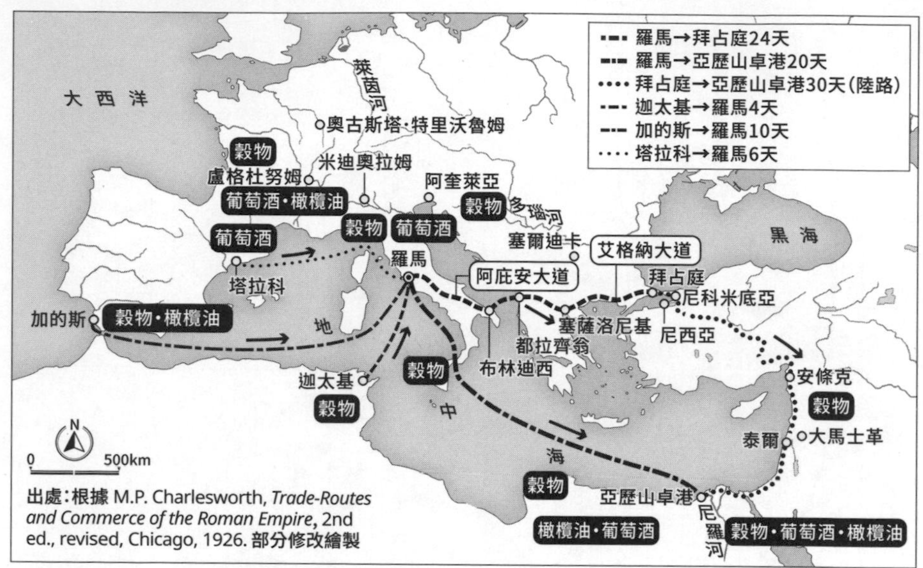

往羅馬城與君士坦丁堡的物資流通路線

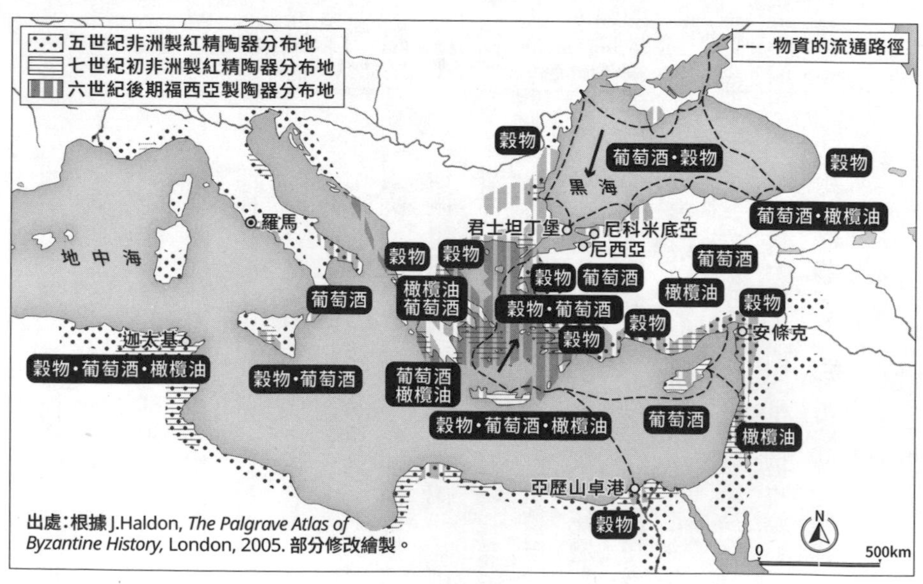

往君士坦丁堡的物資流通地圖。根據出土陶器繪製。

喬治·貝克（Hans-Georg Beck）用「合理」來評論這項說法。當羅馬建立的世界秩序崩解後，圍繞著君士坦丁堡形成的拜占庭世界秩序又以何種樣貌呈現呢？

三七八年羅馬軍隊於阿德里安堡戰役大敗後，羅馬帝國北方萊茵河、多瑙河邊境屢受「日耳曼人」侵擾，帝國西部也不斷遭受侵略，最嚴重的一次便是四一〇年八月二十四日，亞拉里克率領哥德人洗劫羅馬城。日本羅馬史研究者弓削達在《永遠的羅馬》（1976）針對四一〇年歷經這場浩劫後的羅馬帝國提出「此時是羅馬史，甚至是世界史上動亂最激烈、複雜的時期」，強調這是世界史上的一大轉捩點。如此局勢讓帝國東西兩部在三七八年後的情勢丕變，尤其對外關係更是大相逕庭。從結果來看，東西帝國就此步上各自的道路。東羅馬帝國不像西羅馬帝國那般經歷政治與社會的瞬間崩解，而從羅馬過渡至拜占庭的過程也是循序漸進，難以一刀劃成兩個時期。

要探尋過渡的軌跡，從君士坦丁堡的發展脈絡切入是最為可行的方法。但若不只是城市的秩序，而是要以「世界」秩序的角度來觀看拜占庭世界秩序的形成，就有必要在了解君士坦丁堡的城市空間內部之外，同時觀察這座城市同時代外部的狀況。針對這點，法國拜占庭研究者西里爾·芒格（Cyril Mango）指出，要了解君士坦丁堡及其腹地相依並存的關係，就必須從供水角度切入；這樣的角度非常適合了解君士坦丁堡被視為「新中心」，以及圍繞著這座城市而形成的新秩序。古代城市或許可以沒有道路或城牆這類基礎建設，但絕對需要水道，因為水是人類生存之必需。供水建設可說是撐起君士坦丁堡這座「人造城市」的關鍵；而這項基礎建設的設計，也蘊藏著以這座城市為主的世界秩序與思維。

三七八年，羅馬帝國在阿德里安堡戰役大敗，整個羅馬世界也跟外部勢力之間發生了既深且廣的變化。以君士坦丁堡為中心逐步建立的拜占庭世界秩序如何形成，本章將以該時代對外的政治動盪為背景，來聚焦討論君士坦丁堡本身及其相關的供水基礎建設。首先我們先來了解被冠上新世界秩序之名的「拜占庭」，回顧君士坦丁堡的時代背景，接著一邊觀察君士坦丁堡歷史與五世紀前期使其得以蓬勃發展的供水基礎建設，一邊回溯四世紀後期的瓦倫斯統治時期。

2 世界秩序在何種背景下形成

何謂「拜占庭」

要了解拜占庭的世界秩序如何形成，絕對避不開「何謂拜占庭」這個問題。這個問題在相關研究中更加具體，例如「拜占庭」代表的時代或地理位置（拜占庭帝國到底是從君士坦丁大帝即位開始起算，還是從君士坦丁堡創建之初，抑或從三九五年羅馬帝國東西分裂開始，還是從西羅馬帝國瓦解的四七六年開始，又或者從查士丁尼大帝的時代起算，還是要推遲至更後面的七世紀才開始？拜占庭帝國是在一二〇四年還是一四五三年結束？此外，「拜占庭」的統治範圍到底有多大？拜占庭人是否明白所謂的實質統治範圍？）抑或拜占庭人的自我認同（「拜占庭人」到底是哪些人，以及這些拜占庭人又是如何看待自己）的問題。

在相關研究中最膾炙人口的「拜占庭」之定義，是拜占庭史研究巨擘奧斯特洛・格爾斯基（George Ostrogorsky）於鉅著《拜占庭帝國史》（1940）中提出的一段話：「羅馬帝國、希臘文化與基督教信仰是孕育拜占庭帝國的生命之源；這三個元素缺了其中一個，拜占庭帝國實難形成。三者融為一體，才是眾人口中的拜占庭帝國，其歷史意義也才完整」。換言之，奧斯特洛格爾斯基眼中的拜占庭帝國，是由信奉基督教的希臘人所建立的羅馬帝國。雖然有些人對此提出不同意見，但時至今日此定義仍可成立。例如彼得・薩利斯（Peter Sarris）在《拜占庭極速入門書》（2015）提到，在四世紀之際，羅馬自我認同、希臘文化、基督教以及君士坦丁堡的創立，這四個元素定義了拜占庭文明。有許多研究學者也以此來定義「拜占庭」。不過，將拜占庭帝國歷史分成三大時期的格爾斯基認為，拜占庭初期（三二四至六一〇年）仍帶有後期羅馬帝國的濃厚色彩，因此他將羅馬後期視為拜占庭初期，並認為「拜占庭」這個國家於七世紀才真正成立，「拜占庭」應該從拜占庭帝國中期開始起算。如他一般將七世紀視為拜占庭帝國成立之始的論點在學界十分可信。

看來不論是哪種「拜占庭」的定義，要找到滿足所有人的答案，可說是難如登天。其實「拜占庭」一詞算是近代歐洲的產物，原本是十六世紀德國人文主義者赫羅尼姆斯・沃爾夫（Hieronymus Wolf）提出，來指稱羅馬帝國瓦解後於帝國東部殘存的歷史實體。至於拜占庭人本身，直到帝國滅亡前，有時仍自稱「羅馬人」，認為自己是羅馬帝國的繼承人，有時則直接稱自己為「基督徒」。十二世紀的東羅馬帝國公主安娜・科穆寧娜（Anna Komnena）就曾形容夾在西方海克力斯之柱

（直布羅陀海峽）與東方戴歐尼修斯之柱（與印度之間的國界）之間的「羅馬帝國」擁有偉大的權力。（《阿歷克塞傳》六・一一）。縱使這段敘述只不過是種溢美之詞，但足以證明帝國領土隨著時代縮小之際，「羅馬人」的認同意識仍深深紮根於統治階層的心態（即使帝國統治範圍從未觸及過美索不達米亞平原以東）。

話說回來，在薩利斯提出的「拜占庭」四大元素之中，只有一個並未在四世紀之前出現，就是君士坦丁堡這座城市。不管「拜占庭」的定義有多少種，不管是做為單一元素還是複數結合的元素，帝國政府的統治核心都在君士坦丁堡。這是足以貫穿整段歷史、放諸任何時代皆準（除了一二〇四至一二六一年第四次十字軍東征建立拉丁帝國這段時期），最為重要的特徵。對拜占庭帝國而言，君士坦丁堡不只是「首都」，更是得以存續的根據地；沒有這座城市，拜占庭帝國將無以為繼（波爾馬格達利諾）。正確來說，君士坦丁堡就是「帝國本身」（井上浩一）。有鑑於此，在描述拜占庭世界秩序時將焦點放在君士坦丁堡，是十分合理的。

「首都誕生」時期的狄奧多西王朝

四世紀末狄奧多西大帝即位，定都於君士坦丁堡，此後這座城市才成為拜占庭帝國實質上的「首都」。從狄奧多西大帝即位的三七九年到狄奧多西二世去世的四五〇年，這七十年被認為是羅馬帝國轉型為拜占庭帝國的關鍵時期。所有羅馬帝國後期的歷史特性與元素都在此時顯現，促使帝國轉

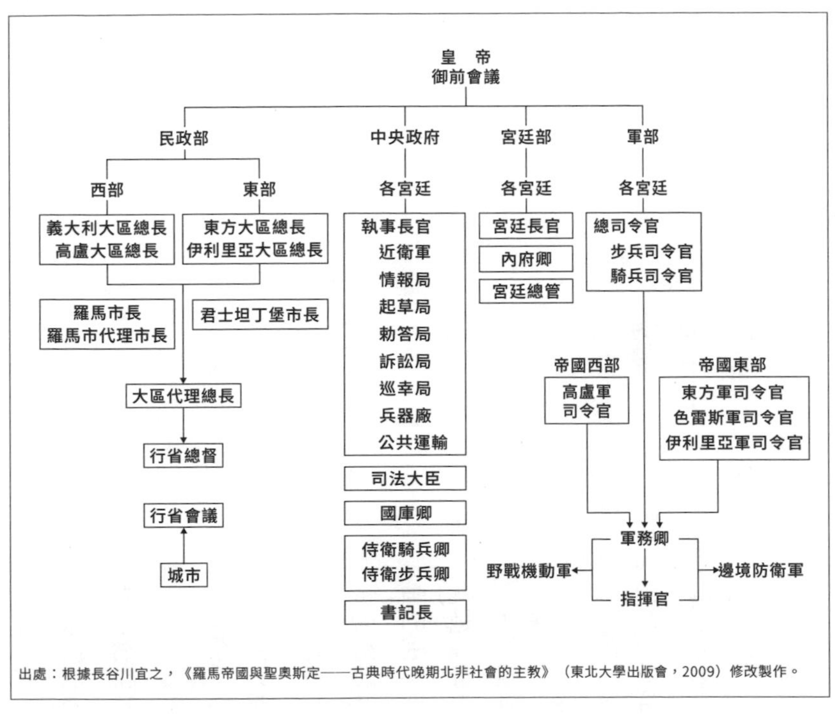

出處：根據長谷川宜之，《羅馬帝國與聖奧斯定——古典時代晚期北非社會的主教》（東北大學出版會，2009）修改製作。

羅馬帝國後期的國家制度

譯註：在中央政府及軍部職級中，司令官或長官的原文為 Magister，代表最高階官職；卿的原文為 Comes，代表與皇帝宮廷相關的官職，以及次一級軍職。

型的基礎也於此時奠定。

一般來說，拜占庭帝國被視為皇帝君臨國家之上，中央集權的君主專制政體。當時的國家社會以君士坦丁堡的宮廷為核心，整合皇權與東正教兩大軸心意識型態，下有精密繁複的官僚體制與軍事機構，以及完善的稅收與法律體制。皇帝就像是創造「宇宙」（希臘語的 kosmos）的神，負責維持「秩序」（希臘語的 taxis）。像這樣的拜占庭世界秩序，基本架構源自羅馬帝國後期，也就是源自狄奧多西王朝在君士坦丁堡建立的統治制度。

早在君士坦丁大帝（三一一～三三七年在位正帝）時期，民政軍政就已分離，羅馬帝國後期也重新建構了行政機構的基本官職體系。在四世紀末到五世紀初、君士坦丁堡成為實質「首都」的這段期間，行政體系變得更臻完善。然而改革過程並非一路順遂。除了有東西帝國宮廷對立的問題，各自內部文武官員與宦官間也相互鬥爭，例如西羅馬宮廷有斯提里科與奧林匹烏斯（Olympius）相爭，東羅馬宮廷也有魯菲努斯與宦官歐特羅庇厄斯、安特米烏斯（Anthemius）互鬥。這些官僚或宦官可賣官鬻爵，行眾人視為「腐敗」的貪汙之舉；他們的「腐敗」，也讓英文「byzantine」一詞被冠上「複雜」、「難以理解」、「權謀」、「卑鄙」這類負面意涵。然而，帝國行政機構的完備，也在這官僚如同在泥沼打滾般的權力鬥爭中盡皆顯現。

東羅馬宮廷由執事長官（Magister officiorum，行政總理，掌管全國官員升遷）、司法大臣（Quaestor sacri palatii，最高司法長官）、國庫監（Comes sacrarum largitionum，管理國家公庫）及內府監（Comes rerum privatarum，管理皇帝私庫）這四名官員組成，一同主持有時大區總長（Praefectura praetorio）或陸軍總司令（Magister militum）會共同參加的御前會議（Consistorium）。透過御前會議，這群官僚一手形塑了國家的樣貌。美其名是御前會議，但會議的主角卻不是皇帝。在中央集權君主專制的帝國後期，皇帝就像是個能行使一切權力的暴君，但在這樣的政治體制下，皇帝根本不必是「專制君主」。從十一歲即位的阿卡狄奧斯及七歲即位的狄奧多西二世就可以知道，即使是沒有施政能力的「年幼皇帝」也無妨；他們不需要親自統治帝國，只需要「君臨」高位，後續由完善的行政機構治理，帝國就能毫無遲滯地發展。正因為行政體制如

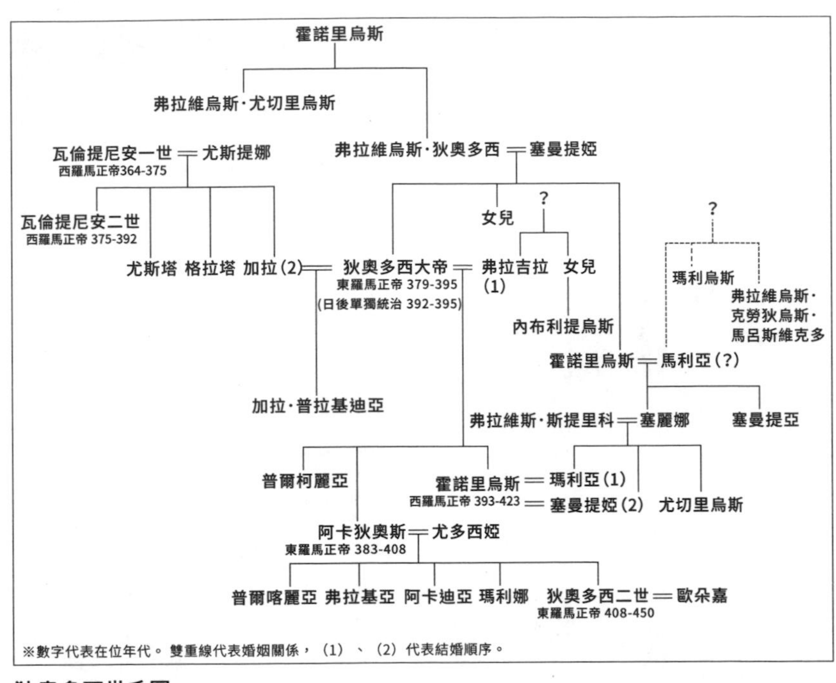

狄奧多西世系圖

此完備，在狄奧多西大帝去世後，東西羅馬帝國才會各自步上不同的道路。對此，最透澈了解羅馬帝國後期國家制度、也最具象徵意義的史料，便是在狄奧多西王朝編撰的《百官志》（*Notitia Dignitatum*），內容分成東羅馬帝國篇與西羅馬帝國篇。

再者，狄奧多西大帝死後，宦官與皇室女性的勢力在東羅馬帝國皇帝阿卡狄奧斯及其子狄奧多西二世時期不斷增強，與軍人影響力較強的西羅馬帝國形成了強烈對比。五世紀東羅馬宮廷有幾位著名的宦官，包括讓「蠻族」將領包托之女尤多西婭與阿卡狄奧斯成婚、率領軍隊擊敗匈人並不斷擴充宦官職權

圖 3-1　歐特羅庇厄斯的胸像

一般認為這是比他的時代更晚的物件。此外，這個胸像刻有鬍子，但宦官一般不會長鬍子才對。

藏於維也納藝術史博物館

的歐特羅庇厄斯，擔任狄奧多西二世家庭教師的安提阿克（Antiochus），企圖暗殺匈人之王阿提拉的克里沙斐烏（Chrysaphius），以及從主教帕拉狄烏斯（Palladius of Galatia）手中領受聖人傳記《拉烏索斯史》（*Historia Lausiaca*）的拉烏索斯（Lausos，目前無法從同時代的史料論定他是否為宦官）。拉烏索斯除了擔任陪侍於皇帝身邊的宮廷內務總管（Praepositus sacri cubiculi），也負責管理宮廷，所以他既可隨時接觸皇帝，更擁有決定誰能晉見皇帝的特權。後來有不少宦官仿效歐特羅庇厄斯或克里沙斐烏，介入職務範圍之外的政事，藉此累積龐大財產，只不過他們最終都因此在政爭中受刑慘死。

「君臨」帝國的皇帝被身邊的宦官百員及越來越繁瑣的官廷禮儀包圍，漸漸被隔離在一般帝國子民之外，成為遙不可及的存在。但另一方面，皇帝的正統性也被這種遠離國民、一脈相承的王朝血統而強化。或許狄奧多西大帝認為最能讓帝國安定的方法就是交由宗親統治，這樣的統治理念也讓皇室女性（拉丁語為Augusta，希臘語為Basileia）成為不容忽視的存在。狄奧多西大帝的第一任皇后弗拉吉拉（Aelia Flaccilla）、兩人的女兒普爾喀麗亞（Aelia Pulcheria，阿卡狄奧斯的姐姐）、阿卡狄奧斯的皇后暨狄奧多西二世之母尤多西婭，連續三代的皇室女性透過宮廷權力流放了與其對立的宦官歐特羅庇厄斯及克里沙斐烏；不僅如此，阿卡狄奧斯的姐姐普爾喀麗亞與皇后尤多西婭也彼此對立。當時向帝國人民宣傳的手段之一，就是將統治者的樣貌刻在民間流通的貨幣（索利都斯金幣）上，因此她們也將自己的肖像放上去（皇室女性肖像被刻在貨幣上的例子並不少見，羅馬帝國前期也有類似情形）。此外，狄奧多西二世在赫布多蒙戰神教練場＊豎立了高達十七公尺的花崗岩勝利紀念柱（四二一年），紀念柱的底座至今仍留存；底座上頭銘文的中間部分雖然已缺損大半，但可判讀的部分應該是「依妹妹們（的要求）」之意。儘管無法斷定，卻已充分顯示出狄奧多西二世妹妹們的重要性。

與外部勢力的關係

三七〇年左右，受中亞氣候變遷影響開始遷徙的匈人抵達歐亞大陸西部草原，渡過伏爾加河繼續西行，對當時住在多瑙河東岸的哥德人帶來重大威脅。三七六年，哥德人分支之一的瑟文吉人（Thervingi，早期所稱的西哥德人）與格魯森尼人（Greuthungi，日後的東哥德人）被匈人趕離居

＊ Hebdomon，距離君士坦丁堡以西約七哩的郊區。

地後，前者向羅馬帝國東部皇帝瓦倫斯求援，希望進入帝國境內定居，瓦倫斯也應其所求，但這次的移居規模實在太大，也很難安置這群尚未解除武裝的哥德人。當地羅馬官僚的無能及予取予求，造成了哥德人集體暴動，羅馬也於三七八年的阿德里安堡戰役一敗塗地。這場戰役讓東羅馬帝國的軍隊銳減了三分之二以上，估計高達一萬至三萬名士兵。隨後被推舉為帝國東部皇帝的狄奧多西大帝也殫精竭慮，想讓東羅馬帝國起死回生，最後於三八二年與哥德人簽訂條約，允許哥德人於羅馬帝國境內定居，條件是哥德人必須服兵役（參考總論及第一章）。

不過到了五世紀前期，有別於西羅馬帝國，對東羅馬帝國造成威脅的不是渡過萊茵河、多瑙河入侵帝國境內的法蘭克人或阿拉曼人、哥德人這些日耳曼人。從昔蘭尼的西內修歐斯充滿反日耳曼色彩的演講來看，當時的東羅馬對哥德人的反感依舊根深蒂固（參考第一章），「蠻族」總司令官蓋納斯的崛起與倒台（四〇〇年）足可說明這股排外情緒。然而，縱使蓋納斯失勢，東羅馬是否依舊瀰漫著一股全面排斥日耳曼人的氛圍，至今尚無法證實；尤其是繼蓋納斯成為總司令官的弗拉維塔（Fravitta）也來自「蠻族」，卻因功就任四〇一年的執政官。以結果論來看，蓋納斯的失勢算是解除了眼前東羅馬宮廷的軍事威脅，也強化了以文官為核心的行政組織。此外，弗拉維塔不久後也被處死，有人認為這說明了反日耳曼情緒的延長；但從與他對立的尤多西婭（阿卡狄奧斯之妻、狄奧多西二世之母）也是「蠻族」出身的這點來看，東羅馬宮廷是否真有所謂的反日耳曼情緒，不禁令人懷疑。由此可見，東西帝國面對日耳曼人的態度是截然不同的。一如弓削達《永遠的羅馬》中所述，在蓋納斯事件與西內修歐斯的反日耳曼演講之後，東羅馬對日耳曼人的排斥感也越來越淡。

真正讓東羅馬帝國苦不堪言的是匈人。早在四世紀末的三九五與三九六年，匈人就越過高加索山脈，入侵亞美尼亞與美索不達米亞；除了波斯薩珊王朝的泰西封慘遭蹂躪，包括卡帕多奇亞、加拉太、敘利亞這些羅馬帝國東部行省都難逃一劫。在兵荒馬亂之際，「永遠的首都」羅馬城於四一

圖 3-2　狄奧多西二世的勝利紀念柱底座

進入聖索菲亞博物館之後，即可看到位於休憩處的底座。從上面數來第三行的文字為「依妹妹們（的要求）」（[voti]s sororum，照片標記底線處）的意思。

圖 3-3　托普卡帕地區的狄奧多西城牆

位於伊斯坦堡 T4 輕軌線 Fetihkapi 站附近。

〇年遭洗劫，這件事對東羅馬宮廷造成莫大衝擊。如前所述，君士坦丁堡的陸路防禦較為脆弱，所以害怕遭受外部勢力攻擊。為了讓君士坦丁堡避開這場可預期的災難，狄奧多西二世的監護人、東羅馬宮廷實質掌權者東方大區總督安西米烏斯（Anthemius，四〇五～四一四年在任）於四一三年下令在城市西側建造大型城牆。由於是在狄奧多西二世統治期間建造，所以現代人將其命名為狄奧多西城牆（Theodosian Walls）。這座城牆由三層堅固的護牆組成，分別是高十一公尺的內牆、高八公尺的外牆，最外層則是寬十八公尺的壕溝，壕溝內側設有胸牆（與人類胸部同高的牆壁），此外每隔七十至七十五公尺設置一座塔樓。這在當時堪稱羅馬土木工程的顛峰之作。該牆曾在四四七年一月的大地震中毀損，但修復之後，直至一四五三年五月二十九日被穆罕默德的鄂圖曼帝國大軍攻破，它守護了君士坦丁堡千年之久。後續也於四三九年在馬摩拉海與金角灣增建城牆（目前仍留有部分遺跡）。

當時只有君士坦丁堡為防禦外敵而建設了城牆，於是匈人就長驅直入，殺進了毫無防備的巴爾幹半島。造反失敗逃至匈人麾下的武官蓋納斯慘遭斬首，匈人之王烏爾丁（Uldin）將頭顱送回東羅馬宮廷並與帝國結盟，但後來又背約，分別在四〇四年與四〇八年攻打色雷斯。繼任的匈人之王魯阿（Ruga）於四二二年、四三四年率領匈人攻打色雷斯後猝死，後續由阿提拉與布列達率領匈人。之後布列達去世（推測是被阿提拉暗殺），四四五至四五三年這段期間都由阿提拉一人領導。

這段期間東羅馬宮廷曾多次與阿提拉締結和平條約，除了獻上大筆貢金，還答應引渡逃亡的匈人士兵，但阿提拉卻屢次食言。東羅馬宮廷為了籌措貢金不斷增稅，同時巴爾幹半島也慘遭蹂躪，滿目瘡痍。為此，狄奧多西二世不得不放棄遠征汪達爾人的計畫。遭匈人鐵蹄踐踏的巴爾幹半島到底有多慘，實在難以言喻，例如四四一年東羅馬宮廷使者普里斯科斯（Priscus）抵達君士坦丁大帝故鄉暨軍事要衝奈蘇斯（Naissus，現今塞爾維亞的尼什），目睹了該城被匈人破壞殆盡的模樣；不只人口銳減，岸邊更布滿戰死之人的殘骸（普里斯科斯，《殘篇》八）。四四七年，阿提拉再次對巴爾幹半島發動了更大規模的攻擊。

其他像是小亞細亞、敘利亞、埃及與帝國東部等區域，因為有海洋的天然屏障，所以免受哥德人或匈人入侵，享有相對的安定。更幸運的是自五世紀開始，帝國與東部毗鄰的波斯薩珊王朝關係轉趨穩定。二二四年於伊朗建國的薩珊王朝雖是古代大國，但領土只有羅馬帝國的一半，且境內多是沙漠或山丘。此外，五世紀初東羅馬帝國的總人口約為二千萬人，薩珊王朝則不過三分之二，其中有九百萬人住在美索不達米亞，有四至五百萬人住在伊朗，其餘地區幾乎是杳無人煙。歷代波斯國王除了修建農業灌溉系統，還不時出兵羅馬，藉以宣揚國威。

然而在四世紀末至五世紀前期，波斯國王伊嗣俟一世（Yazdegerd I，三九九～四二〇年在位）及其子巴赫拉姆五世（Bahram V，四二〇～四三八年在位）經常派遣使者前往東羅馬宮廷示好。東羅馬帝國之所以能應付屢屢入侵多瑙河邊界的外部勢力，其中一個原因在於與薩珊王朝關係穩定，另一點則是薩珊王朝也苦於應付翻過高加索山脈入侵國境的匈人，因此雙方可說是有著共同的敵人。甚至有人推測，東羅馬宮廷負責了薩珊王朝境內卡斯披亞之門*的防禦工事（但沒有確切證據）。繼位的伊嗣俟二世（Yazdegerd II，四三八～四五七年在位）於四四一年攻擊東羅馬帝國後，一時間雙方關係破裂，但隔年立刻又交換和平條約。

總而言之，君士坦丁堡之所以能發展成拜占庭世界秩序的中心，除了匈人入侵這個因素外，東羅馬帝國在五世紀與薩珊波斯王朝的相安無事也是一大關鍵。

3 在成為世界秩序中心之前：君士坦丁堡史

「遷都」至君士坦丁堡的實情

接著就讓我們順著時間軸，來回顧一下君士坦丁堡的歷史。

顧名思義，君士坦丁堡是由君士坦丁大帝所創建的城市。建城工程始自三二四年十一月八日，完工後的市區比塞維魯時期擴大了三．五倍。開都紀念儀式訂於三三〇年五月十一日，君士坦丁大帝在甫完成的賽馬場親自舉辦第一場比賽，宙克西帕斯浴場也正式營業（作者不詳，《復活節編年史》三三〇），但此時的君士坦丁堡尚未被冠上「首都」之名。一如法國拜占庭史研究者吉爾伯特．達古隆（Gilbert Dagron）在堪稱君士坦丁堡研究史里程碑之作《首都誕生：三三〇至四五一年君士坦丁堡及其制度》（1974）中所述，君士坦丁大帝之所以建設君士坦丁堡，只是照慣例記念戰爭勝利而已。也就是說，當戴克里先的四帝共治制瓦解之際，帝國西部正帝君士坦丁大帝於三二四年七月三日攻打哈德良堡及拜占庭市，後於九月十八日與克里索波利斯開戰；最後為了記念戰勝帝國東部正帝李錫尼，才將拜占庭市冠上自己的名字，並建設這座城市。

其實，君士坦丁大帝最初應該是沒打算立拜占庭市為「新首都」，因為他先著手建造了位於小亞細亞西北部的伊利烏姆（Ilium，即特洛伊城），但後來心念一轉，重新擴張拜占庭市的規模，也建造宮殿（佐西姆斯，《新歷史》二・三〇）。看來君士坦丁大帝在圍攻死守城池的李錫尼時，應該已經察覺這座城市在戰略上的優勢，但佐西姆斯並未詳述是何種理由讓君士坦丁大帝改變心意，也無法從史料中得知君士坦丁大帝為何將首都改為拜占庭。而且不只伊利烏姆，也有史料顯示君士坦丁大帝曾說過「我們羅馬就在塞爾迪卡」這句話（迪奧・康丁努阿圖斯，《殘篇》十五・一）。

此外，也很難得知君士坦丁大帝除了記念打勝仗之外，是否還基於其他理由建造城市，畢竟四世紀的君士坦丁堡史料實在不多；就像我們也無法得知君士坦丁大帝是否真的把這座城市視為「第二羅馬」（Altera Roma）。在帝國西部的史料中，三一九年、三三三年兩次擔任羅馬市長（praefectus urbi）的拉丁詩人奧普塔提阿努斯（Publilius Optatianus Porfirius）就在讚揚君士坦丁大

＊ Caspian Gates，又稱亞歷山大之門，通往高加索地區的必經之路，但確切位置現今仍不得而知。

帝的頌詩中使用了「第二羅馬」（《詩集》四・六）這樣的敘述。有些學者認為這裡的第二羅馬就是君士坦丁堡，有些則認為是隔著馬摩拉海、位於亞洲的尼科米底亞，但這兩種說法都難以證實。

至於帝國東部的史料，也看得到「他（君士坦丁大帝）將這座稱為拜占庭的城市宣布為第二羅馬」（作者不詳，《復活節編年史》三三〇）這類敘述，但這是七世紀的希臘文史料，早已與事件發生的時代脫節。與君士坦丁大帝同時代的史料並不多，其中包含四世紀初優西比烏主教（Eusebius of Caesarea）的《君士坦丁的一生》（*Vita Constantini*），書中大力讚揚君士坦丁大帝將君士坦丁堡打造成充滿基督教色彩的城市（《君士坦丁的一生》四八）。但這種基於宗教熱忱所撰寫的史料，也讓人懷疑是否能正確描述皇帝本人的意思。

此外，既然君士坦丁堡是「新羅馬」，那應該會仿效義大利半島的羅馬城。我們經常可聽見這樣的說法。在這類說法中最典型的例子，就是君士坦丁堡也仿照羅馬城，在市內建立了七座丘陵；但其實在君士坦丁大帝的時代，君士坦丁堡只有六座丘陵，第七座要等到五世紀狄奧多西二世進一步擴大城市規模後才出現。

沒有皇帝的城市

不管怎麼說，在君士坦丁大帝眼中，君士坦丁堡絕對是座值得冠上自己姓名的城市，才會為它設計了適當外觀，將城市整頓得井然有序。除了優西比烏提到的基督教建築，他也建造了君士坦丁堡城牆，涵蓋範圍遠比塞維魯時代的城牆更為寬廣。另外他還打造了大宮殿及鄰近的賽馬場、宙克西帕斯浴場、奧古斯塔廣場、圓形的君士坦丁廣場、廣場中心的君士坦丁紀念柱及梅塞大道，讓整座城市的基本架構更臻完善。

君士坦丁堡的建設始於三二四年，也是君士坦丁二世擔任副帝的那年。由於擔任副帝的期間恰恰與建設君士坦丁堡的時期重疊，所以君士坦丁二世可能也對這座城市存有特殊情感，最著名的就是他在統治後期將君士坦丁堡的元老院議員從三百名大幅增設至二千名（提米斯久斯，《演說集》三四・一三）。此外，其他城市的居民也認為他在統治期間改善了君士坦丁堡的市容。安條克的知名修辭學者利巴尼厄斯（Libanius）更曾在寫給君士坦丁堡市長諾拉圖斯（Honoratus，三五九～三六一年在任）的書信中提及城市治理與建築外貌，提到君士坦丁堡設有足以與水源豐沛的安條克匹敵的儲水槽（《書信集》第二五一號）。

然而，君士坦丁二世在退位之前幾乎都待在帝國東部的安條克，而不是君士坦丁堡。之所以如此，是因為當時東方的波斯薩珊王朝勢力越來越強，而安條克是與之對峙的軍事要塞。繼位的尤利安雖然生於君士坦丁堡，但卻像是為了忘卻君士坦丁二世手刃親人的殘酷記憶似的，才即位半年不到就移駕安條克，之後也從此地出發親征波斯，最終死於戰場。正當失去統帥的軍隊急著選出下一任皇帝之際，約維安突然被部分士兵擁立為帝；接著他與波斯帝國議和，收拾尤利安留下來的爛攤子，卻在班師回朝途中於達達斯塔納（位於小亞細亞的加拉太行省）暴斃。可憐的他身為皇帝，卻一步也未曾踏入君士坦丁堡。

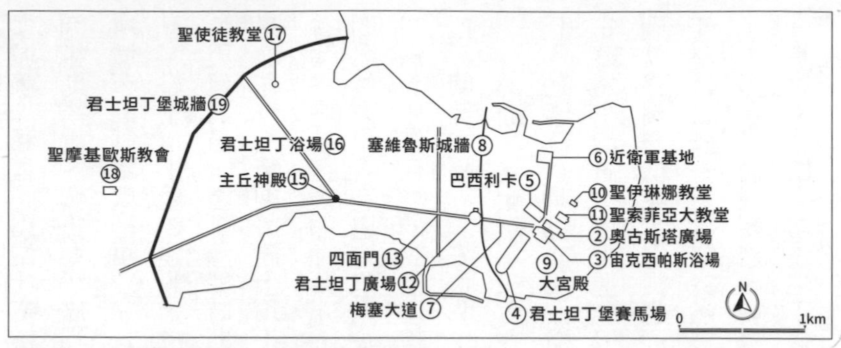

君士坦丁王朝（324-363）的君士坦丁堡

說明：同一王朝意指同一親族或血緣的成員連續擔任皇帝。但本處年分是從君士坦丁大帝統一東西帝國的 324 年起算，到 363 年尤利安陣亡為止。

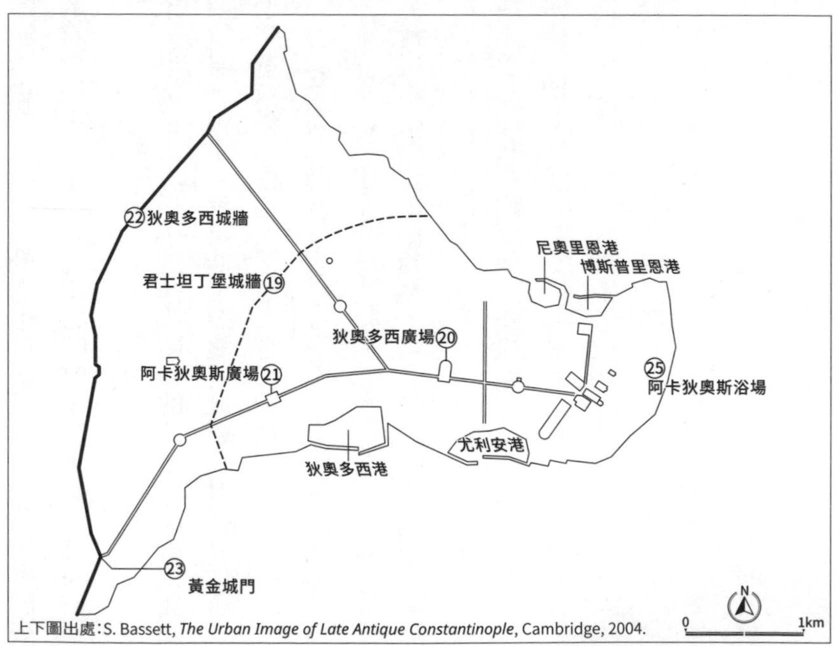

上下圖出處：S. Bassett, *The Urban Image of Late Antique Constantinople*, Cambridge, 2004.

狄奧多西王朝（379-450）的君士坦丁堡

說明：自 379 年狄奧多西大帝擔任東部皇帝起算，到 450 年狄奧多西二世猝死為止。另，狄奧多西王朝與前面的瓦倫提尼安王朝互有聯繫，而瓦倫提尼安王朝後代一直延續至六世紀，並非如君士坦丁王朝般先斷絕殆盡才由後繼王朝接續。

由於約維安的死與尤利安一樣來得突然，所以羅馬帝國再次陷入該擁立誰為皇帝的問題。最後，當時尚在安吉拉（今土耳其安卡拉）服役的瓦倫提尼安一世在「無異議」的情況下被推舉（阿米阿努斯，《歷史》二六・一・五），過沒多久就從安吉拉被召回比提尼亞，在士兵的歡呼下即位。英國的古代史研究者瓊斯（A. H. M. Jones）認為後期羅馬帝國時代只有兩次帝位空虛、不得不舉辦「真正的選舉」選出皇帝的例子，分別是尤利安與約維安死後，而且這兩次都是在非官方場合由文武官員選出，被推舉者也在軍隊面前接受歡呼後才即位。雖然相關史料並未記載選舉過程是否有元老院參與，但瓊斯認為元老院肯定於事後立刻予以承認。一般認為拜占庭時代皇帝的權力來自民眾（Demos）、元老院與軍隊，若要討論拜占庭皇帝的權力，肯定少不了討論這些元素；但在上述兩個例子裡，真正的主角是選出皇帝的少數文武官員，因此我們應該將注意力放在他們身上。到了四世紀後期，這群與拜占庭官僚體制緊密結合的文武官員，勢力越來越不容小覷。

成為皇帝的瓦倫提尼安一世在即位後立刻召來文武高官，詢問誰是與他共治帝國的最佳人選。雖然一時間會議現場陷入沉默，但有人旋即打破這股沉默：那是早從尤利安時期便遠征波斯、又在約維安死後力挺瓦倫提尼安一世上位的騎兵司令官達嘎萊弗斯（Dagalaifus）。以下是他的建言：

尊貴無比的皇帝陛下啊，若您愛的是自己的家人，您可以選擇您的兄弟；但如果您愛的是國家，請另找一位能穿得上皇袍的人。

——阿米阿努斯，《歷史》二六・四・一

瓦倫提尼安一世雖然震怒，卻不發一語，未當場顯露自己的想法。不過，從高官發出此種建言來看，想必皇帝身邊的人已然察覺其想法。當瓦倫提尼安一世回到君士坦丁堡之後，為了提升治理效率，又再次自問自答，最終於三六四年三月二十八日將弟弟瓦倫斯帶到賽馬場，讓他在現場全體成員的覆議與歡呼下即位為皇帝。

最終這對兄弟決定攜手共治帝國。三六四年七月，他們在多瑙河畔的重要城市色米姆(Sirmium，現今塞爾維亞的斯雷姆斯卡米特羅維察）開會後，將軍隊與宮廷人員分成兩半，以分擔帝國事務。兩人決議由哥哥治理帝國西部，由弟弟治理帝國東部，前者前往米迪奧拉姆，後者則前往君士坦丁堡。有論點認為羅馬帝國在三六四年的這件事之後正式分裂為東西兩半，但兩人的分治跟帝國走向崩壞的「分裂」完全不同。二世紀的史料曾記載「皇帝所在之地就是羅馬」（希羅狄安，《歷史》一．六．五），但三世紀之後的皇帝一樣未於特定城市定居，而是於帝國邊境的幾座重要城市間不斷遷移，來統治整個帝國。況且若皇帝不只一位、又分別位於不同城市的話，當然就需要有多個宮廷輔助。因此，瓦倫提尼安一世與瓦倫斯將軍隊與宮廷人員分成兩半，只是為了因應當時帝國由多位皇帝共治的現實罷了。

普羅科皮烏斯的叛亂與後續

這裡要提一位名叫普羅科皮烏斯的人。他來自小亞細亞奇里乞亞行省的望族，與皇帝尤利安有血緣關係。在君士坦丁王朝滅絕前，他曾擔任護民官兼書記官（Tribunus et notarius）最後總算登上卿*次一級的軍階稱呼上，後來則表示一種榮譽品位。這個字也是日後「伯爵」爵位的字根來源。）的大位。但在尤利安猝死、約維安即位後，便有奇怪的謠言傳開：據傳尤利安臨死之際，在地面寫下了希望普羅科皮烏斯繼位的遺言。聽到這個謠言的普羅科皮烏斯害怕被暗殺，便躲進位於迦克墩市（Chalcedon）的友人家中，偶爾喬裝前往君士坦丁堡，四處探聽市民對新皇帝瓦倫斯的不滿（阿米阿努斯，《歷史》二六・六）。

三六四年色米姆會議結束後，預備前往君士坦丁堡的瓦倫斯，在三六五年冬天先前往安條克。途中他接到哥德人準備入侵色雷斯的消息，便派軍前往支援，而剛剛提到的普羅科皮烏斯則趁機占領君士坦丁堡，僭稱為帝（三六五年九月二十八日）。遭受叛亂打擊的瓦倫斯曾考慮主動退位，但後來普羅科皮烏斯遭同伴背叛，被押解到瓦倫斯面前，並於三六六年五月二十七日遭斬首，歷經八個月的叛亂也就此平息。自此之後，瓦倫斯待在君士坦丁堡的時期只有兩次，一次是三七〇年秋冬至隔年夏天，一次是三七八年春天，而且只待了短短十二天，其餘時間幾乎都待在安條克，連三七三年三月的即位十周年紀念典禮都在安條克舉辦。之所以將大本營設在安條克，最主要的理由是為了與波斯帝國抗衡，但他在「君士坦丁的城市」的市民間風評不佳以及該城曾是普羅科皮烏斯

* Comes，原意為同伴，古典時代晚期成為與皇帝宮廷相關的職稱，也被用在較司令官（Magister）次一級的軍階稱呼上，後來則表示一種榮譽品位。這個字也是日後「伯爵」爵位的字根來源。

的叛亂據點，應該也是理由之一。在瓦倫斯眼中，君士坦丁堡似乎是座令人嫌惡的城市。

瓦倫斯在阿德里安堡戰役壯烈戰死後，繼承帝國東部的是帝國西部皇帝格拉提安從西班牙叫來的武官狄奧多西。這位狄奧多西在父親老狄奧多西下台後便回到故鄉西班牙生活，卻因為這次突如其來的召見，他於三七九年一月十九日在色米姆當上東部皇帝，之後便戮力恢復帝國東部的秩序。狄奧多西大帝第一次踏入君士坦丁堡是在三八〇年十一月二十四日，後續待在這裡約八年半，占了他一半的統治時期。在他之前，沒有一位皇帝待在君士坦丁堡這麼久；就連創建這座城市的君士坦丁大帝，待在這裡的時間也不過五年。由於狄奧多西大帝長期待在君士坦丁堡，這座為了紀念戰勝而建設的城市便成為東羅馬帝國、也就是拜占庭帝國實質的「首都」。而後狄奧多西大帝的兒子阿卡狄奧斯與孫子狄奧多西二世也不曾離開這座君士坦丁堡。

4 君士坦丁堡及供水設施

水源不足的「新首都」與瓦倫斯水道

西里爾．芒格在探討君士坦丁堡的城市機能時，除了說明該城易攻難守，還點出了飲用水與洗澡水不足的問題。根據他的說法，水不只是民生必需，更與文化發展息息相關；換言之，雖然飲用

圖 3-4　瓦倫斯水道橋中央部分的南面（與阿塔圖克大道交會處）

水的使用量不多，但需大量用水的泡澡文化卻是羅馬社會風俗的一部分。所以在羅馬時代計畫城市的座落地點時，最先考慮的就是水資源是否充足，但君士坦丁堡恰恰在這點上極為不利。雖然君士坦丁堡有呂卡士河流經，但這條小河每逢夏季就會乾涸，無法當成經常性水源使用，是以君士坦丁堡要成為「新首都」，就必須解決長期水源不足的問題。將來的可預期水消耗量一定會增加，故增設供水建設以滿足未來的人口，是城市發展的必要條件。

一如前述，在君士坦丁堡還稱作拜占庭市的二世紀初期，哈德良已在此建造了第一條水道，水源引自城市西北方二十公里處的貝爾格萊德森林（Belgrade Forest，現今土耳其伊斯坦布爾地區）。君士坦丁大帝之所以另選他地做為首都，除了戰爭地勢優劣的因素，應該也與現有的供水設施有關。四帝共治時期被戴克里先當成據點的尼科米底亞也曾在帝國前期嘗試建設水道，這點或許能佐證上述的推測。此外從史料中也可推測君士坦丁大帝曾用心管理市內水道（《狄奧多西法典》一五・二・一，致水道管理長官馬克西米利安，三三〇年五月十八日發布）。

然而光靠哈德良水道，是很難滿足市民用水所需的。舉例來說，君士坦丁堡最大的浴場（不知規模有多大）是宙克西帕斯浴場，雖然從塞維魯時期就開始興建，但一直到君士坦丁大帝的時代才竣工。之所以會這麼久才完工，原因絕對跟該市長期水源不足的問題有關。另外，君士坦丁二世於三四五年動工的君士坦丁浴場也是等到狄奧多西二世時期的四二七年（一說認為是於君士坦丁大帝時期動工，最終完工於三四五年）才完成。進入四世紀後期，這類公共浴場或其他城市建設的完備及人口漸趨稠密的因素，都讓城市用水需求大幅增加，因此君士坦丁堡在瓦倫斯時代開始建造大規模的供水設施，也就是所謂的瓦倫斯水道。

瓦倫斯水道仍有一部分屹立於現今的伊斯坦堡內，最為人知的是瓦倫斯水道橋（土耳其語為Bozdoan Kemeri）。這座水道橋建於君士坦丁堡內第三與第四座山丘之間，與交通繁忙的阿塔圖克大道交會，最高有二十九公尺，長度則有九七一公尺，是一座規模巨大的建築物，也是述說君士坦丁堡舊時繁華的建設遺跡。英國考古學家吉姆・克勞（Jim Crow）認為瓦倫斯水道橋是古羅馬已知最長的水道橋，只有塞哥維亞水道橋（位於西班牙，高二十八公尺長七二三公尺）足以比擬。不過位於市內的水道橋只是瓦倫斯水道最末端的部分建築。從克勞等人主導的安納斯塔西亞牆與君士坦丁堡水源供給調查專案（http://www.shca.ed.ac.uk/projects/longwalls/，城牆調查於一九九四至二〇〇〇年間完成，水源供給調查於二〇〇〇至二〇〇五年間完成）可得知，瓦倫斯水道從市內至達納曼德拉（Danamandra）及普那魯卡（Pınarca）水源區的距離為二一五公里，從達納曼德拉及普那魯卡水源區至西側的維澤（Vize）水源區為三三六公里，總長為五五一公里。從羅馬城的十一條水道加總長度為五〇二公里這點來看，君士坦丁堡的供水系統規模遠勝羅馬城。

瓦倫斯水道的完工年分

由於君士坦丁堡供水系統的文獻或史料都屬殘篇，導致既往研究充滿了許多未解之謎，但克勞等人近年來的考古調查幫助我們解開了不少謎團。例如，芒格曾將哈德良水道與瓦倫斯水道混為一談，將瓦倫斯水道橋視為哈德良水道的一部分，也認為哈德良時代的水道建設意義重大；但克勞等人的研究發現，其實哈德良水道不同於瓦倫斯水道。換言之，君士坦丁堡有兩套供水系統：一套是以近郊的貝爾格萊德森林做為水源區，讓水源透過哈德良水道流往大宮殿與地下宮殿（Yerebatan Saray 或 Basilica Cistern，地下蓄水池，字面意思為沉默的宮殿），屬於短距離的供水系統（克勞等人將這套系統稱為基爾克切什麥，the Kırkçe me system，意指四十個噴泉）；另一套則是源自達納曼德拉及普那魯卡水源區或維澤水源區，透過瓦倫斯水道供水的長距離供水系統。

不過相關文獻與史料仍有部分問題留待進一步討論。其中之一是在思考拜占庭世界秩序如何形

君士坦丁堡的兩套供水系統

成時，跟其時代背景相關的重要問題，亦即瓦倫斯水道的完工年代。這個問題有些複雜，但重點不在於確定年代，而是探討拜占庭人對供水系統的想法，更可從中思考君士坦丁堡的發展基礎。接下來就讓我們根據史料，來考察一番吧。

過去具代表性的論點認為瓦倫斯水道於三六八年竣工，其中較為重要的根據為十一世紀拜占庭編年史作者塞德里努斯（George Cedrenus）所記述的「（瓦倫斯即位）第四年（三六八年），他建設了水道」（《世界簡史》三一〇D），以及十二世紀歷史學家諾納拉斯（Joannes Zonaras）所留下的「瓦倫斯利用來自迦克墩城牆的建材興建水道」（《歷史提要》一三・一六・三三）。這兩位也留下了瓦倫斯在平定普羅科皮烏斯叛亂後下令破壞支持叛亂方的迦克墩市城牆，並將拆除的石材用於建設水道的紀錄。十二世紀的史料可看到這種將普羅科皮烏斯叛亂與瓦倫斯水道建設結合在一起的記述，但更早的史料（例如四世紀的阿米阿努斯《歷史》二六・六・一四；五世紀的索佐洛墨斯《基督教會史》六・九；君士坦丁堡的蘇格拉底《教會史》四・九；七世紀的《復活節編年史》）卻更常見到這些拆下來的石材被用於建設「浴場」（安納斯塔西婭及卡羅莎浴場，以瓦倫斯的兩位女兒為名）的記述。另外奇妙的是，隨著時代推進，與普羅科皮烏斯叛亂有關的記述卻漸漸消失（八世紀的《狄奧菲內斯編年史》AM五八六〇；十世紀的《派多利亞》二・六九）。

此外，芒格及克勞等人提出瓦倫斯水道與水道橋於三七三年完工的另一種說法，史料根據是與瓦倫斯同年代的君士坦丁堡市長提米斯久斯（Themistius）《演說集》（*Orations*）的第十一號與第十三號。前者是慶祝瓦倫斯即位十周年的紀念演說，撰文年代非常明確，後者則是呈獻給帝國西部皇帝格拉提安的演說稿，而兩者提及的建造年分也與考古學調查結果一致，具有極高的可信度。提米斯久斯認為建築物屬於完工的人，而非著手建造的人，所以他在著作中大力讚揚將水源引入市內、完成君士坦丁堡建城事業的瓦倫斯（《演說集》十一・一五一a～一五二b），也提到色雷斯的「精靈寧芙」，也就是水源，是從險峻的山岳或深不見底的溪谷流了一千斯達地（stadion，約一八五公里）才得以引入君士坦丁堡（《演說集》十三・一六七c～一六八c）。芒格認為這裡提及的一千斯達地是誇飾說法，但克勞等人在經過實地考察後，認為這個數字接近君士坦丁堡至達納曼德拉、普那魯卡水源區的距離（二一五公里），所以認為這個說法是可信的。

由上可知，瓦倫斯水道的完工年分有三六八年與三七三年這兩種說法。在考古學調查尚未完備的年代，為了抵銷史料之間的矛盾，通常會採取折衷方案，例如沃爾夫岡・米勒維那（Wolfgang Müller-Wiener）的《伊斯坦堡地誌圖解事典》（1977）就將前者視為動工年分，後者視為完工年分。但現代比對文獻與考古學調查結果後，完工年分為三七三年的說法最為可信，至於動工年分則有待討論。至於在日本，完工年分為三七八年的說法較為主流，但該說缺乏史料佐證，歐美學界也未予以討論。

瓦倫斯水道的建造實情

前面說過，瓦倫斯選擇的帝國統治根據地不是君士坦丁堡，而是安條克；此外，瓦倫斯這位皇帝也被君士坦丁堡市民所嫌惡。假設上述屬實，那麼瓦倫斯水道幾乎可說是在皇帝未坐鎮當地，為了這群敵視皇帝的市民而建；尤其當時的君士坦丁堡正曝露在哥德人入侵的危險之下，居然還願意如此大興土木。美國古典晚期研究者諾爾・稜斯基（Noel Lenski）因此認為瓦倫斯非常重視公共事業，君士坦丁堡的供水系統就是證明這點的最佳證據。然而與這座城市一樣支持普羅科皮烏斯的迦克墩市就沒這麼好運了，不僅沒有任何基礎建設，城牆還被破壞。兩相對照之下，實在很難參透皇帝為何要在君士坦丁堡建造瓦倫斯水道。

四世紀末五世紀初的編年史作者傑羅美（Saint Jerome）曾記載，瓦倫斯水道是由兩度擔任君士坦丁堡市長的刻里克斯（Clearchus，三七二～三七三年、三八二～三八四年在任）著手建造（《編年史》三七三）。這項記述十分重要，它暗示了將水源引入君士坦丁堡的基礎建設不是由瓦倫斯下令建造，而是刻里克斯這位官僚。目前我們可以得知，在三五六年至三六三年這段期間，刻里克斯與提米斯久斯關係極為緊密；提米斯久斯很可能在三五八年至三五九年擔任管控全市糧食供應的君士坦丁堡延任執政官（proconsul），之後在三八四年擔任君士坦丁堡市長，而前任市長就是刻里克斯。另一方面，五世紀教會史學者君士坦丁堡的蘇格拉底（Socrates of Constantinople）認為建設水道的是瓦倫斯，刻里克斯則是在水道完成後於狄奧多西廣場附近建造巨大的水神廟（nymphaeum）。這點與傑羅美的紀載不同，但此處的內容應該與蘇格拉底於《教會史》的另一處紀載一起看待。稍早之前提過，蘇格拉底曾記載瓦倫斯在普羅科皮烏斯的叛亂平息後下令破壞迦克墩的城牆，並拿石材在君士坦丁堡建造水道與浴場；為了符合這部分的紀載，此處才會寫下建造水道的是瓦倫斯，建造水神廟的是刻里克斯。

倘若建造瓦倫斯水道的實情真是如此，那麼提米斯久斯《演說集》第十一號祝賀瓦倫斯即位十周年的內容，就不只是獻給皇帝那麼單純了；這番讚美雖足以證實瓦倫斯水道在三七三年竣工，卻不是獻給瓦倫斯的讚美。提米斯久斯明著是藉由讚美皇帝的場合讚揚水道，暗地裡則是讚美與自己熟稔的君士坦丁堡前任市長刻里克斯。對瓦倫斯而言，刻里克斯在普羅科皮烏斯叛亂時支持他，因此叛亂平息後受其信任，出任亞細亞行省總督。因此，儘管這項在登基十周年被大肆讚揚的基礎建設並非由他建造，而是出自支持者之手，他卻毫無置喙的餘地。畢竟這條水道終究是於自己任內完成。

之後，這位為城市基礎建設盡心盡力的刻里克斯，在改朝換代進入狄奧多西大帝時期後，仍持續處理水道相關問題。刻里克斯第二次就任君士坦丁堡市長時，便針對供給私人浴場的水道配管頒布了制定尺寸的法律（《狄奧多西法典》一五・二・三，致君士坦丁堡市長刻里克斯，三八二年六月二十二日發布）。容我重申一次，君士坦丁堡是在狄奧多西時期開始迅速發展，而這一切全歸功於瓦倫斯時期就已著手規劃城市發展的官僚繼續被重用；換言之，君士坦丁堡能在狄奧多西時期迅速發展，全是因為前任時一切早已準備就緒。也因為供水系統完善，狄奧多西大帝才能於君士坦丁堡定居。

順帶一提，當時已有尼奧里恩港、博斯普里恩港、尤利安港，在狄奧多西大帝時期又新建了狄奧多西港。但根據芒格的說法，第四座港口很可能是在瓦倫斯時期就動工了。這幾個港口雖然是軍港，但運送穀物、橄欖油、葡萄酒的船隻也可靠岸。港口附近設有儲存這類物資的巨大穀倉（horrea），但一說認為，這些倉庫也是在早於狄奧多西時代的瓦倫斯時期興建的。而且自君士坦丁大帝之後，皇帝都葬於市內的聖使徒教堂，但連生前未以君士坦丁堡為根據地的君士坦丁二世、約維安，以及統治帝國西部的瓦倫提尼安一世，也同樣於此長眠。至於尤利安最初葬在塔爾蘇斯，但之後也遷葬君士坦丁堡。即便帝國西部的格拉提安與瓦倫提尼安二世因米蘭總主教安波羅修

（Aurelius Ambrosius）的介入而無法歸葬，但根據推測，他們原本應該也會葬於君士坦丁堡。死亡是每個人都必須面臨的事，所以若將墓地也視為一項基礎建設，那麼從瓦倫提尼安一世便可得知，君士坦丁堡自瓦倫斯時期開始就被視為皇帝長眠之地，墓地也跟供水系統及其他基礎建設在同時間一起建造。

最後補充一點。聖使徒教堂的所在地是市內的第四座山丘，也是瓦倫斯水道橋的西北方起點；換言之，引入君士坦丁堡的水源會先經過皇帝的墓地，再流入城市。

5 拜占庭世界秩序的形成

城市與腹地

瓦倫斯水道不只是一項興於瓦倫斯時期的基礎建設，更是君士坦丁堡做為「首都」的重要發展資本。這個供水系統與羅馬世界秩序的崩解，以及後續拜占庭世界秩序的形成，又有什麼樣的關聯呢？最後來為大家解答這個問題。

如前所述，君士坦丁堡之所以能在五世紀持續發展，歸功於與波斯薩珊王朝和平相處，讓帝國東部邊境相對安定。儘管如此，瓦倫斯水道的水源地、同時也是君士坦丁堡腹地的色雷斯地區，卻一直是這座城市的防禦漏洞。雖然在五世紀初建造的狄奧多西城牆劃出了明確的城市範圍，也稍稍強化了防禦措施，但瓦倫斯水道仍不免如長蛇般蜿蜒於城牆外側。三七三年竣工的五年後，羅馬帝國在阿德里安堡戰役失利，外敵跟著入侵色雷斯，瓦倫斯水道被哥德人與匈人破壞，君士坦丁堡的供水也跟著中斷，不難想像當時的東羅馬宮廷有多麼心驚膽顫。其實四八七年就曾有部分水道被東哥德國王狄奧多里克（Theodoric the Great）破壞。在五世紀末到六世紀初，東羅馬皇帝安納斯塔修斯一世（Anastasius I Dicorus，四九一～五一八年在位）建造了一道橫亙巴爾幹半島的城牆（安納斯塔西亞牆），除了防禦外敵入侵，更是要保護水道，因為它絕對是城市賴以維繫的生命線。這道城牆也被後世譽為拜占庭的『萬里長城』（土耳其《國民日報》（*Milliyet*），二〇一一年十月十七日，日譯版可於東京外國語大學網站瀏覽），全長為四十五公里，現存約二十二公里。

雖然供水系統與城牆都是基礎建設，但兩者規模完全無法比擬。供水系統是超大型的建設工程，需要相當多的建材、勞力與高級技術（羅馬的奧勒良城牆全長十九公里，君士坦丁堡的狄奧多西城牆全長六．五公里，而維澤水源區到君士坦丁堡的距離為五五一公里。簡單計算一下就知道，瓦倫斯水道的長度足足是奧勒良城牆的二十九倍，更是狄奧多西城牆的八十五倍，況且沿途地形起伏也遠比城牆所在地來得激烈）。儘管如此，拜占庭時代的人對於實用的基礎建設似乎不怎麼感興趣，文獻史料也幾乎沒留下實際的施工紀錄。相較於共和期或帝國前期的羅馬城建設，君士坦丁堡的水道建設在史料記載的完整性上有很大落差；像羅馬城建設就留下了維特魯威（Marcus Vitruvius

Pollio）的《建築十書》或弗朗提努（Frontinus）的《論水道》這類紀錄詳盡的史料。

至於負責建造瓦倫斯水道的工人也未於任何文獻或史料出現，頂多只在水道遺跡周邊找到一些推估為四至五世紀初的青銅貨幣。但從四百多年後需要一千名採石工、二百名水泥師傅、五百名黏土工匠、五千名工人、兩百名煉瓦工匠的復原工程紀錄來看，建造瓦倫斯水道應該會需要更多人力才對。根據採訪克勞的克莉絲汀・羅梅（Kristin Romey）的說法，瓦倫斯水道管線大部分埋於地底，其中有好幾處破損露出地面，才能一窺內部模樣。埋於地下的水管高度約有成年男子那麼高，可見有相當的水流量。此外，在土耳其的克爾修恩賈爾梅、別克賈爾梅、阿爾賈爾梅與其他地區仍可看到跨越溪谷的水道橋遺跡。

在此要請大家注意，供水系統不同於道路交通網，它不是全國性的建設。這些水道不是為了水源地或水管流經地的住民所建，而是為了水道終點的君士坦丁堡市民。街道是全域、雙向、放射狀的設計，水道則是局部、單向、封閉的設計。同樣是基礎建設，羅馬街道能留下「條條道路通羅馬」這句名言，但水道就沒留下任何足以流傳後世的名言。這種性質的水道之所以會被視為大型建設，大概是因為會藉此獲益的城市，在當時人心目中就是值得投注如此鉅資與人力的城市吧。假設在羅馬世界秩序的概念中，水道是「不管距離有多遠，都能將優質水源直接引入城市」（鯖田豐之）的建設，那麼君士坦丁堡的水道，大概就是羅馬人對水道建設的極致呈現了；而這份極致，也正是拜占庭人對水道的概念。為了取得日常生活不可或缺的水源，水道通常會越建越遠，但君士坦

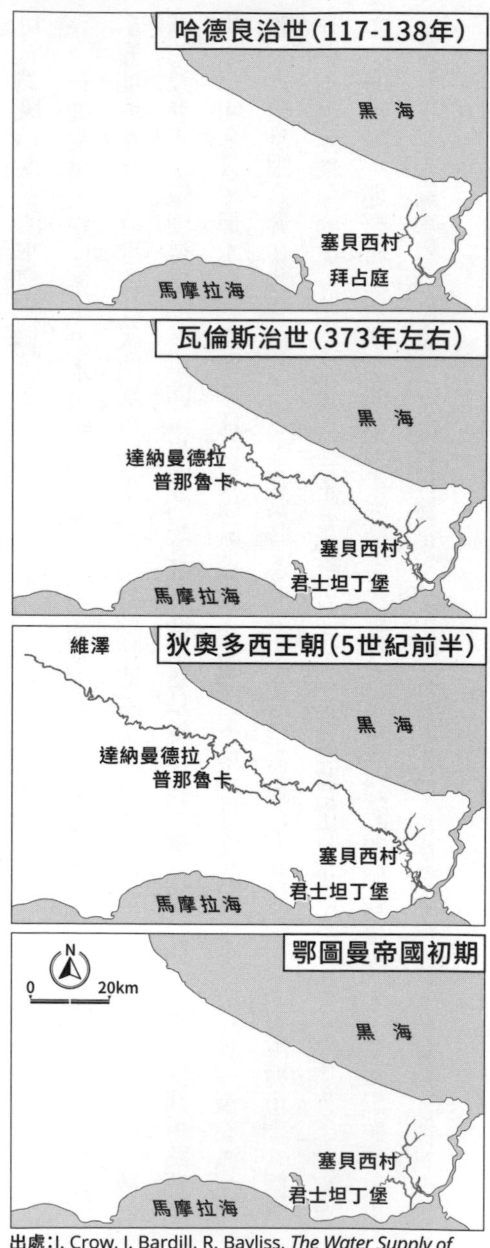

瓦倫斯水道的延伸狀況

出處:J. Crow, J. Bardill, R. Bayliss, *The Water Supply of Byzantine Constantinople*, London, 2008.

丁堡卻不像羅馬城那般建造多條水道，而是不斷擴增瓦倫斯水道這個單一供水系統。如此單一極致的規模也在在告訴我們，君士坦丁堡對整個拜占庭世界秩序來說，占有多麼重要的地位。

狄奧多西王朝的供水系統

在狄奧多西大帝之子阿卡狄奧斯及其孫狄奧多西二世的時代，君士坦丁堡不斷增建新的蓄水池與浴場。根據《君士坦丁堡要錄》記載，當時民營浴場的數量多達一百五十三處，蓄水池也接近百座，為數如此眾多、規模如此之大的蓄水池，在古代世界極為少見。

阿卡狄奧斯在統治期間於鄰近阿卡狄奧斯浴場（三九三／四年）與君士坦丁紀念柱之處興建了地下蓄水槽（四〇六／七年），狄奧多西二世則建造了兩座霍諾里婭浴場（應建於四二五年）、三座尤多西婭浴場（應建於四二五年），以及埃提烏斯蓄水池（＝普爾喀麗亞蓄水池，建於四二一年）、狄奧多西蓄水池（四二五年之前）、阿卡狄奧斯蓄水池（四二五年以前）、阿斯帕蓄水池（四五九年）這四座蓄水池。其中冠上當時君士坦丁堡市長之名的埃提烏斯蓄水池（長二二四公尺寬八十五公尺，深十一公尺）以及冠上哥德人武官之名的阿斯帕蓄水池（一五二公尺見方，深十公尺）特別龐大，這兩座都是露天蓄水池，位於君士坦丁堡城牆與狄奧多西城牆之間後續擴張的市區（兩道城牆之間的地區主要用於農耕，所以較可信的說法是露天蓄水池的水被當成農業用水，而不是飲用水）。

之所以會增建這麼多蓄水池或浴場，不禁讓人猜想是因為人口數上升，供水需求量增加所致。不斷增加的浴場說明羅馬式生活在五世紀時仍舊持續，但七世紀之後帝國東部的浴場減少，即代表羅馬式生活的勢微（井上浩一）。此外，公共浴場也被認為是不符基督教生活方式的建築物，才在進入七世紀後不斷減少。但根據芒格的推測，宙克西帕斯浴場直至八或九世紀都還存在，而達基斯特歐斯浴場則到九世紀都還為民眾使用。總而言之，為了應付五世紀用水增加的需求，瓦倫斯水道從一開始的達納曼德拉及普那魯卡水源區往西延伸至維澤水源區，將水源引入市內。

此外，君士坦丁堡近郊的哈卡立水源區也被認為是君士坦丁堡的水源之一，但根據克勞的說法，該水源區並非於羅馬拜占庭時代啟用，而是到鄂圖曼帝國的時代才啟用。

從供水系統觀察拜占庭世界秩序的形成

編年史作者傑羅美曾說，創建君士坦丁堡，讓帝國境內其他城市幾乎變得一窮二白（《編年史》三三〇），這句話也明白點出拜占庭世界秩序是如何形成的。為了裝飾君士坦丁堡，君士坦丁大帝特地從其他城市搶來許多具紀念性的建築物。根據美國古典時代晚期研究者雷蒙．馮達姆（Raymond Van Dam）的說法，君士坦丁堡是一座全新的人工城市，在創建之初沒有所謂的歷史，為了充實城市的內在，君士坦丁大帝才從帝國東部各城市搶來各種紀念建物，將各城市的傳統與歷史移植到君士坦丁堡。如此一來，原有的世界秩序也就被植入君士坦丁堡。從這個脈絡來看，應該就不難了解為什麼建造瓦倫斯水道時會使用迦克墩市的城牆了。所有的一切盡皆獻給君士坦丁堡。如同讓腹地的水源千里迢迢地全數引入，這座集三千寵愛於一身的城市，可謂為拜占庭世界秩序的縮影。

帝都不是一天造成的——《君士坦丁堡要錄》

英國拜占庭史研究者保羅．瑪格達利諾（Paul Magdalino）曾表示，要對拜占庭時代的君士坦丁堡史進行系統性研究，是非常不容易的。做為千年歷史的拜占庭「首都」，以及東西文化薈萃、人材貨物暢流的「文明的十字路口」，這座城市的地位至為重要。也因此，遲遲無法進行系統性研究這點，讓人感到有些意外。但保羅提到之所以如此，全是因為傳承下來的現存史料性質特殊。也就是說，現存史料大部分都是寫給君士坦丁堡的居民，或是與該市相熟的讀者們看的。拜占庭人對於自己居住的這座城市並無太多描述，也不曾想過要為城市外部的人介紹該城的歷史。或許是因為我們想知道的資訊，對拜占庭人來說是太過理所當然的日常了，不值得特別記錄。

不管上述內容是否為真，君士坦丁堡從君士坦丁大帝創建到狄奧多西大帝時期到底經過了哪些變化，能從各方面提供完整資訊與說明這些變化的史料十分稀少。能幫助我們了解四世紀君士坦丁堡的歷史與地貌，唯一且最為重要的史料，就是《君士坦丁堡要錄》。這本書作者不詳，但序文中有一段敘述「為了凌駕創建者（君士坦丁堡大帝）博得的稱譽，不敗的皇帝狄奧多西（二世）的美德與巧思讓這座城市（君士坦丁堡）抹去了舊時代氣息，換上嶄新的外觀」，因此本書應該是於四二五年獻給狄奧多西二世的禮物。這本《要錄》是條列式史料，實際內容像是「第二區。第二區以小劇場開始，從平地出發，慢慢沿著坡度十分不明顯的斜面往上走，看到海洋後會突然遇到懸崖，道路也急轉直下。該處包含下列建築物。大教堂（聖索菲亞教堂）、古教堂（聖伊琳娜教堂）、元老院議場。……（省略）。」書中列舉了市內十四個地區的地形、建築物種類與數量。狄奧多西大帝、阿卡狄奧斯與狄奧多西二世，這三位狄奧多西王朝的皇帝都曾於君士坦丁堡定居，也對君士坦丁堡帶來劃時代的影響；而這些影響都因為這本《要錄》的紀載，在描繪五世紀城市面貌的史料中留下不可磨滅的一頁。

話說回來，君士坦丁堡有個不同於其他城市的重要特徵，就是濃厚的基督教色彩。但根據《要錄》上的紀載，市內的教會僅十四座，修道院則一座也沒有。在狄奧多西大帝統治末期的三九〇年代，曾數次頒布傳統羅馬多神教祭典的禁令，一般認為之所以會禁止多神教祭典，是因為基督教已成為羅馬帝國的「國教」。然而才短短不到一個世代的時間內，《要錄》中描繪的君士坦丁堡景觀已看不太到基督教會的蹤影；一直等到《要錄》的半世紀之後，也就是五世紀後期，這座城市的教會與修道院的數量才不斷增加，成為日後中世紀最重要且最大的基督教城市（到了十三世紀初期，市內的教會多達二九四座，修道院則有三百座）。這說明拜占庭帝國「首都」所經歷的「轉換期」是重層的，包含了不同的時代與特性。可見君士坦丁堡與羅馬城一樣，都「不是一天造成的」。

第四章　漢帝國之後的多元世界

佐川英治

1　苻堅的榮光與挫折：前秦的興亡

淝水之戰

在漫長的中國歷史之中，西元四世紀前秦的苻堅（三五七～三八五年在位）是位具有神奇魅力的悲劇英雄。儘管他出身「五胡」之一的氐族，卻蕩平了前燕、前仇池、前涼、代等國，一統華北，更從東晉手中奪取四川，建立了一個席捲中國大半土地的巨大帝國。他的威名傳至印度與中亞，讓六十二國的國王派遣使者來朝，中國周邊及朝鮮等國也紛紛遣使上貢。三七八年歐洲的羅馬帝國因阿德里安堡戰役而元氣大傷之際，正值苻堅率軍攻打東晉的襄陽城，但急於一統天下的苻堅卻在淝水之戰敗給東晉軍隊，一夕之間帝國分崩離析。最終苻堅被前部屬姚萇絞殺，劃下令人惋惜的人生句點。

草率掀起戰爭致使國家滅亡，自己也死於非命，不僅讓人想起後代的隋煬帝。但苻堅死後備受尊崇，連手刃苻堅的姚萇都特別為他建了一座神像，尊為軍神。淝水之戰開打前，苻堅在東晉也得

五胡十六國南北朝興亡表

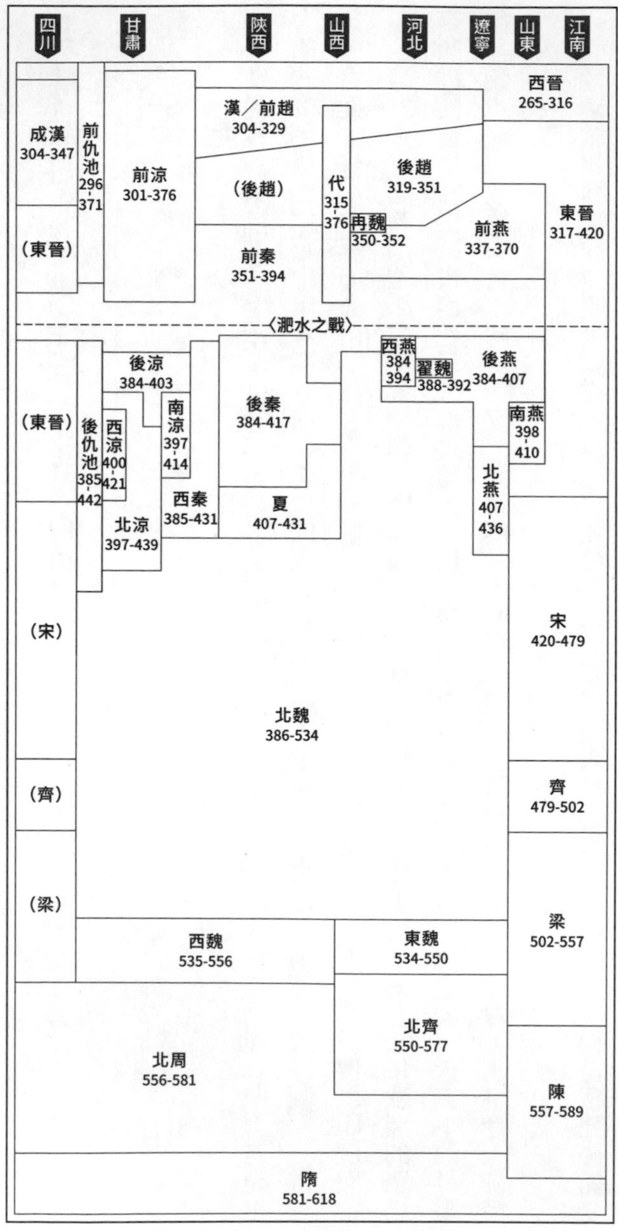

到相當高的評價，南宋劉義慶的《世說新語》就提到當時的士族郗超因為被比作苻堅而喜不勝收。前秦國祚能在苻堅死後維持九年，絕對與他留下的遺緒有關。此外，奉唐太宗之命編纂的《晉書》是描述苻堅一生的貴重史料，儘管書中將敗於淝水的苻堅評為「貽戒將來，取笑天下」，卻也以「遵明王之德教，闡先聖之儒風」、「雖五胡之盛，莫之比也」盛讚之。

讓我們從兩軍於淝水開戰前的三八三年八月（後述月分皆為陰曆，故時值秋天）開始講起。當時苻堅么弟苻融率領二十五萬步騎做為先鋒，苻堅則親率六十餘萬步兵、二十七萬騎兵自首都長安出發。於此同時，苻堅招來涼州（今甘肅一帶）軍進入形同空城的長安坐鎮，又從北方的幽州（河北北部）與冀州（河北南部）調兵前往彭城集結，也命蜀地（四川）與漢中（陝西南部）的水軍渡過長江。總而言之就是打算傾全國之力於淝水一戰。九月，浩浩蕩蕩的苻堅大軍於距淮水中游要塞壽春（安徽淮南）一百六十公里遠的項城紮營。十月，苻融以壓倒性的兵力攻陷壽春。之後只要從壽春渡過淝水，東晉首都建康（今南京）便近在咫尺了。

另一方面，準備迎擊的東晉軍僅僅八萬。當時的東晉皇帝為孝武帝（司馬曜），但實際操持政局的是士族權臣謝安。謝安跟皇帝一同留在建康，並將東晉軍的指揮權交給其弟謝石與外甥謝玄。可見謝安早有盤算，若謝石等人落敗，便在建康率軍迎擊前秦軍。即使是在日後拉謝氏下台，讓權力重回司馬一族手中的孝武帝親弟司馬道子，此時也只能前往建康東北的鍾山祈神保佑，並封鍾山土神為相國（地位最高的大臣，通常是虛位）。

本該萬無一失的苻堅於此時犯下大錯，那就是在大軍渡過淝水之前，讓東晉軍在淝水以東布陣。原先是要讓側翼從彭城南下，在洛澗阻止謝玄的軍隊繼續西進，沒想到被謝玄軍突圍成功，抵達淝水東岸。占有地利之便的東晉軍便趁機將戰局拖入長期抗戰，這讓苻堅大為焦慮。當時已屆天氣乾燥、水位極低的十一月冬天，若不趁早一決勝負，恐怕戰況會陷入不利，於是苻堅下令讓大軍留在項城，僅派苻融一決勝負。為了引誘對手渡至淝水西岸，他還讓自己的軍隊稍稍後撤。

結果完全出乎意料。誤以為被東晉擊敗的士兵基於群眾心理，如雪崩般紛紛敗逃，整支前秦軍隊陷入無法號令的狀態，東晉士兵便趁機渡過淝水，大破前秦軍隊。苻堅本人被流箭射中，一路躲避追擊，好不容易才渡過淮水以北，與未損及一兵一卒的慕容垂軍隊會合。前秦軍隊於此戰慘敗，苻堅的國勢也倏地轉向，步上瓦解一途。

前秦建國

源自藏緬語系的氐族與羌族同源同種，兩族在漢代的語言習俗也幾乎相同，不過氐族似乎較融入漢文化，也較熟習漢語。苻氏是原居於甘肅東南部的氐族領袖，苻堅的祖父苻洪在各部落推舉下成為盟主，於西晉滅亡後歸順匈奴劉曜的前趙（三一九年，國名從「漢」改為「趙」），後續被遷至長安一帶定居，獲封率義侯。之後羯族人石勒的後趙滅了前趙，強迫關隴集團與氐、羌及其他部落移居至後趙首都襄國（今河北邢台）。這個時期常有數萬至數十萬人不等的集體強制遷徙，這群人被稱為「徙民」。據說五胡十六國的徙民人數超過一千五百萬人，其中又以此時期的徙民規模最

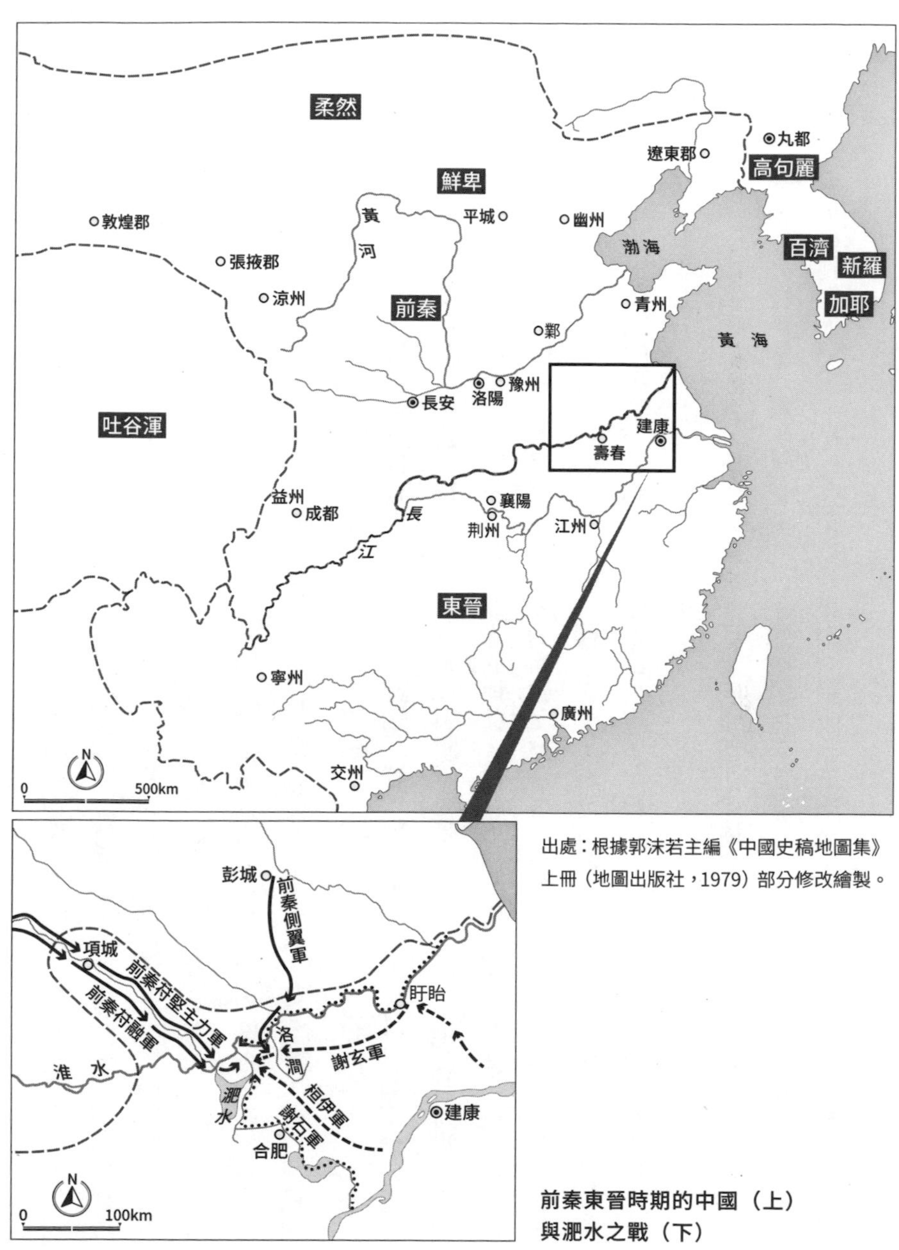

出處：根據郭沫若主編《中國史稿地圖集》上冊（地圖出版社，1979）部分修改繪製。

前秦東晉時期的中國（上）
與淝水之戰（下）

大，光氏族、羌族就高達三百萬人。苻洪在成為徙民集團的領袖後屢立戰功，受封西平郡公。

後趙首都於石虎在位時從襄國遷至鄴城（今河北邯鄲），後趙也進入全盛時期，但石虎死後因繼位問題引起內亂，三五〇年漢人冉閔於鄴城即位，改國號為大魏（冉魏）。由於後趙原先政策視胡人為「國人」，不打算與漢人同化，因此冉閔在鄴城頒布「與官同心者住，不同心者各任所之」的命令，都城內的匈奴與羯族人便紛紛逃往城門。擔心這些人成為後患的冉閔遂發布懸賞令，號召城內漢人屠殺胡族。據說這次屠殺極為慘烈，死亡人數超過二十萬人，其中有半數居民只因「高鼻多鬚」（鼻子高挺、鬍鬚濃密）就被濫殺。

此時駐紮鄴城南方的苻洪向東晉派出使者，表達歸順之意。手握十萬大軍的苻洪被東晉封為氐王，任冀州刺史，並受封廣川郡公，苻洪之子苻健則任右將軍，受封襄國縣公；但此時苻洪早有自立之心，遂自稱大單于與三秦王。單于原是匈奴王的稱號，但在這個時代被當成非漢人統治者的稱號使用，三秦王則代表關中之王，是漢人統治者的稱號。換言之，自封大單于與三秦王，意味著想成為一統胡漢的領導者。只可惜苻洪雖然誇口「孤取天下，有易於漢祖」，日後卻遭部下毒殺。從苻洪臨死前要子孫返回關中來看，顯然當時集團內部出現了兩股對立的意見：一個是留在中原，另一個則是向西邊入關。

繼位的苻健拿掉三秦王稱號，遣使向東晉稱臣，同時朝西邊進軍。長安原本被自稱雍州刺史的當地士族豪強割據，但苻健一舉將之擊潰並入主關中，接著於三五一年自稱天王與大單于，隔年即位為帝，以太子苻萇為大單于。苻健在距長安東南一百公里處的城市設置交易所，希望與南方互通有無充實國庫，但卻在三五四年被東晉將軍桓溫攻擊，太子戰死，沒多久自己也跟著病死。

繼位的苻生打算謀取現今甘肅一帶的前涼。前涼是由西晉護羌校尉暨涼州刺史張軌趁華北混亂

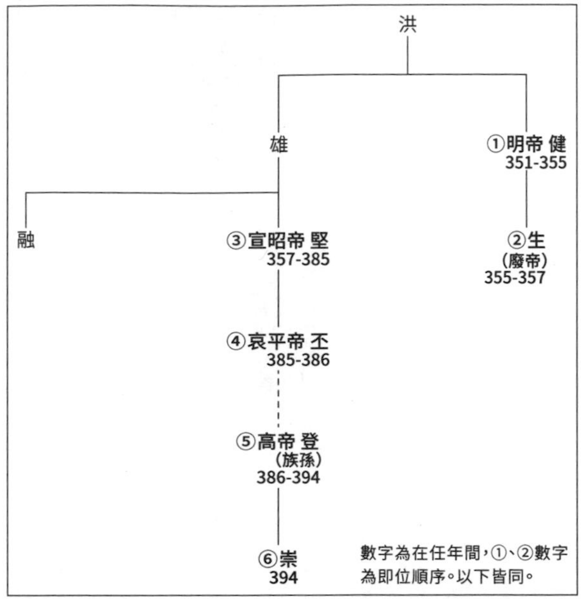

前秦苻氏世系圖

圖 4-1　相傳為苻堅之墓的長角塚

時實質統治的國家，一向順服西晉與東晉。前涼曾試著挾東晉之威抵抗前秦，但終究迫於壓力。然而之後還是不時與東晉聯手牽制前秦。

晚苻氏七年回到關中的是羌族的姚氏。姚氏是甘肅西部燒當羌部落領袖，與苻氏同樣被後趙遷居，淪為襄國周遭的徙民。後趙國勢衰微後，姚氏同樣派遣使者前往東晉示忠，也受封爵位。姚氏雖暫時委身桓溫，但等姚襄當家後便試著入侵關中，可惜被苻生派出的苻堅擊退，最後戰死沙場。姚襄的四十一名兄弟雖全部歸降苻堅，但其中有一人在日後殺死苻堅，就是先前提到的姚萇。

苻洪之孫苻堅於後趙首都鄴城長大，苻健是其伯父，苻生則是堂兄弟。鄴城曾是曹操的魏國首都，是當時全中國首屈一指的大城市。七歲就展現過人才智的他於八歲請師就家學，祖父苻洪還曾高興地誇他「汝戎狄異類，世知飲酒，今乃求學邪！」反觀苻生則是個酒後亂性、以殺人為樂的暴君。苻堅趁苻生酩酊大醉之際，夥同懼怕苻生暴政的同伴手刃之。是年三五七年，苻堅還不滿二十歲。

東魏的楊衒之在《洛陽伽藍記》中認為苻生之所以被描述成暴君，只是苻堅為了讓自己的弒君行為正當化所捏造的謊言。但即使是捏造的，苻堅也的確要求自己與苻生不同，要做個明君。

華北的統一

然而苻堅並未登基為皇帝，而是自稱大秦天王，且在往後的二十九年裡都是以天王之姿君臨朝野，而非皇帝。自後趙石勒及石虎自稱天王後，天王就成了五胡十六國特有的君主稱號。在中國，從始皇帝自稱皇帝後直至清朝，皇帝幾乎是唯一的君主稱號，自稱天王的例子非常少見。至於天王這個稱號意涵為何，容本書後續再解答，讓我們先循著苻堅從自稱天王到淝水之戰的時間軸繼續看下去。

苻堅一即位就立刻拔擢王猛。王猛是今河南北部一帶出生的漢人，自幼家貧，只能靠賣竹籃為生。他非常博學，尤其嗜讀兵書，年輕時曾於鄴城遊學但不願媚俗，只好躲進深山過著隱居生活，等待明君到來。桓溫攻入關中時，他未應桓溫之邀入仕，但一遇見苻堅便意氣相投。

史料並未記載當時他與苻堅到底談了什麼，只知道日後苻堅誇讚王猛的輝煌戰績時，回顧了他們當時相遇的場景。初次見到王猛的苻堅將他喻為臥龍諸葛亮，而王猛也當場捐棄隱遁之志，追隨眼前這位千載難逢的明君；換言之，苻堅將自己與王猛的關係比喻成劉備與諸葛亮。諸葛亮為劉備擘劃的「三分天下之計」是指將天下分成三等分，而劉備要先拿下蜀地，再伺機一統天下。可見苻堅與王猛是意圖天下的同志。

苻堅即位後旋即授予王猛中書侍郎的祕書官職務，過了兩年又連升王猛五階，命他擔任司隸校尉。司隸校尉是取締皇族或中央官僚不法情事的監察官，此時王猛年僅三十六。雖然苻氏一族與舊臣表達強烈不滿，但苻堅力壓眾聲，即使是開國功勳，只要違逆旨意便處斬首之刑。而王猛這邊，只要有魚肉百姓之舉，哪怕是皇族也一律逮捕處刑，並將屍體曝於市場示眾。他還曾在數十天之內接連處死了二十幾名靠財富與特權犯法的人。在如此雷厲風行的執法下，百官肅然，士族也收斂起原本的猖狂，治安民風為之一改，讓苻堅感慨地說：「吾今知始佑天下之有法也，天子之為尊也。」

此外，苻堅與王猛也進一步將前秦打造成儒教國家。苻堅希望高官子弟能研讀儒學，便興辦太學，每個月也會親赴觀察學生的學習狀況，還親自出題拔擢成績優秀之人。此外，他也親率太子與百官舉辦祭祀孔子的釋奠禮。王猛死後，苻堅為繼承王猛遺志，嚴禁老莊思想與圖讖（神祕預言）之學，還為近衛軍與後官的女官配給教師，要求他們研讀儒學。在如此嚴刑峻法與提倡儒術之下，前秦的王權也從區區的氐族領導提升至範圍更廣的國家公權力。

不過當時的前秦可說是舉步維艱。後趙滅亡後前燕趁勢興起，被西晉任命為鮮卑都督的遼東地區鮮卑族慕容廆在西晉末年的混亂中自稱鮮卑大單于，就此自立門戶，之後又被東晉封為遼東公。三三七年慕容皝自行即位為燕王，三四一年獲東晉正式冊封。到其子慕容儁之時石虎去世，後趙陷入內亂，先前已讓高句麗臣服的東北強國前燕遂舉兵南進，三五二年攻入鄴城、俘虜冉閔。是年慕容儁脫離東晉，即位為皇帝。

苻堅即位天王的三五七年，慕容儁也遷都至後趙舊都鄴城。而後慕容儁於三六〇年去世，由其子慕容暐繼位，但他年僅十一歲，所以由叔叔慕容恪、慕容垂及慕容皝的弟弟慕容評一同輔佐。慕容恪自三六四年起主導南進，並接二連三奪得黃河以南的領地，三六五年還從東晉手中奪走洛陽。隨著前燕一步步壯大，三六七年鎮守各地的苻生諸弟一同起兵造反，苻堅的前秦也跟著分裂，陷入亡國危機。

但慕容恪死後，獨攬大權的慕容評以南進為優先，選擇不趁勢出兵前秦。當三六九年東晉桓溫率大軍反擊，並以破竹之勢攻入前燕境內後，擔心兵臨黃河的東晉軍進一步追擊、甚至想過退回東北的慕容評，遂以割讓洛陽為條件向前秦求援。桓溫得知前秦派兵援助後便開始後撤，慕容垂則趁勢追擊大破東晉軍隊，前燕因此解除危機。此時嫉妒慕容垂聲望的慕容評與皇后足渾氏聯手，欲置慕容垂於死地，得知消息的慕容垂率領全家逃出洛陽投奔苻堅旗下。不滿前燕在割讓洛陽一事出爾反爾的苻堅，便命王猛攻打前燕，三七〇年更親率大軍攻陷前燕首都鄴城。

吞併前燕後，苻堅取得比前趙、後趙更為遼闊的版圖，全國人口約一千萬人。苻堅授予投降的慕容暐官爵，並命之率鮮卑四萬戶居民遷至長安，更重用慕容垂，命他統率軍隊。此時的苻堅朝一統天下又邁進了一大步。

三七一年，苻堅滅仇池國（前仇池）。仇池是氐族楊氏之國，向來臣服東晉。東晉雖派軍馳援，但仇池仍逃不過滅國之禍，只能投降前秦。仇池投降後，心生畏懼的吐谷渾向前秦入貢，獻上馬五千匹、金銀五百斤。仇池與吐谷渾一直是東晉與西域互通往來的必經之路，因此對前秦來說，滅了仇池並讓吐谷渾臣服，等於阻絕東晉與前涼的聯絡。三七三年，前秦更從劍閣攻入蜀地成都，從東晉手中奪得四川。

三七五年，王猛於五十一歲之齡辭世，隔年苻堅派遣十三萬騎兵平定前涼。在這場戰役大展身手的是姚萇。苻堅另外命同族的苻洛率前燕舊部滅了鮮卑拓跋氏的代國，該國於三一〇年（另有他說）拓跋猗盧被西晉封為大單于代公開始崛起。前秦終於在三七六年完成了統一華北的霸業。至此，擋在一統天下這個目標前方的障礙，只剩下東晉。

一統天下之圖

三七八年二月，苻堅以其子苻丕為征南大將軍，率十萬兵直攻長江中游要衢襄陽，也命慕容暐與慕容垂率兵攻打。但苻丕攻城攻了一年，卻始終無法拿下襄陽，因為居民非常團結，沒有人願意投降前秦，由城中女子加築的防禦工事「夫人城」就是最顯著的象徵。最終苻丕在苻堅盛怒之下，不惜一切強取襄陽，但也從這場與東晉的戰役中學到一課，那就是相較於東晉，華北各政權是由多個民族組成，體質非常脆弱，本就居於劣勢。

在前秦方面，於三八〇年征討代國有功的幽州刺史苻洛發動叛變。在鎮北大將軍苻重的助陣下，一時之間席捲前燕舊領地，達十萬軍容之譜。苻堅雖派出苻融成功平叛，但上述前秦的弱點也跟著暴露，只好倚賴「同族」宗族子弟，將關中與西方本部十五萬戶氐族人派往關東各處要津，每處分配三千二百戶。苻堅雖含淚送別這些族人，遠徙之舉卻導致怨聲載道，有識之士也看出此舉將種下日後動亂之禍。

三八二年春天，大司農苻陽與王猛之子員外散騎侍郎王皮因謀反之嫌被捕。王皮因其父官至宰相但恩賜極少，對苻堅向來不滿，苻堅對此也十分感慨，因為王皮未能了解其父王猛為何拒絕恩賜。

是年十月，苻堅下定決心討伐東晉，便將群臣招來太極殿共商對策。此時前秦可動員的總兵力為九十七萬，但主力為鮮卑、羯、羌以及其他民族組成的雜牌軍。反觀東晉，雖然三七二年遇到桓溫篡位危機，但隔年桓溫病死後，由謝安主持政局，政治也漸趨穩定。因此陪著苻堅長年征戰的眾將軍皆反對討伐東晉，唯獨慕容垂與姚萇兩人贊成。其弟苻融則擔心一旦此役失敗，苻堅將盡失權威，帝國也可能因此土崩瓦解。

不過苻堅也知道，若放棄一統天下，一樣有損自己的權威。他對主張不出征方為上策的高僧道安說了下面這番話：

非為地不廣、人不足也，但思混一六合，以濟蒼生。……且朕此行也，以義舉耳，使流度衣冠之胄，還其墟墳，復其桑梓，止為濟難銓才，不欲窮兵極武。

苻堅想讓天下回歸正道，其實就是想恢復過去漢帝國的秩序。

苻堅稱氐族「屬我族類」，代表他有所謂的民族意識，但其背負的責任並非「民族獨立」，而是更宏偉的「以濟蒼生」。這點苻堅最為仰慕的就是漢朝皇帝，常常命人將自己比喻為漢朝皇帝。比方說，大宛國曾獻貢汗血寶馬，但苻堅故意效法漢文帝，不接受任何來自外國的貢品，還命群臣將這件事寫成詩。據說寫詩歌頌苻堅之德，將之比為文帝的臣子超過四百人。此外，苻堅的年號共有三個，分別是永興、甘露與建元；這三個都是漢朝皇帝的年號，其中使用最久的建元（三六五～三八五年）更是漢武帝首創、中國歷史上第一個年號。

再者，之所以設立太學，也是想重振漢代儒學之風。這點苻堅效法西漢的武帝與東漢的光武帝。太學自東漢滅亡後隨儒學衰退而勢微，後來雖幾次與魏晉時期復興，卻不如漢代那般興隆，取而代之的是名士清談之風，也就是老莊思想。苻堅將太學恢復至漢代的規模，還下嚴令禁止老莊之學，定儒學於一尊。

由此可知，苻堅一心一意想復興漢帝國。他認為，要恢復四百年和平的漢帝國，就必須先統一中國；但漢帝國的統一不只是外在，還必須透過儒教統一內在。倘若一統天下是復興漢帝國的外在秩序，那麼振興儒學就是復興漢帝國的內在秩序。苻堅之所以如此熱衷於振興儒學，執著於一統天下，全是為了恢復「漢帝國的和平」。

話說回來，氐族的苻堅為何將復興漢帝國視為自己的使命呢？要解開這個謎團，就讓我們先看看什麼是「漢帝國的和平」吧。

2 漢帝國的和平：淝水之前

「漢人」的形成

在苻堅的時代，「族類」一詞約為今日所稱的「民族」，指同一族群，魏晉時則有「非我族類」這類指稱外來民族的說法。「漢」或是「漢人」也是從這時開始被視為對某種特定民族的稱呼，但其實這個詞沒有固定概念，例如晉朝的漢人較常被稱為「晉人」，而今日所說的「中國人」

也不是某個民族的名稱。

其實早在漢代之前，就已經有某種民族意識存在，例如殷商的甲骨文就已出現羌、鬼方、土方這類外族或勢力的名稱，而周朝到春秋這段時期，漢人自稱諸夏、華夏；慢慢地，原本只用來指稱首都或首都周邊的「中國」一詞也演變成指稱全國的名詞。不過華夏人民的集體意識並不強烈，例如《公羊傳》提到《春秋》所講的「內其國而外諸夏，內諸夏而外夷狄」，就說明華夏這個概念在以本國為中心與在面對夷狄時有所不同；以本國為中心時，華夏與夷狄一樣都是「外」。此外，雲夢睡虎地秦簡這份秦代法律文件也將秦人之子稱為「夏子」，以與臣服秦國的他國子民作區隔。

華夏民族的集體意識奠基於語言與習俗的一致性，因此夷狄可與華夏同化，華夏也可與夷狄融合。提倡性惡論的戰國晚期思想家荀子就曾說「居楚而楚，居越而越，居夏而夏，是非天性也，積靡使然也」（儒效篇）。意思是：居於楚地便為楚人，居於越地便為越人，居於夏地（中國）則為夏人，此非天性，而是學習與外部環境影響所致。

其實在儒家的思維裡，透過文化薰陶讓夷狄與華夏同化才是王者風範。荀子的性惡說認為人並非生來就懂得禮義，而是透過學習，是後天才學會何為善，這也讓各民族得以彼此融合。因此荀子說，儒家思想具有讓天下成為一家的力量。

荀子的門生李斯後來成為秦始皇的宰相，曾受教荀子的韓非子所主張的法家思想，後來也受到始皇帝的推崇。李斯雖曾勸秦始皇焚書，但其目的只是要燒毀他國的史書與文學書；換言之，就是希望所有人都只有秦國子民這個屬性，讓秦國成為萬民效忠皇帝的法治國家。另一方面，也將不願順服這個體制的匈奴與羌趕出長城之外。

秦國的這些作為引發中國內亂，新興的西漢遂在東方的舊六國屬地廢除皇帝直接統治，復行封建制，也就是交由諸侯間接統治。漢與封建諸國也採用不同的年號，西漢皇帝直轄的郡縣以皇帝在位時期稱呼年號，封建諸國則根據各諸侯王在位時期制定年號。此時期的「漢人」只代表由皇帝直轄的郡縣人民。不過在經過七國之亂進入武帝時代之後，封建諸國的規模縮小，名存實亡。此外，武帝征討匈奴，平南越與衛氏朝鮮，還在中國通往西域的河西一帶設置郡縣，完成一統天下的霸業。漢武帝要封建各國採用自己的年號，全國年號自此統一。

司馬遷的《史記》就於這個時代誕生，是為大一統國家所寫的「中國人的通史」。司馬遷採用的體例為紀傳體。所謂的「紀」是編年的意思，而《史記》以五帝、夏、殷、周、秦、始皇帝、項羽、高祖（劉邦）……以至武帝，這種時序排列方式串起中國的歷史。「傳」又稱「列傳」，記載於中國歷史上活躍的各路英雄的傳記。雖然不知道司馬遷選擇紀傳體的理由，但一說認為，以人物為歷史的敘事主角，可避免將統一之前的歷史寫成各國史的大雜燴。

由此可知，在武帝的時代，中國的內與外已有明顯區分：於中國內部效忠皇帝者稱為內臣，在中國之外服從漢朝者稱為外臣，也就是內外之分。最能顯現出這種結構的是印綬制度。印為印章，綬為將印章掛在身上的繩子，在漢代以印綬的材質與顏色區分諸侯與官僚身分，即使同樣是王，外臣的王只能得到比內臣的王低一級的印綬。不過內臣與外臣的差異跟種族無關，只要服從中國的禮法，就能從外臣晉升為內臣。

各民族的內遷

被漢武帝攻擊而逐漸勢微的匈奴，在呼韓邪單于（西元前五三～三一年在位）時分裂為東西兩部，後來呼韓邪單于在漢朝援助下重新整合匈奴。此後六十年就在漢居優勢的情況下維持彼此和親，直到新朝的王莽企圖分裂匈奴之後，匈奴才與中國斷絕關係。

新朝末年赤眉綠林起義陷入混亂，漢匈立場一時互換，但匈奴一樣遭受旱災肆虐而飽受饑荒瘟疫之苦，人丁家畜損失大半。到了西元四八年，匈奴分裂為南北二部，南匈奴單于附庸東漢，為東漢鎮守邊界，以防北匈奴來犯。勢力逐漸衰退的北匈奴於西元八十五年在南有南匈奴、東有鮮卑、北有丁零、西有西域諸國的群起圍攻下，後續被東漢侵攻後西逃，從此自蒙古高原銷聲匿跡。

東漢於西元一〇七年廢置西域都護府，不再經營西域。漢帝國本就只是為了壓制匈奴才進軍西域，因為游牧國家與綠洲城市會透過不時的交易產生共存共榮的關係。雖然漢收編西域諸國，斷絕了上述的關係，但如今已無來自匈奴的威脅，就不需要付出龐大的軍費，維持在西域的勢力。尤其為了長期征戰而挹注龐大的軍力與軍費，只會民生凋蔽，漢也早就負擔不起這些人力與軍費。王莽時代某位將軍就將漢武帝對外征戰評為「下策」，也將始皇帝建設長城評為「無策」，而東漢的對外政策則是「以夷制夷」，利用南匈奴抵禦北匈奴入侵就是其中一例。

自北匈奴撤離蒙古高原後，鮮卑與烏桓便從東側入主，隨後不斷侵擾漢帝國邊境；至於河西走廊這端，羌族也蠢蠢欲動。因應「以夷制夷」策略，願意臣服漢的勢力便可受封率眾王、歸義

圖4-2 「漢烏桓率眾長」印（西漢）

圖4-3 「晉歸義氐王」銅印（西晉）

侯、邑君、邑長及其他官職或爵位；相對地，這些勢力則改由度遼將軍、使匈奴中郎將、護羌校尉、護烏桓校尉這些外族將領或邊郡的屬國都尉管理。有時上述將領會率領匈奴討伐鮮卑，或率領羌族攻討氐族，反之亦然。

漢帝國內部早就有匈奴、鮮卑、氐、羌、烏桓、丁零以及其他民族移入，例如西元九四年，由造頭等首領所率的羌族就有一次移居五十萬人以上的紀錄，當時皇帝還授予造頭邑君長官職與印綬。另外則是一些被抓來的戰俘，會充作奴隸被迫下田耕作或充軍。此外，關中人口在西漢進入東漢，首都遷至洛陽的一片混亂之下銳減，而東漢為了補充這部分失去的人力，也讓西方的羌族與氐族大量徙民遷至內部。

進入二世紀之後，羌族開始在各地作亂，東漢政府為了籌措龐大軍費而焦頭爛額。一六九年，破羌將軍雖鎮壓關中一帶的羌族，但北邊的鮮卑卻由檀石槐整合，成為漢帝國的新威脅。一八四年爆發黃巾之亂，進入群雄割據的時代，各方勢力紛紛攏絡外族，魏、蜀、吳的對立更加速了上述情況。廣義上來說，曹魏封倭國的卑彌呼為「親魏倭王」也是攏絡外族的一環，因為魏想讓倭國成為孫吳背後的牽制力量。

西晉在二八〇年統一中國，但中國因三〇〇年爆發的八王之亂再度陷入內戰，各諸王勾結地方首長不斷拉攏外族掀起戰端。出身匈奴的劉淵投奔成都王司馬穎，成為統率南匈奴的監五部軍；在司馬穎成為皇太弟後，劉淵陸續擔任屯騎校尉、輔國將軍、冠軍將軍這些晉朝官職，最終官拜北單于、參丞相軍事。之後劉淵於三〇四年稱王，建「漢」自立（後改國號為趙，為了與石氏的後趙區隔故稱前趙），三一一年攻陷西晉首都洛陽（永嘉之禍）。而西晉為了拉攏鮮卑而封拓跋猗盧為代公，隨後又冊封為代王。

內與外的天下觀

從上面這些敘述可得知，中國，尤其是華北一帶，漢人與諸外族在東漢後耗費了三個世紀融合，建立了一個雙方相互依存的社會。

三一六年，漢昭武帝劉聰的將軍劉曜攻陷長安，擒住西晉最後一位皇帝愍帝後，現今山西省中部的并州刺史劉琨於華北一帶收集漢人與外族地方首長共一百八十人的簽名，聯名上表勸進建康的晉王司馬睿（東晉元帝）登基。在這些署名之中較重要的有身兼幽州刺史、左賢王與渤海公的段匹磾，單于暨廣寧公段辰，鮮卑大都督慕容廆以及其他的鮮卑領袖；劉琨在奏褶中提到了「華夷之情」，也說明他寄予司馬睿的期待。此外，苻堅曾要求下臣對討伐東晉一事提出意見，某位臣子就表示東晉乃元帝據「夏夷之情」所建，沒那麼容易推翻，因此反對討伐東晉。由此可見，中國是由漢人及外族共組才得以成立，在當時已為常識。

再者，以段匹磾的爵位來看，幽州刺史相當於管轄以北京為中心的河北北部一帶的地方首長，左賢王則是匈奴王號，地位僅次於單于，渤海公則是以渤海郡（今河北）為封地的公爵。幽州刺史與渤海公本是內臣才能受封，但後來演變成凡受封左賢王的外臣皆可兼任的官職與爵位。

由此可見，中國的內外界線自西晉末年開始模糊，中國由胡漢共組也成為常識。另一方面，即使夷夏之間的界線已逐漸消失，但當時的人們仍然歧視夷狄，甚至以「人面獸心」稱呼這些外族。不過，這類歧視與今日對「民族」根深蒂固的歧視不同，充其量只是一種內與外的區別。東漢班固曾在《漢書》匈奴傳如此敘述這類歧視：

是以春秋內諸夏而外夷狄，夷狄之人貪而好利，被髮左衽，人面獸心。其與中國殊章服，異習俗，飲食不同，言語不通，辟居北垂塞露之野，逐草隨畜，射獵為生，隔以山谷，雍以沙幕，天地所以絕外內也。

雖然班固對夷狄成見很深，但除了本性上的特徵，他提到的語言、習俗與賴以為生的工作，都在被中國同化後慢慢改變。至於本性也非永不能移，一如先前引用的荀子之言也提到學習禮義就能矯正本性。雖然當時的人們對夷狄的歧視仍深，但能像這樣以禮義包納不同的民族，正是一種內與外的天下觀。

劉淵雖是匈奴人，卻以劉為姓，是一位通曉《史記》、《漢書》及諸子百家之學的知識分子。後趙的石虎也熱愛經學，而苻堅就更不需贅述了。提倡「居夏而夏」的荀子曾說「慎習俗，大積靡，則為君子矣」，苻堅與上述其他外族便是循荀子之言，努力讓自己成為君子的一群人。

在此為大家介紹一個苻堅的小故事。那是他在三七六年滅代國時發生的插曲。根據《晉書》記載，俘虜代王拓跋什翼犍的苻堅希望夷狄移風易俗，便要拓跋什翼犍入太學習禮。某日苻堅巡訪太學，把什翼犍叫到跟前問道：

「中國以學養性而人壽考，漠北欱噉牛羊而人不壽何也？」

接著又問：

「好學否？」

什翼犍雖然答不出第一個問題，但他如此回答第二個問題：

「若不好學，陛下用教臣何為？」

什翼犍以如此答覆來取悅苻堅。可見苻堅是一名視教化夷狄為己務的中華君主。兼容並蓄乃文明的特徵，出身夷狄的苻堅也因其外族身分，而更以教化夷狄為自身使命。

事實上，入太學習禮的不是什翼犍，而是他的么子拓跋窟咄。除了窟咄外，苻堅也把什翼犍的孫子拓跋珪帶到長安。不過拓跋珪很早就獲得回歸北方的許可，所以在苻堅的帝國瓦解後，他立刻著手復興代國。然而此時匈奴的劉顯迎回窟咄，與拓跋珪發生衝突，拓跋珪遂逃往北方草原避難，但旋即回歸大破窟咄。十年後拓跋珪建立北魏，是為道武帝。

雖然苻堅對窟咄的期待化為泡影，但從剛剛這則小故事便可一窺苻堅對儒學的期待。苻堅之所以要窟咄入太學習禮，是要效法東漢光武帝讓匈奴子弟入太學就讀。漢帝國在一統天下後，透過儒學將不同人種教化為「漢人」，所以苻堅應該也是希望在一統天下後，藉由禮教讓所有人同化為「秦人」。可見苻堅的理想就是打造一個天下人盡皆教化、如同一家的中國。

天王與皇帝

以上是苻堅的理想，但這些都得等到統一天下才得以實現。要在戰亂時代活下去，「我族」

血緣關係是極為重要的，即使是苻堅也只能依賴這類關係。只是要維持這種血緣關係，最好別與漢人同化，這也是為什麼五胡的政權會常以不同的制度分別管理華夏與夷狄。苻洪自稱大單于與三秦王，苻健自稱天王與大單于，就是採用胡漢分治的制度。

一如前述，天王是這個時代常見的君主稱號，地位幾乎等同於皇帝。例如苻堅自稱天王後，其母為皇太后，其妻為皇后，其子也成為皇太子。這些都是只有皇族才能冠上的稱號，從這些稱號也可明白天王的權威與皇帝相當。一個國家不容皇帝與天王並立，因此天王就是地位最高的君主稱號。

但有時，我們也會看到苻健這類將天王稱號自降一級、低於皇帝的例子。若問這兩個稱號差別在哪，《資治通鑑》記載苻健即位為皇帝時曾說「單于所以統壹百蠻，非天子所宜領（單于為統一百蠻的稱號，不該是天子兼任的稱號）」，因此將大單于的稱號賜予太子萇。由此可見，天王與皇帝的決定性差異，在於能否併稱單于這個稱號。

實際上，我們可以見到天王與大單于併稱的例子，例如四〇七年赫連勃勃就同時自稱天王與大單于，但併稱皇帝與大單于的例子卻一個都沒有。後趙的石勒一開始雖自稱大單于與趙王，但等到自稱天王、行使皇帝職務後，他便將大單于的稱號賜予其子；至於石虎是否在自稱大趙天王時併稱大單于，雖無史料直接證實，但從後續「太子宣以大單于之名立天子旗號」的紀載來看，石虎在自稱天子前很可能同時自稱大單于。這些例子都一再說明，若不將大單于的稱號讓予他人，就無法自稱皇帝（天子）。

前面已經提過，漢代的天下觀分成內外兩層構造，其中華夏為內，夷狄為外，皇帝是天下唯一的中心，漢朝皇帝不會兼任皇帝以外的稱號。順帶一提，高祖或世宗這類廟號或文帝、武帝這類謚號都是死後追封，在世的皇帝與神相同，是獨一無二的存在，不需另外冠上專有名詞說明。

因此，五胡的君主之所以採用天王稱號，大概是因為認同上述的天下觀與皇帝觀，卻又覺得這類天下觀與皇帝觀不適合自己吧。舉例來說，石虎就曾以「皇帝乃盛德之號」為由摒退勸他登基皇位的臣子。後趙將胡人視為「國人」，採取胡漢分治政策；若要將自身政權奠定在夷夏對等關係上，採用可併稱大單于的天王稱號，應該比象徵唯一統治者的皇帝稱號來得更加適合。不過，即便採用地位低於皇帝的天王稱號最為理想，但此時夷夏的對等關係也尚未被正式肯定。

苻堅之所以從即位之初的皇帝自降一級，改稱天王，或許是為了避免與前燕或東晉正面衝突；但在滅了前燕後仍自稱天王，或許就是因為苻堅認為目前還沒一統天下。換言之，即使統一華北，苻堅仍認為自己尚未完成大一統的帝國。

3　中國的多元化：淝水之後

南北的對立

放眼漫長的中國歷史，五胡十六國可說是極具特色的分裂時代。自秦漢帝國成立之後，華北從未像這個時代般如此分裂割據過。而淝水之戰則是五胡十六國時代的分水嶺。乍看之下，這個時代是徹頭徹尾的分裂，即便是苻堅的統一，也不過是一瞬間的特殊現象；但仔細觀察便會發現，前期的前趙、後趙、前秦雖然國祚不長，卻都在陝西、山西、河北等中國核心地帶建立了具備一定規模的國家。

一如前述，前趙為匈奴的劉淵所建，最初國號是「漢」。劉淵的後繼者劉聰於三一一年六月攻陷洛陽俘虜懷帝（是為永嘉之禍），並於三一三年一月處死懷帝，西晉則於長安擁立愍帝。緊接著劉聰又於三一六年攻陷長安俘虜愍帝，並於隔年十二月處死之。至此西晉滅亡，江南的建康另立元帝，至此進入東晉。反觀漢國在劉曜即位後於三一九年改國號為趙（前趙），並依照木・火・土・金・水的五行順序自稱水德，藉此彰顯王朝的正統性。五德觀念流行於西漢末年，漢為火德，魏為土德、晉為金德，所以自稱水德，即表示前趙為繼承西晉道統的國家。為了因應魏晉時代的社會變遷，國家推行了各種制度改革，自稱水德也是其中一環，有其必要性。

五德	王朝
木	周
火	漢
土	魏
金	晉
水	趙

五德與王朝的關係

改國號為趙的同一年，原為將軍的石勒自立為趙王，後世稱為「後趙」，同時石勒也自稱水德，自此趙國分裂為東西兩邊的前趙與後趙。三二九年後趙滅前趙。此戰歷時十年，石勒也於翌年自稱大趙天王，並登上皇帝之位。

三三四年石虎繼位，將後趙首都從襄國遷至鄴城，後趙也進入全盛時期，不過石虎在位期間幾乎都以大趙天王自稱。三四九年石虎歿，後趙陷入繼位內亂，出身漢人的冉閔趁機篡位改國號為

五胡十六國前期的中國

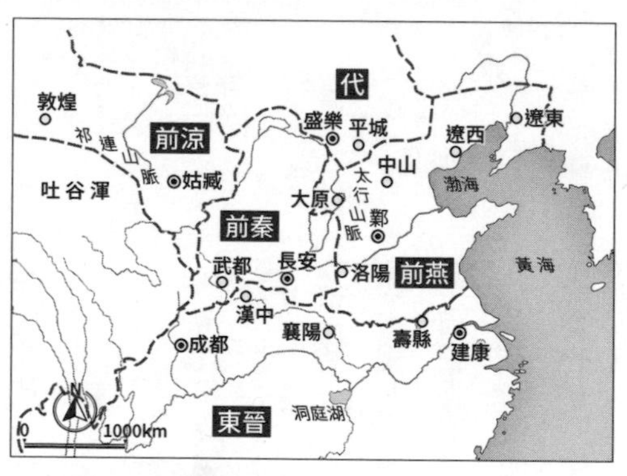

五胡十六國中期的中國

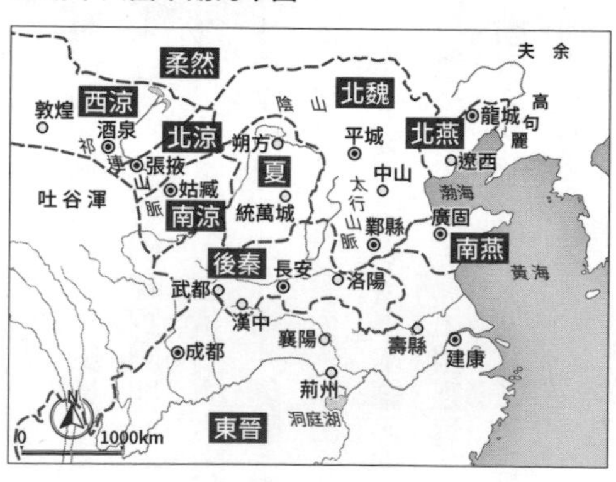

五胡十六國後期的中國

魏，也是在此時於鄴城下達屠殺令，死亡人數高達二十萬人。

與此同時，苻健在三五一年自稱天王與大單于，並於隔年一月即位皇帝。前秦繼承後趙的水德而自稱木德。同年，前燕的慕容儁也滅了冉閔的魏，即位為帝。自此，華北陷入前燕皇帝、前秦皇帝、大趙天王三強爭霸的局面；十八年後，苻堅蕩平前燕，成為華北唯一霸者。

綜觀西晉滅亡至淝水之戰，六十七年間華北出現過多位天王、皇帝，期間只有短短十八年是前燕與前秦一對一的局面。此外，前趙皇帝劉曜與後趙天王石勒對峙期間雖然也有十年，但除此之外大約有將近四十年的時間，都是北方的天王或皇帝與南方的東晉皇帝對峙的局面。換言之，五胡十六國的前半期基本上是呈現南北對立的局面；雖然華北內部也曾出現東西對立，但最終還是由唯一的天王與皇帝統一。

東晉王朝的衰退

五胡十六國時代是南北對立的局面，但淝水之戰後情況為之一變。進入五胡十六國後半期，各國的興亡極為細瑣頻繁，難以一一介紹，但從後秦姚萇殺死苻堅、自立為皇帝的三八六年來看，自稱皇帝的國家還有苻丕的前秦、後燕與西燕。若以北魏的拓跋珪（道武帝）即位皇帝的三九八年為切入點，自稱皇帝的國家還有後秦與後燕，自稱天王的國家則有後涼。若再從赫連勃勃自稱大夏天王、大單于的四〇七年來看，自稱皇帝的國家有北魏與南燕，自稱天王的國家有後秦與後燕（同年改稱北燕）。自從苻堅的國家滅亡後，隨時都有四至五個自稱天王或皇帝的國家並存。

為什麼會演變成如此局勢？原因之一當然是前秦於淝水之戰大敗而瓦解，但也不能忽略東晉衰退這個因素。今日的我們為了方便，才將兩個時期的晉分為西晉與東晉，但事實上只有一個晉朝；就概念而言，東晉繼承了西晉所有的天下。元帝於建康即位時，東晉政權非常孱弱，但從劉琨以一百八十人的聯名上表勸進元帝登基一事來看，當時華北一帶仍有許多晉朝舊部；這些舊勢力雖然被後趙迅速掃平，但慕容氏的前燕、張氏的前涼、楊氏的仇池國仍以東晉為宗主國。

話說回來，於後趙滅亡後自立的前燕及苻堅統一華北這兩件事，都讓東晉在華北的影響力弱化，而與前燕、前秦長年征戰也削弱了東晉的國力。謝安在淝水之戰結束後隨即請命北伐，卻沒等到出征就於三八五年辭世。將政局交由司馬道子操持的孝武帝深居宮中，整日耽於酒色，最後猝死，司馬道子立孝武帝之子為安帝，自己為攝政王，但後繼的軍事政變讓政局陷入長期混亂。就在亂成一團的情況下，三九九年孫恩率眾起義，勢力於現今江蘇、浙江一帶坐大。四〇三年，統率長江中游駐軍的桓玄（桓溫之子）進軍建康篡奪帝位，建國號為楚。東晉雖一時滅亡，但費力平定孫恩之亂的軍人劉裕（詳情參考第五章）剿滅桓玄，東晉也因此復活。由劉裕率領的東晉軍於四〇九年再次踏上北伐征途。四一〇年，劉裕剿滅慕容氏南燕，四一七年掃平姚氏後秦，之後於四二〇年恃功自立，建國號為宋，東晉就此滅亡。

五胡十六國後半期，淝水之戰之後各國興立，其中最晚建國的是四〇七年的夏與北燕。換言之，當東晉對華北的影響力隨著前秦滅亡而弱化後，華北的建國浪潮也進入最蓬勃的時期。前秦因淝水之戰瓦解，東晉也因淝水之戰衰退，而這兩個帝國的勢微，讓華北迎來全新的局面。

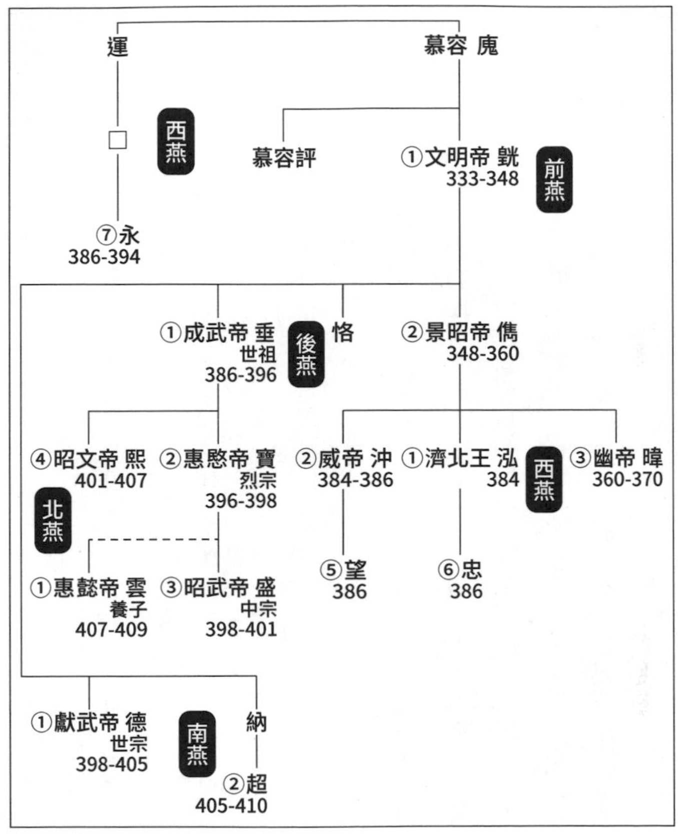

慕容氏世系圖

帝國解體

在一統華北的過程中，苻堅吸納了各地勢力，五胡十六國後半期的建國浪潮便是這些勢力脫離前秦的表徵。率先自立的是從前燕逃至前秦的慕容垂，三八四年於滎陽（今河南鄭州）即位燕王，建年號燕元，隨後進軍北上，朝苻丕鎮守的鄴城前進。此時的慕容垂在上奏時稱苻堅為「陛下」，也稱自己為「臣」，表示自己沒有傷害苻丕之意，同時也希望進入鄴城後能成為前秦的東邊藩屬國。苻堅在世時慕容垂的地位僅至燕王，但在三八五年苻堅為姚萇所殺後，隔年慕容垂遂於中山（今河北定州）即位為帝。

約莫同時，慕容暐的兩位弟弟慕容泓與慕容沖也於三八四年自立，建年號「燕興」；此時慕容垂的燕稱為後燕，慕容泓等人的燕稱為西燕。慕容沖攻陷後秦首都長安，逼得苻堅逃離（隨後苻堅便為姚萇所殺）。在東面已有後燕的情況下，慕容沖打算以長安為據點，但希望班師東返的鮮卑屬下卻因此不滿，進而暗殺慕容沖。後繼者率領四十萬鮮卑大軍棄長安東返，後歸入後燕。

慕容垂與慕容泓所建的燕元或燕興，都是為了復興前燕的年號。前燕原本效忠東晉，待後趙滅亡後慕容儁才稱帝，但王朝的五德順序正統性卻備受爭議。最初定為水德，以繼承晉的金德，但爭議過多遂改為木德。木德除了代表繼承後趙的水德，也因其方位上屬東方，可代表慕容一族興起的東方之地。換言之，此時前燕所稱的木德具有雙重意義：除了代表中原王朝的正統性，也仍保有來自東方燕地的自我認同。不過這樣的雙重性有時會成為政治上的矛盾，例如慕容暐繼位時，與之對立的大臣就曾奏請東返故土。到了三六五年，首度從東晉手中奪下洛陽的慕容暐再次定義了自己的木德，就是繼承後趙水德的木德。此舉應該是為了鞏固慕容氏的南進政策。至此，慕容氏總算表明自己就是中原正統的政權，原本那種外來承繼者的意識隨之淡化。之後的朝鮮與日本則更為明確，視自己為完全獨立的「天下」之中心，而不將自己放入中原的正統內。

此外，在淝水之戰後隨即自立的還有後秦的姚萇，與西秦的乞伏國仁。姚萇在淝水之戰負責鎮守四川，苻堅大敗後姚萇回到長安，聽從苻堅之命與慕容泓作戰，但戰況陷入不利，害怕被苻堅誅殺的姚萇只好往西逃亡，後被當地士族推舉為大單于與萬年秦王。姚萇在西燕離開長安之後即位為帝，建年號為建初，國號為大秦。姚萇自稱繼承前秦木德的火德，意即繼承西晉（金）↓後趙（水）↓前秦（木）的中原王朝正統。

乞伏氏為隴西（今甘肅東部）的鮮卑族，西晉時勢力坐大，前趙時以苑川（今甘肅榆中）為據點建國。之後乞伏氏臣服苻堅並為之所用，乞伏國仁於後續的淝水之戰被封為前將軍，為全軍先鋒，但其叔父於隴西叛亂，便銜命前往討伐。當乞伏國仁聽聞苻堅於淝水大敗，便駐軍隴西，待苻堅死後自稱大單于，並受前秦冊封為苑川王。

總而言之，占領長安的後秦想繼承前秦成為正統王朝，但西秦則想復興故國，乞伏國仁自立時更曾表示「吾雖薄德，藉累世之資（我雖無德之前，卻身負綿延數世代的血脈）」。在前秦瓦解後，想要自立的各民族，都得先正視這樣的血脈關係。

圖 4-4 赫連勃勃修築的統萬城遺跡

赫連勃勃的改姓

接著來討論五胡十六國之中最後建國的兩位人物，分別是四〇七年六月建立夏國的赫連勃勃，以及於同年七月建立北燕的高雲。

南匈奴的赫連勃勃與建立漢的劉淵同族，原本也以劉為姓，勃勃之父劉衛辰依違於前秦與代國之間。後來前秦苻堅滅了拓跋氏的代國，代國分為東西兩部，劉衛辰被推舉為西單于，但三九一年為復興代國的拓跋珪所敗，隨後被部下殺害。年幼的勃勃歷經千辛萬苦逃至後秦姚興（姚萇之子）處避難。待長大成人後，姚興為了提防北魏，命勃勃帶兵前往鄂爾多斯駐守，不過情勢在姚興與北魏和親後急轉直下，勃勃也於四〇七年自稱天王與大單于，立國號為夏（亦稱北夏、胡夏或賀連夏），並在與後秦對峙的過程中逐步擴展勢力，最後於四一三年建統萬城為首都，同年將姓氏從劉改為赫連。

四一七年劉裕滅後秦，勃勃於隔年攻陷長安，即位皇帝。然而為了提防北魏入侵，故不遷都長安，仍以統萬城為首都。

自此，北夏在當時的華北與北魏兩強並列。但四二五年勃勃去世後，北魏太武帝便對北夏發動攻擊，奪下統萬城，勃勃之子所率殘部則向西移動，並於四三一年掃滅乞伏氏的西秦，但最終仍為北魏所滅。

至於北燕，原為高句麗人的高雲在臣服後燕的慕容寶後被其收養，也改姓慕容。慕容寶為慕容垂之子。慕容垂所建立的後燕雖盛極一時，卻在慕容寶繼位後遭受北魏道武帝侵略，隔年也丟掉首都中山，之後慢慢失去領土，到了慕容熙掌權之際，後燕領地僅剩遼西一帶。四〇七年，漢族將軍馮跋發動政變，刺殺慕容熙，隨後擁立慕容雲。

慕容雲將姓氏從慕容改為高氏後即位天王，建國號大燕，卻在四〇九年為侍臣所殺，由馮跋即位天王，繼承高雲的大燕，是為北燕。北燕只傳了馮跋、馮弘兩代，便於四三八年為北魏太武帝所滅。

在四〇七年分別即位天王的赫連勃勃與高雲，兩人的共通之處是改姓。高氏為高句麗王族之姓，赫連則為自創的姓氏詞彙。根據勃勃的說法，「帝王者，係天為子，是為徽赫實與天連」，徽赫為明顯之意。但根據日本歷史學者白鳥庫吉的說法，赫連為匈奴語的「天」，發音同「祁連」，所以「赫連」是以漢字標記匈奴語發音的新詞。換言之，赫連在匈奴語之中有「天」的意思。劉姓本就為漢朝皇帝之姓，所以勃勃的改姓意味著身分認同的改變。

勃勃將姓氏從劉改為赫連，跟他立國號為夏也有關聯，他將自己視為大禹的子孫。禹為傳說中的夏朝始祖，根據《史記》及《漢書》記載，匈奴源自夏王後裔淳維，中國各地也有匈奴為夏王後裔的說法。但勃勃之所以刻意抬出大禹的名號，我們應該用「帝王戎夷說」的角度來理解。

帝王戎夷說的起源目前尚不明朗，但自古以來孟子就曾提到舜為東夷之人，周文王為西夷之人，西漢初年陸賈所著的《新語》也記載了「文王生於東夷，大禹出於西羌」之語。舜、禹、文王都是儒家聖賢，而他們身為外族一事，經常被視為儒家思想具有跨民族的性質與普遍性。不過西漢後期桓寬所著的《鹽鐵論》則認為，這是首都居民用來歧視地方居民的修辭（國疾篇）。進入五胡十六國時代，這種修辭為外族所用：劉淵自立為漢王時，便引用《新語》的說法，做為出身夷狄也能成為中國帝王的證據；前燕的慕廆也曾引用《新語》，對漢人主張自己也能成為中國帝王。廣為流傳的帝王戎夷說雖然是一種批判種族歧視的修辭，但勃勃更進一步，透過夏這個國號彰顯戎夷為大禹後裔的身分。另外，包括他將姓氏從劉改為赫連，以及他所使用的「龍昇」、「鳳翔」、「昌武」、「真興」皆為中國歷史上史無前例的年號，都是為了主張自己獨特的正統性。

與上天的連結

勃勃在即位皇帝的同年，便將身為大禹後裔的榮耀與自身的豐功偉業以漢文刻在石碑上，並將該碑豎立在統萬城的南方。後來這座石碑應毀於北魏之手，未能保留到現代，但《晉書》記載了這篇共一三四〇字的碑文。

正當勃勃豎立石碑的同時，高句麗也立了一座廣開土王碑。這座石碑至今仍於中國吉林省集安市屹立不搖，高度超過六公尺，四面刻有近一千八百字，是東亞規模最大的石碑。這座石碑立於墓地，與勃勃所立之碑不同，但碑文提到廣開土王成功擊退來犯的倭人，並讓百濟與新羅成為自身朝貢國，因此就歌功頌德這點來看，兩座石碑有共通之處。碑文開頭為開國神話，其中以自豪的口吻提到始祖鄒牟王為從天而降的天帝之子，藉天帝的權威屢造神蹟，最後乘著龍返回天上。北燕的慕容雲之所以將姓氏改為「高」，應該也是為了繼承高句麗的天孫血脈。慕容雲改姓為高後，廣開土王立刻承認高雲為宗族成員，高雲因此與高句麗建立連結。

至於勃勃這邊，改姓赫連也是為了與上天產生連結。匈奴單于通常自稱「天地所生日月所置匈奴大單于」，勃勃則將自己與上天的連結稱為「係天為子」或「係天之尊」，其中的「係」有直系之意，意味著勃勃也認為自己為天孫。

儒家觀念認為天命只降於有德之人，失德則失天命，所以就算成為帝王，也應專心致志，實踐禮教與德政。上天對每個人都是公平的，只會幫助有德之人，這就是所謂的中國文明。一般認為，苻堅派遣使者和僧人順道前往高句麗贈送佛像和佛教經文的時間為三七二年，而高句麗也在這一年開始進貢前秦，並設立了教育子弟的太學。從苻堅對儒學的熱忱來看，高句麗此舉絕非偶然。儒學除了是中國文化的代表，更是文明的象徵，所以學習儒家思想躋身文明，實際上就是與中國同化。

然而，渴望躋身文明的前秦最終還是滅亡了。前秦滅亡後，五胡十六國後半期建立的國家產生自我認同，以有別於中國的方式各自與上天建立連結。這份自覺也於此時逐漸高漲。

4 中華世界的再度整合：北魏到隋

北魏史的觀看視角

為五胡十六國亂世劃上休止符的是北魏。北魏因代國而興，雖一度為苻堅所滅，然三八六年拓跋珪復國，代王也於此時改稱魏王，這就是北魏的起源。起初拓跋珪得後燕慕容垂之助在北方聲勢漸盛，但雙方日後決裂，北魏開始侵擾後燕邊境。三九五年後燕遣大軍討伐北魏，卻於現今內蒙古南部的參合坡大敗。三九六年慕容垂去世，拓跋珪立刻轉守為攻，攻陷後燕首都中山。三九八年拓跋珪定都平城，即位皇帝（道武帝），此為拓跋氏即位皇帝的首例。到了北魏太武帝（四二三～四五二年在位）的時代，四三一年將北夏逼入滅亡境地，四三六年滅北燕，四三九年又滅北涼，至此統一華北。此後直到隋一統天下為止，這段時間被稱為南北朝時期。

北魏為何能成就統一華北的霸業，這個問題很難得出明確的答案。過去認為北魏之所以能統一華北，全在於道武帝解散部落的策略。記載北魏歷史的《魏書》提到，道武帝於復興代國之際解散

北魏拓跋氏世系圖

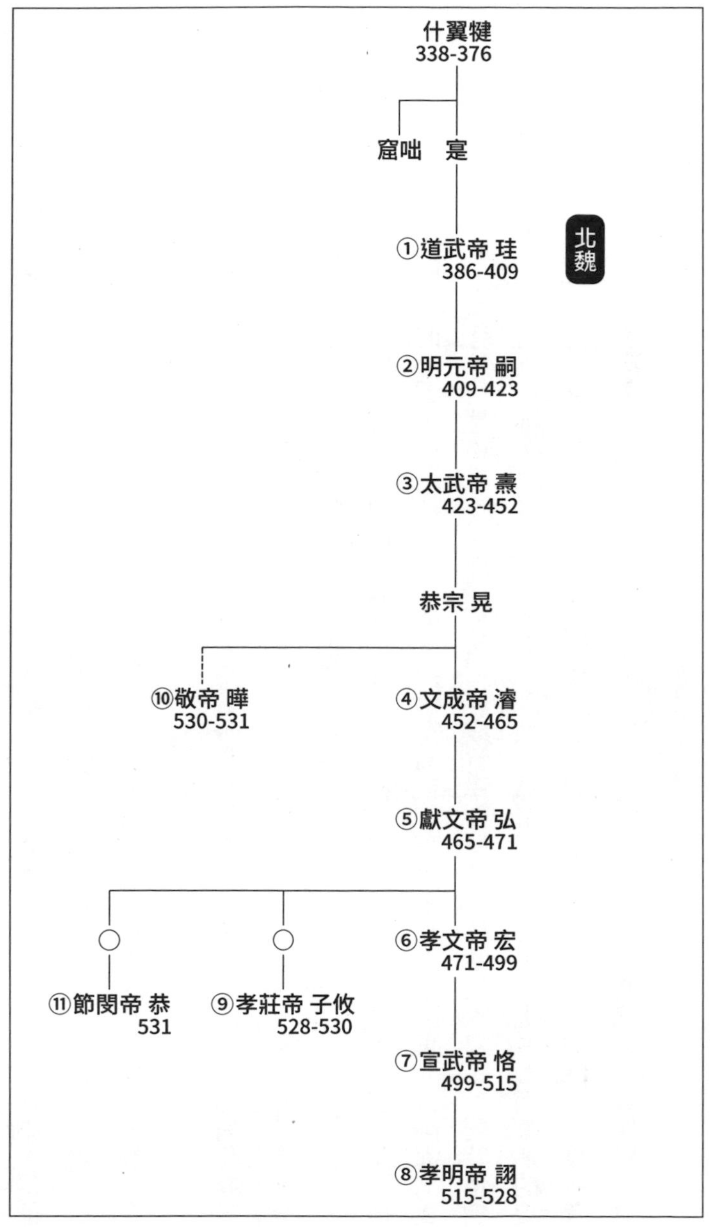
什翼犍
338-376
窟咄
寔
北魏
①道武帝 珪
386-409
②明元帝 嗣
409-423
③太武帝 燾
423-452
恭宗 晃
⑩敬帝 曄
530-531
④文成帝 濬
452-465
⑤獻文帝 弘
465-471
⑥孝文帝 宏
471-499
⑪節閔帝 恭
531
⑨孝莊帝 子攸
528-530
⑦宣武帝 恪
499-515
⑧孝明帝 詡
515-528

部落，讓部落人民成為一般百姓，此舉讓皇帝得以中央集權，也讓北魏的政治體系有別於之前的五胡諸國。但現代的學者認為解散部落之舉不只一次，代國、也就是北魏在統一華北的過程中，每征服一個國家或地方勢力，就拆散當地的部落一次，並讓部落人民成為徙民，遷徙至首都或邊境。這種說法較為有力。若此說屬實，那麼解散部落的策略與先前五胡各政權實施徙民政策如出一轍，也就很難說北魏與五胡政權截然不同。

此外，《魏書》的紀載有許多問題。舉例來說，於山西北部發現的「文成帝南巡碑」刻有許多於五世紀中期隨皇帝巡視各地的官員姓名與爵位，其中有部分是源自鮮卑的官職。從這些官職不難想像北魏特有的皇帝近臣集團之樣貌，但這些官職都無法從《魏書》上查證。

《魏書》是五五〇年東魏孝靜帝禪位給北齊後，北齊皇帝高洋命漢人魏收撰寫的史書。上頭記載東魏是繼承北魏拓跋氏的王朝，而高洋出身漢族名門渤海高氏。事實上高洋是鮮卑人，渤海高氏的出身實屬捏造，為了美化這段歷史，才將這場禪讓形容成鮮卑人皇帝交棒給漢人皇帝，同時也顯示當時是在漢人士族的強力支持下，北齊才得以成功。既然《魏書》是為了正當化北齊而編撰的史書，所以在敘述北魏時，當然也會將重點放在北魏如何做為一個中華王朝而發展。《魏書》雖然有提及游牧相關的歷史，但也提到游牧文化終將被漢文化取代，並未忠實地敘述北魏的國家性格。將道武帝解散部落的舉動形容成劃時代的創舉，也是基於上述態度。

到底北魏是如何完成一統霸業的呢？這不是三言兩語就能說清楚的。然而，要整合一個多元化的華北社會，不一定非得採取高壓的中央集權。所以，我們應該將觀看視角放在北魏這個國家如何吸納各種文化，兼容並蓄。

皇帝可汗

北魏首都平城位於現今山西省大同。大同北邊仍留有明代的長城與烽火台遺跡，這些遺跡提醒了現代人，這裡曾是游牧與農耕文化的分界。平城自三九八年被道武帝定為首都至四九四年孝文帝遷都洛陽為止，將近一百年都是北魏的首都。若再把遷都洛陽到北魏分裂為東西兩部這四十年的時間算入，北魏有整整三分之二的時間都以平城為首都。

定都平城的北魏皇帝很常巡視、遠征各地，每年都有幾乎相同的節令活動，例如四月於平城西郊祭天，五、六月去陰山或鄂爾多斯避暑，到了九、十月則返回平城，上白登山祭祖與祭天。除了《魏書》的紀錄，當時的南朝也詳盡記載了北魏皇帝的這類習俗。

這些習俗與游牧文化息息相關。若以中國的習俗，會在冬至或正月於首都南郊祭天。現代的北京天壇公園就是清朝的祭天之處。至於在夏秋二季祭天，則是匈奴這類游牧民族的習俗，他們會在祭天時築壇，並於祭壇周圍策馬奔馳。北魏即以相同的方式祭祀，對此南朝也留下明確的紀錄；之所以於西郊祭天，則是源自拓跋氏面西祭天的習俗。陰山為現今呼和浩特及包頭北方的山脈，越過山脈後即可進入蒙古高原。鄂爾多斯則位於黃河河套一帶，非常適合放牧。原本居於此地的是高車人*）這類突厥語系游牧族群。根據《魏書》記載，高車部落並未被北魏解散，而是跟隨部落領袖在此地放牧。

北魏皇帝幾乎每年都來此地巡視，為的是接收高車及其他游牧族群呈獻的家畜，例如牛、馬、羊等貢品。陰山以北一帶原是柔然地盤，但太武帝將柔然人趕至更北方的地區，改由高車人在陰山以北游牧，一邊防範柔然進犯草原，一邊獲取貢品。這塊地區並未實施郡縣制，只設立了「六鎮」這樣的軍事防禦單位。

這些高車人呈獻的家畜會先運往平城北方的御用牧場「鹿苑」。於九、十月祭拜祖先與上天的白登山即可俯視鹿苑。皇帝會將鹿苑的家畜分給臣子，或在以計口授田方式分封土地時同時分配這些家畜，做為耕作所需的勞力。由此可見，鹿苑的家畜扮演了非常重要的角色，既可提升皇帝的權威，又能增加北魏的農業生產力。

北魏皇帝就是如上述這般穿梭於農業世界與游牧世界，並適時切換不同角色。

「汗」或「可汗」是亞洲各地廣泛使用的君主稱號，尤其在蒙古帝國推行之後更是普遍。位於北亞的柔然很早就使用這個稱號，但不知鮮卑的北魏是否也使用。直到一九八〇年，內蒙古東北部鄂倫春自治旗的嘎仙洞發現了一處石壁刻文，這個謎團才得以解開。刻文內容是四四三年北魏太武帝為了祭祀祖先故土，向位於故土的烏洛侯國派遣使者，其中刻有「皇祖先可寒」、「皇妣先可敦」，證實了北魏也使用可寒（可汗）或可敦這兩個稱號。可敦為可汗妃子的稱號。

在此雖不做進一步介紹，但拓跋氏從代國時期就使用可汗這個稱號，許多文獻也記載了這項事實。日本歷史學家白鳥庫吉認為《魏書》完全沒有提及北魏使用這類稱號，所以主張該稱號源自柔然，而不是北魏。不過，北魏使用可汗稱號一事已得到多方證實；即便已即位皇帝，仍會以這個從代國時就開始使用的稱號面對北方民族。

北魏原本就同時擁有「大魏」與「大代」這兩個國號，雖然目前仍不知這兩個國號分別用在哪，但北魏皇帝穿梭於游牧與農耕世界，以及北魏帶有濃濃的代國傳統色彩，這些都是讓北魏皇帝擁有皇帝與可汗這兩張臉孔的原因。也因此，北魏才能建立起一個跨越胡漢的帝國。

皇帝即如來

此外，還有一個足以證明北魏皇帝多面性格的特徵，就是北魏皇帝與佛教之間的關聯。佛教於東漢傳入中國，在魏晉時期普及各地，當時除了外邦僧侶，也出現不少漢人僧侶。不過皇權與佛教之間始終存在著一定程度的緊張關係：一來是從中土的角度來看，佛教來自印度，乃夷狄之教；二來則是僧侶只侍奉佛祖，不向王者行禮，換言之佛教的出世精神與中國的君臣倫理格格不入。

＊即漢朝時的丁零。南北朝時期的鮮卑人稱其為高車，音譯敕勒（-tegreg，馬車之意，呼應他們使用車輪高大的車子），隋代則以鐵勒稱之。主要分布於中國北方及西北方草原。

圖 4-5　北魏嘎仙洞石刻

祝文全文如下：

維太平真君四年，癸未歲七月廿五日，天子臣燾使謁者僕射庫六官中書侍郎李敞、傅㝹用駿足，一元大武，柔毛之牲，敢昭告於皇天之神：

啟辟之初，佑我皇祖，於彼土田，歷載億年。聿來南遷，應受多福。光宅中原，惟祖惟父。拓定四邊、慶流後胤。延及沖人，闡揚玄風。增構崇堂、克揃凶醜，威暨四荒，幽人忘遐。稽首來王，始聞舊墟，爰在彼方。悠悠之懷，希仰餘光。王業之興，起自皇祖。綿綿瓜瓞，時惟多祐。歸以謝施，推以配天，子子孫孫，福祿永延。

薦於：皇皇帝天、皇皇后土。

以皇祖先可寒配，皇妣先可敦配。

尚饗！

東作帥使念鑿。

這篇祝文是以北魏皇帝的口吻來對他的祖先歌功頌德，並祈求祖先保佑。

五胡十六國時代是佛教滲透中國的重要時期。例如後趙的石虎將西域僧侶佛圖澄奉為「大和尚」，被認為是第一位允許佛教傳入民間的君王。雖然有臣子提出「非天子諸華所應奉祠」的諫言，但石虎卻答「朕生自邊鄙，忝君諸夏，至於饗祀，應從本俗」，意即我雖來自偏遠之地，卻得以君臨中華，故應依照當地習俗祭祀佛祖。

石虎這個看似自貶卻又強硬的回答，絕非狡辯之詞。他雖出身羯族，但一說認為，羯族是當時山西一帶各族群的統稱，石氏為西胡分支，石這個姓則源自粟特的石國（塔什干），這個族群也一直保有中國沒有的火葬習俗。若此說屬實，石虎想必早就對佛教耳濡目染。雖然佛圖澄是為了讓石勒或石虎放下屠刀，一改殘虐之心，但石氏原本就對佛教不陌生。

即使是熟稔佛教的石虎，身為君王的他為了振興國家，還是選擇了儒學。佛圖澄的門徒高達一萬人，寺院也多達八百九十三處，卻從不翻譯佛經。若要在以儒家傳統為主的中國宣揚佛法，經典絕對占有相當重要的地位。或許石虎對佛圖澄的期待，是教化首都周邊的羌胡徙民吧。

晚於後趙稱帝的前燕慕容儁及前秦苻堅，都並未親自推廣佛教，一直要到前秦滅亡之後，佛教才開始振興。後秦的姚興被苻堅的將軍趕出西域後，便招來涼州的鳩摩羅什及八百名以上的僧侶翻譯佛經；據說姚興親自布教，求佛者十室而九。此外，涼州從前涼時代就是佛教鼎盛之地，北涼君王沮渠蒙遜也是虔誠的佛教徒，所以涼州四處都建有佛塔或寺院。出入西域必經之地的敦煌雖有莫高窟這座著名的大型石窟，但現存石窟之中歷史最悠久的，其實是北涼時代的石窟。

拓跋氏原本不識佛教，是後來與曹魏、西晉、後趙這些中國王朝交流才得以接觸佛教。道武帝於三九八年遷都平城後立刻下詔，建造五級浮屠（五重塔）與各種伽藍（佛寺建築）佛寺。在眾多僧侶之中，有些僧侶對宣揚佛教一事甚為期待，讚譽道武帝為「當今如來」，後繼的明元帝及太武帝也都寬待佛教。

此時，名為寇謙之的一名道士在中原建立了體系完整的新天師道（道教），身為太武帝智囊的漢人官僚崔浩也信奉道教。在崔浩的力勸下，太武帝將寇謙之請來平城，建立天師道場與宣揚道教。待太武帝一統華北後，便以寇謙之所授的「太平真君」自稱，並以此為年號。

崔浩曾多次向太武帝非譭佛教的弊端，四四五年關中一帶爆發了蓋吳起義，擔心這股大規模反叛勢力與佛教串聯的太武帝便下令屠殺長安的僧侶並破壞佛像，同時禁止王公以下的臣民百姓供養僧侶。太武帝甚至詔告天下，敬拜「胡神」的佛教是中國社會秩序的亂源，要燒毀天底下的佛像與佛經，並處死不願還俗的僧侶。

不過因這道詔令犧牲的僧侶並不多。代替太武帝操持政務的太子拓跋晃對佛教抱持寬容之心，故意遲發太武帝的詔令，也讓僧侶有時間逃亡。此外，寇謙之也反對鎮壓佛教；在他所創的道教中，佛陀被定位為「西胡的得道者」，因此從根本上來看，佛教也出自同源。失去太武帝信賴的崔浩，在四五〇年因修國史的筆禍事件慘遭株連，禁令隨之放寬，首都平城的滅佛運動遂流於形式。

四五二年太武帝去世後，繼位的文成帝正式承認僧侶剃度，開始修復寺院，並讓西域罽賓國的

圖 4-6　雲岡石窟第二十窟

貴族師賢擔任管束全國僧侶的道人統一職。此外，文成帝也命人雕了一座與自己樣貌神似的石造佛像，按照自己臉腳上的黑痣位置，在佛像對應位置擺上黑色石頭。後來認為從道武帝到自己的五位皇帝是與佛教有緣之人，所以又建了五尊釋迦像，安放在道武帝所建的五級浮屠。繼師賢之後擔任道人統一職的是北涼僧侶曇曜，他建議文成帝在平城以西的武州塞石壁上鑿出五處石窟，並在每處石窟雕刻一尊大佛，其中最高的大佛為七十尺（約十七公尺）。此稱曇曜五窟，約當於現代雲崗石窟的第十六窟至二十窟。曇曜也與印度僧侶翻譯新的佛經，其中有不少部經書傳至今日。

太武帝滅佛是中國歷史上的一大事件，但拓跋氏本來就對佛教寬容，也非常了解佛教的實用性，不像石虎將佛教信仰當成「本地習俗」看待。拓跋氏看重佛教的理由，在於他們將眼光放遠至歐亞世界。北魏太武帝掃滅北燕與北涼之後，繼續向柔然、仇池、吐谷渾、鄯善（本為樓蘭）、焉耆、龜茲（今稱庫車）進軍，傾全力維持在草原的勢力，以及河西走廊與絲路的暢通。與漢朝不同的是，漢朝是為了壓制匈奴才控制西域，北魏則認為自己是草原的統治者才進軍西域。另一方面，北魏於四五〇年九月起兵攻討南朝宋，但這僅是為了回應同年七月宋文帝的北伐；一直要到半世紀之後，孝文帝遷都洛陽，北魏才下定決心征服南朝。

此外，與前述苻堅一統中國的野心不同，此時太武帝一統華北的目的，只是為了與柔然爭奪北亞霸權。至於漢人官僚崔浩讓太武帝遠離佛教的用意，原先也是要讓太武帝成為血統更為純正的中國皇帝，只是事與願違，皇帝反而更親近佛教。佛教也在北魏的推動下於華北社會普及，成為胡漢共同信仰的宗教。

從統一到整合

自北魏統一華北後，距離隋統一天下還有一百五十年的歲月。如前所述，再次以統一天下為目標的是北魏孝文帝。四九四年遷都洛陽之後，孝文帝就採取激進的漢化政策，希望從草原征服王朝

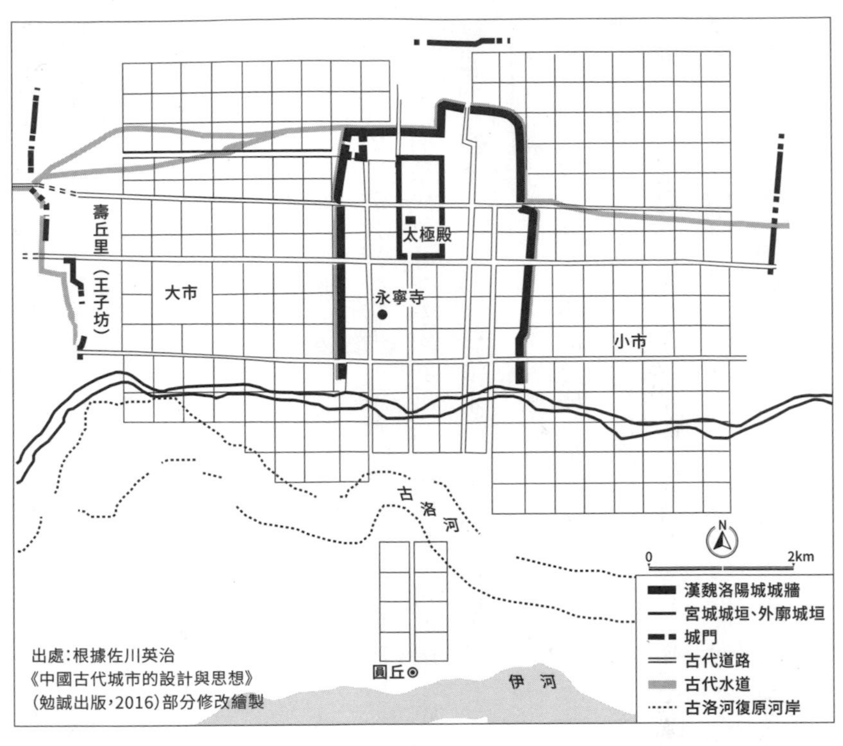

北魏洛陽城平面圖

轉型。在當時的孝文帝眼中，南朝宋的滅亡是一統天下的絕佳機會，只可惜被新興的王朝南齊所擋，孝文帝壯志未酬。

南齊後被南梁取代，南梁也在武帝（五〇二～五四九年在位）的治理下繁榮了半世紀之久，細節將在第五章詳述。北魏在錯過統一天下的時機後，貴族文化慢慢地於首都紮根與興盛。一般認為，西漢的長安城人口約十六萬人，但北魏的洛陽則多達五十五萬人，南梁的建康更是超過百萬人之譜。當時的洛陽與建康是史無前例的人口密集的城市，也是外國使節、商人與僧侶頻繁造訪的國際城市，更是無數的寺院林立的佛教城市。從這三點來看，洛陽與建康無疑是多元世界誕生的新型態城市，諸般特徵也為唐代的長安城所繼承。

另一方面，又有一股新勢力從北方六鎮地區湧現。這股新勢力趁著五二三年六鎮之亂讓北魏分裂為東西兩部後，其餘波又於五四八年引發侯景之亂，將南梁帶向滅亡之路。繼承東魏的北齊高氏、繼承西魏的北周宇文氏，以及繼承北周的隋朝楊氏與唐朝李氏，都來自上述的六鎮，尤其宇文氏、楊氏與李氏都來自武川鎮（今內蒙古武川），彼此互為姻親，世系圖之中可看出這層關係。

五八九年隋滅南陳，統一天下，但此處的「統一」僅侷限於中國本部的統一，可見隋並沒有如秦漢帝國般的大一統實力。取代柔然成為北亞霸主的突厥因內亂分裂為東西兩部後，東突厥的可汗（日後的啟民可汗）為求庇護而臣服隋朝，尊稱隋文帝為「大隋聖人莫緣可汗」。「莫緣」在突厥語為富裕之意。此外，唐太宗滅了東突厥之後，各族尊唐朝皇帝為「天可汗」，唐朝皇帝也自稱「皇帝天可汗」。

至於佛教，進入隋朝後更加普及。雖然北周武帝（五六〇～五七八年在位）時期曾鎮壓佛道二教，但隋文帝仿效南梁武帝與南陳皇帝積極宣揚佛教，更自稱「菩薩戒弟子皇帝」。他在首都大興（唐長安）建造了大興善寺，從國內外請來高僧，並在全國各地廣設舍利塔。一說認為，由文帝新造的大小佛像約有一〇萬六五八〇座，修復的佛像則達一五〇萬八九四〇座之多。在倭國遣隋使上呈隋煬帝的國書裡稱隋煬帝為「海西的菩薩天子」，這種皇帝受菩薩戒、成為佛教徒的習俗一直延續到唐朝。從中國的朝貢國來看，不管稱號是「可汗」還是「菩薩」，都是對皇帝的一種崇拜，同時也是一邊避免與中國同化，一邊與中國建立友好關係的象徵。

從漢帝國崩解到隋唐建國這段時間裡，人們與世界的聯繫更加緊密。從當時這些人們的角度來看歷史，會發現歷史的分水嶺並非漢朝滅亡的三世紀初期，更不是隋朝統一天下的六世紀末期，而是淝水之戰的四世紀末期。當企圖恢復漢朝榮光的前秦與東晉分別滅亡衰微，由大權獨攬的皇帝一統華夏的時代也跟著結束。之後便進入中國與周邊世界互相包容、摸索多元世界如何整合的新時代。

◆ COLUMN ◆

四世紀中國的「移民排斥論」

夫關中土沃物豐，厥田上上，加以涇渭之流溉其舄鹵，鄭國、白渠灌浸相通，黍稷之饒，畝號一鍾，百姓謠詠其殷實，帝王之都每以為居，未聞戎狄宜在此土也。非我族類，其心必異，戎狄志態，不與華同。而因其衰弊，遷之畿服，士庶翫習，侮其輕弱，使其怨恨之氣毒於骨髓。至於蕃育眾盛，則坐生其心。以貪悍之性，挾憤怒之情，候隙乘便，輒為橫逆。而居封域之內，無障塞之隔，掩不備之人，收散野之積，故能為禍滋擾，暴害不測。此必然之勢，已驗之事也。

——《晉書》卷五六〈江統傳〉

在三世紀末期，西晉仍可勉力維持一統之勢的時代，陝西一帶爆發了匈奴、氐、羌串聯一氣的大規模叛亂，感受到危機的江統（～三一〇年）為此寫了一篇《徙戎論》並上書惠帝。該文主旨在於漢人無法與外族共存，應該提供這些外來移民食糧，讓他們返回故土，但惠帝並未採用江統的意見。沒過多久，西晉也爆發了八王之亂。三〇四年匈奴劉淵建立趙漢，三一一年永嘉之禍讓西晉殘破不堪。

看來江統的預言是正確的。雖然關中人口在西晉達到百萬人之譜，但其中約有一半是外來移民。江統也提出下列意見。他認為秦始皇雖為暴君，但建築萬里長城、將匈奴擋在北方的戰略是正確的。西漢滅亡後，關中陷入一片荒蕪，人口銳減。到了東漢時期，將軍馬援（西元前十四年～西元四十九年）將歸順的羌族遷至關中，自此羌族與漢人雜居，當羌族人口逐漸增加後，漢人也深受其害。與羌族作戰的鄧騭吃了大敗仗之後（一〇八年），朱寵屯軍洛陽城周邊，以防羌兵侵襲（一一一年）。後續在馬賢、段熲這兩位將軍出色的表現下，東漢保有了一小段昇平時光，但朝廷的政策沒有延續性，導致關中在東漢末年再次陷入混亂，魏國與蜀國也紛紛拉攏戎狄，以助軍勢。魏武帝（曹操）命夏侯淵征討敵對的氐族，並將流離的部落遷至關中，以防蜀國入侵，但這不過是一時的權宜之計，無法帶來長遠利益，如今未蒙其利，反受其害。

一如江統所回顧的歷史，自漢代以來，外族就不斷遷入關中，有時還是配合中國這邊的政策移居關中。當時想必江統是舌戰群儒吧，因為這篇徙戎論也記載了批評江統提案不可能實現的意見。江統雖加以反駁，但關中移民之所以會增加，全在於關中原本的人口減少，若是將比例高達一半的外來人口全部強制遣回故土，關中的社會經濟也將陷入頹勢。雖然江統的提案簡單明快，卻缺乏遠景，無助於解決問題。這個被留下來的社會重組課題，就得等到五胡十六國北朝的時代，才反由這些外來移民一手主導。

第五章　江南開發與南朝中心世界秩序的建構

藤井律之

1　從中華邊境到王者之都

從華北到華南

在第四章，我們介紹了被稱為「五胡」的外族，他們在中國境內建立了許多國家。儘管這些國家規模不大、壽命不長，但其中由拓跋鮮卑族帶領的北魏整合了這些「五胡」國家，後續與北魏同氣連枝的隋唐帝國更讓這個分裂的時代進一步收斂，中國也進入一個容許多元價值觀、摸索新文化的時代。

不過第四章所介紹的只是中國北部，也就是華北的情形。本章要將視線轉向同時期的中國南部，也就是華南一帶。

於近代東洋史草創時期擔任要角的桑原隲藏，曾於〈從歷史看南北支那〉一文以人口及文化等指標衡量華南與華北，並認為隨著中國歷史的演進，華南在這類指標的發展逐漸勝過華北；但華南也並非自發性地發展，是由於華北人群大量湧入，才啟動了華南的發展。中國歷史上由北到南的大規模移民曾發生過數次，其中特別值得介紹的，就是上一章曾提及，四世紀初永嘉之禍造成的大遷徙。

永嘉之禍是當時移居中原的匈奴等外族反抗中國王朝（當時為西晉）統治所發動的叛亂。這場禍亂使西晉無力維持統一局面，華北一帶群雄四起，「五胡」紛紛建立自己的國家，史稱五胡十六國時代。許多人為了逃離動亂的華北，紛紛往華南移動，而這些難民的主要目的地，就是江南。

顧名思義，江南指的是長江以南的地區，古時候用來指稱長江中游南岸，現代則是長江下游南岸的代名詞（其實現代的江南一詞也有狹義與廣義兩種定義，但本書不在此贅述），本章將採用現代的定義。華北難民之所以會逃往江南，原因之一是西晉的流亡政權在江南設立了首都；但更重要的原因是，以江南為核心的華南地區正進入快速發展的時期。

由此可知，永嘉之禍是中國史上的一大事件，其重要性卻因淝水之戰這場於三八三年，也就是八十年後爆發的戰爭而被忽略。一如前章介紹，淝水之戰是一場定都江南的東晉與整合華北的前秦之間一決天下的戰爭。前秦於此役慘敗，華北因而陷入分裂，這場戰役也被視為五胡十六國前後期的分水嶺。

雖然有可能是種滑坡謬誤的推論，但前秦若沒在淝水之戰失利，代國（北魏）就無法中興，於其同脈相連的隋唐帝國就不會出現。就這層意義而言，淝水之戰可說是秦漢舊帝國秩序崩解、隋唐新帝國秩序成立的一大轉捩點。這點也已於上一章充分介紹過。

那麼獲勝的東晉及後繼的王朝，又因這場淝水之戰迎來了哪些變化呢？本章要介紹的，就是因永嘉之禍成立並於淝水之戰得勝的東晉，還有繼之的華南各王朝。一開始先來簡單說明這些王朝的成立時序。

漢帝國雖曾遭王莽篡位，但前後加起來，算是維持近四百年的大一統帝國，後期的東漢因一八四年的黃巾之亂而鬆動，進入群雄割據的局面。於此時嶄露頭角的是曹操，其子曹丕接受東漢獻帝禪讓的皇位後，東漢就此滅亡，曹丕也成為魏國（曹魏）的皇帝。眾所皆知，魏國未能一統天下，四川盆地仍有劉備的蜀國（蜀漢）盤踞，長江中下游一帶也由孫權的吳國（孫吳）統治，這就是所謂的三國。魏國雖成功平定蜀國，但平定吳國之功亦即統一天下，是由接受魏國禪讓的西晉達成。只可惜這次的統一如曇花一現，西晉沒多久就因永嘉之禍滅亡，西晉皇族也逃至江南，建立流亡政權東晉。相對於由前秦短暫統一後又隨即分裂的華北，東晉若撇除內亂不談並未實質分裂，後繼王朝也完整繼承了其領土。之所以這樣說，是因為東晉、南宋（劉宋）、南齊（蕭齊）、南梁（蕭梁）間的政權交替都是透過禪讓形式完成。順帶一提，華北於劉宋時由北魏統一，中國也進入所謂的南北朝時代。

南梁因晚期的侯景之亂（五四八年）以及與西魏的江陵之戰（五五四年）這些外部因素，陷入皇帝被俘與處死的亂局，到了五五三年四川一帶也被北朝奪走，但還是得以將皇位禪讓給南陳。這個南陳是南朝最後的王朝，之後由接受北周禪讓的隋朝所滅，中國也由北朝的王朝統一（各王朝存續期間以及與華北各王朝的對應關係，請參考第四章表格）。

後面章節會提到，東晉、劉宋、南齊、南梁與南陳的首都皆由孫吳所建，所以這六個王朝統稱為六朝，但吳與東晉之間並沒有連續性。

東漢滅亡後，各項制度或廢弛或瓦解，曾短暫統一中國的西晉著手重整，也如同律令制一般為後世帶來深遠的影響。但導致西晉滅亡的永嘉之禍為中國帶來了程度更勝於東漢末年的混亂，漢帝國建立的天下秩序可說是蕩然無存。

漢帝國的終結不僅對制度，也對思想造成重大影響。西漢中期罷黜百家，儒家思想成為官方獨尊的學說。到了東漢時期，儒家思想染上宗教色彩，地位受到老莊思想以及與在地信仰結合的道教威脅，外來宗教佛教更強烈衝擊了中國的思想。

定都江南的東晉以及後繼的王朝，如何面對為躲避永嘉之禍而從華北大舉移至華南的人民？如何整治因東漢滅亡而瓦解的制度？如何因應外來新宗教佛教帶來的衝擊？又是如何處理華北因淝水之戰的再次分裂？我們將逐一討論。

太伯的出走

在進入正題前，先帶大家了解一下三國時代的江南。今日在江南最具代表性的城市是上海，但上海不僅代表江南，更可代表整個現代中國。然而古代的江南只不過是個中華世界邊緣的蕞爾之地。下面就以一個小故事說明江南的定位。

春秋時代的江南有吳國，但不是孫權的吳，而是吳越的吳。據傳吳的開國祖先是周文王的伯父太伯，太伯知道古公亶父有意將周國授予弟弟季歷，便出走南方，並斷髮紋身以示不可用。當地人視太伯此舉為義行，便奉他為君主，此國便是吳國。這個開國故事有可能是虛構的，用意在於說明吳國的正統性源自周王朝；但其中更值得注意的是，一旦太伯斷髮紋身，就不可能再繼承周國，卻可以在江南建國。

一如《孝經》的「身體髮膚，受之父母。不敢毀傷，孝之始也」，斷髮與紋身便被視為古代江南與南方世界的習俗，而非中華世界的習俗。

主張如此建國歷史的吳國，一直要到春秋末期，吳王夫差成為中原諸侯體制的一員後，才正式被納入中華世界。之後吳被世仇越國所滅，越亡於楚，楚國最後被秦併吞，江南也隨之成為秦國這個中國最早的大一統帝國的一部分。

秦漢時期的開發

統一中國的秦始皇曾巡視帝國境內多達五次，江南當然也是巡視之處。吳王夫差發兵圍越都會稽，越王句踐稱臣請和，史稱「會稽之恥」，當秦始皇來到會稽後，在山上立了座石碑，上頭刻了「防隔內外，禁止淫泆，男女絜誠」等文。可見秦始皇有意矯正有悖禮俗的江南習俗。其實秦國在春秋時也曾因西戎身分被歧視，但對秦國人來說，江南的習俗仍需矯正，風水上有王者都邑之氣的金陵城更是他們心頭的一根刺。雖然秦始皇將金陵改稱秣陵*，以鎮王氣，但秣陵這座城市仍舊成為日後六朝（吳、東晉、劉宋、南齊、南梁、南陳）首都，後來甚至發展成眾人皆知的南京。

江南地區一直要到東漢時期才出現轉機。在留存至今的漢代人口普查資料中，《漢書》地理志所記載的中國人口最多，資料顯示西元二年中國的總人口數已達五九五九萬四九七八人，這是當時漢朝所掌握的總人口數；但進入東漢之後，人口不斷減少，在《續漢書》郡國志的記載裡，人口於西元一四〇年減至四九一五萬二二二〇人。

雖然西漢至東漢這段時間人口銳減，但華北與華南的人口比例卻從五比一增長至二比一，顯見人口紛紛移往南方，其中人口增加尤其顯著的是長沙郡（二三萬五八二五人→一〇五萬九三七二人）與豫章郡（三五萬一九六五人→一六六萬八九〇六人），兩郡皆位於長江以南，前者屬荊州，後者則與秣陵所在之地的丹陽郡同屬揚州。此外在前述調查中，揚州的人口也從三二〇萬六二一四人增至四三三萬八五三八人。儘管長江北岸的各郡人口不斷減少，長江南岸各郡的人口卻持續增加。

長江流域原是火耕水耨的粗放農業地區，東漢時期人口大幅成長，便興修水利，改以蓄水池灌溉農田。例如在順帝永和年間（一三六～一四一年）擔任會稽太守的馬臻就興建名為「鏡湖」的巨大蓄水池，灌溉九千多頃（約四一三〇公頃）的農田。透過這類開發，江南的稻米生產量不斷增加；到了一〇七年，揚州五郡甚至能撥出部分佃農上繳地主的米糧，拯救陷入饑荒的華北。但此時水利開發的規模並未變大，稻作技術也仍不穩定。

從秣陵到建業

得到秣陵周邊在地豪族支持的，是東漢末年群雄之一的孫權。孫權的哥哥孫策遇刺英年早逝，他繼承其兄遺志，以江南為根據地，一步步建立自己的勢力。二一一年孫權徙治於秣陵，次年改名建業。後來東漢為曹丕所篡，孫權遂於二二九年登基為帝，形成魏、蜀、吳三分天下之勢。此時的孫權雖以武昌為據點，但即位後便遷都建業，原本位處中華世界外緣的江南，也在天下呈現分裂之勢的情況下，成了皇帝所在的都城。

建業位於江南一帶的平原，為孫吳政權奠定基礎的江東豪族雖然開墾了當地，卻在過程中與南方山岳居住的少數族群山越發生衝突，曹操及後續的曹魏也為了讓孫吳內鬨而不斷煽動山越造反。所以對孫吳來說，除了開發江南，對付山越也是一大課題。後來，吳國對山越發動攻擊，凡反抗者皆殺之，又將山越遷至平地居住，讓他們充軍或屯田，其中光是充軍人數就超過十萬人，山越也在吳國此等高壓政策下潰滅，無力再反。

在東漢時期，江南由吳國接手開發，但當時農田開墾技術有限，只能避開低矮濕地，於地勢略高之處開墾。

＊ 秣為草料之意。

2 分裂與扭曲的中華

永嘉之禍與僑置郡縣

吳國是三國之中最晚成立、也最晚滅亡的國家。吳國滅亡時，魏蜀兩國早已不復存在，西晉也在滅了吳國後讓天下再次回歸一統，不過隨後又因宗室成員內鬥的八王之亂而陷入危機。被西晉強迫遷居中原等地的匈奴與其他外族被諸王納為士兵，這些外族的非漢族認同逐漸復甦，最終為了推翻西晉的統治而造反。

這就是前面提過的永嘉之禍。西晉首都洛陽因此禍淪陷，天下一統的局勢也只維持了短短三十年，自此華北出現許多由外族建立的小國，陷入更勝於東漢末年的混亂。有位人物於八王之亂爆發時預見了晉朝的下場，選擇自外於宗室內鬥，積累自身實力，他就是琅琊王司馬睿。在幕僚王導的力勸下，司馬睿渡過長江，以吳國首都建業（當時為了避諱改稱建康）為據點，之後被西晉愍帝封為丞相與都督中外諸軍事，待得愍帝辭世便登基為帝，史稱東晉。

東晉初期版圖僅限長江中下游流域，權力基礎也極不穩固。舉例來說，握有長江中游軍權的是王導的堂兄弟王敦，當東晉意欲剷除王導一族時，反而逼使王敦進軍建康，建康的宮殿也因這場叛變波及遭大火吞噬，王導抱著幼帝東逃西竄。要等這場叛變平息，東晉才能迎來穩定的局面。

除了上述的權力鬥爭之外，東晉還得處理自華北湧入的大批難民。永嘉之禍後許多人紛紛從

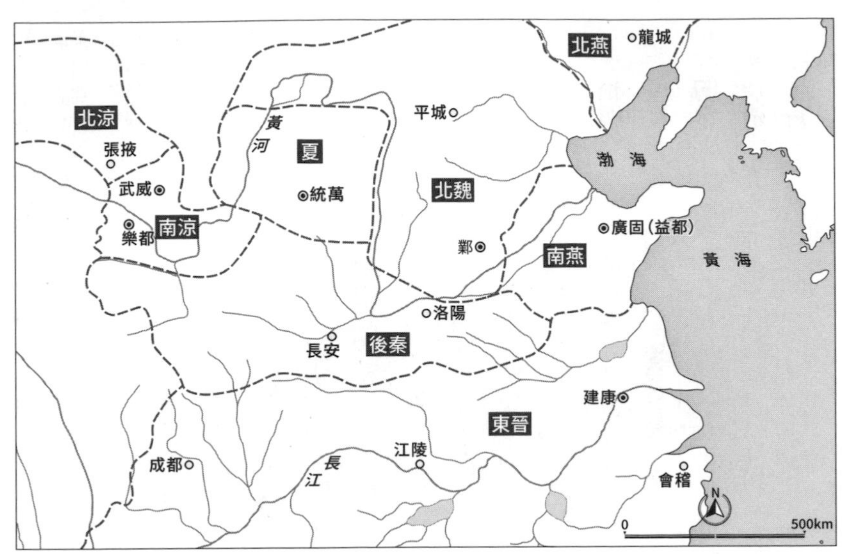

劉裕北伐前的東晉版圖

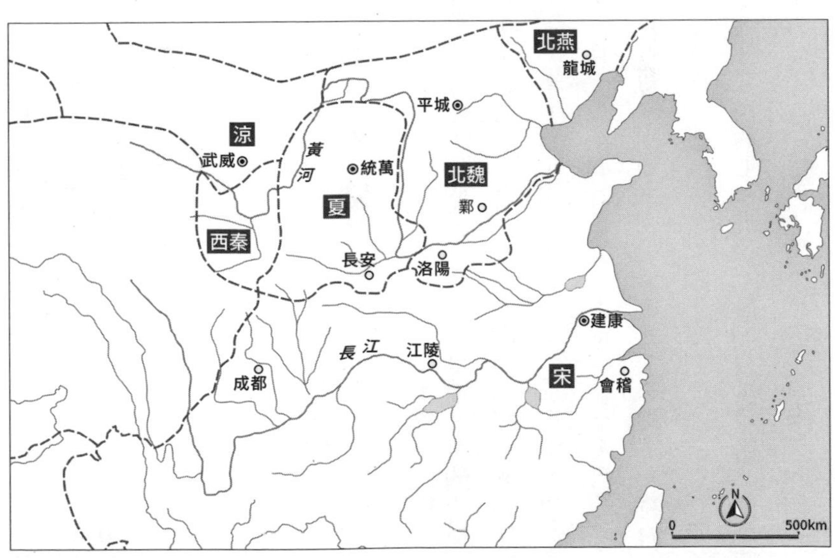

北魏、劉宋版圖（420 年左右）

華北南下，想逃至東晉避難，但東晉無法比照統治江東在地人民的方式來管理這些難民，故為其設置了僑郡與僑縣這類特殊行政區域，讓他們以有別於正式戶籍（黃籍）的臨時戶籍（白籍）登記戶口，這些白籍人民被稱為僑民。如同現代的「華僑」，「僑」有「暫居外地」的意思，之所以給這群僑民特殊待遇，就是因為對他們而言，建康只是「暫居」之地。待東晉收復所有領土後，他們便會遷回舊都洛陽，也能恢復原本的戶籍。

只是，東晉雖然屢次出兵北伐，成果卻不盡理想，北伐一事也漸漸成為東晉內部權力鬥爭的工具。當時的東晉由跟隨皇室南渡的門閥士族壓制江南在地豪族所組成，基本上高官的職位都由這些北方士族擔任，後續南渡的難民也會被先來的難民所壓制，是一種封閉的體制。在如此封閉的東晉嶄露頭角的，便是桓溫這號人物。

桓溫被拔擢為西府鎮守長江中游，於三四七年溯長江而上，剿滅占領四川盆地一帶的成漢，成功擴張東晉的領土，讓他聲勢如日中天。擔心一旦桓溫坐大、東晉將為他所篡的門閥士族想扶植另一股勢力與之對抗，所以命殷浩北伐，可惜未果；反倒是桓溫北伐成功，並於三五六年奪回洛陽。

除了北伐成功，桓溫還推動了兩大項行政改革。其一為精簡官職的「省官併職」，目的是為了削減士族重視的官職，強化自身發言權。另一個則是推行「土斷」制（參考章末專欄），將原為臨時戶籍的華北白籍僑民納入正式戶籍的黃籍，與華南人民一視同仁。其實土斷制之前就推行過，但三六四年由桓溫推動的土斷（庚戌土斷）成功增加了東晉的稅收，此後土斷制便於東晉、南朝時期不時推行。

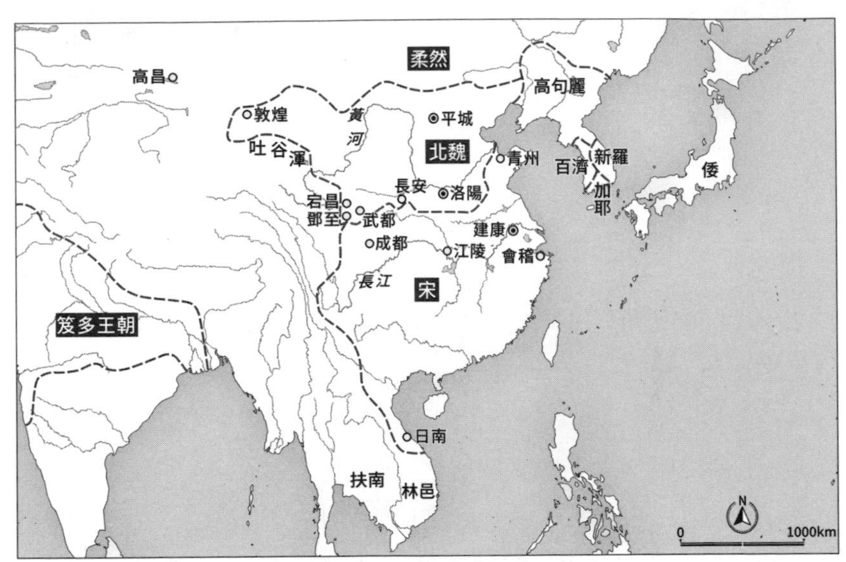

北魏、劉宋版圖（450 年左右）

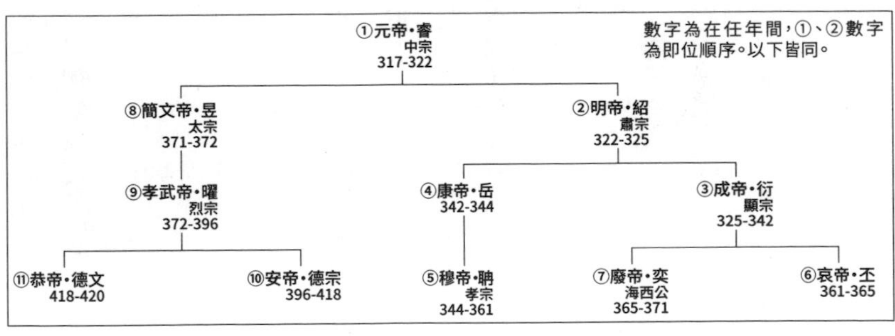

東晉司馬氏世系圖

桓溫推行土斷制，讓華北流民入籍華南，顯示他的目的並非統一天下，而是以鞏固江南政權為優先。在奪回洛陽後，桓溫也未打算繼續北伐，當時得知晉簡文帝死期將近的他打算篡位，接受東晉皇位禪讓；然而事與願違，桓溫於三七三年抱憾而終。

淝水之戰造成的影響

假設桓溫篡位成功，江南政權的特性肯定會就此改變，但桓溫推動的省官併職改革最終被成功阻止篡位的謝安打回原形，北方門閥士族也能保有原本的特權。桓溫死後，謝安可說是占盡天時地利。當時華北已由前秦統一，自稱天王的苻堅為了打倒東晉偏安政權，親率前秦大軍南征。東晉與前秦兩軍於淝水對壘，苻堅佯裝撤軍引東晉軍入淝水的作戰失敗，前秦軍也遭受毀滅性的打擊，東晉大獲全勝。

那麼，淝水之戰的勝利對東晉造成了什麼影響？

當時謝安握有東晉實權，外甥謝玄於前線作戰。謝安在入仕之前聲望極高，也成功阻止桓溫篡位，所以聲勢日盛。淝水之戰獲勝後，謝氏一族的勢力更加鞏固，除皇族之外，其與地位最高的名門琅琊王氏（王導一族）可說是並駕齊驅，時人曰「王謝」。桓溫的改革失敗與淝水之戰的勝利，讓東晉的北方門閥士族統治體制更為穩固。

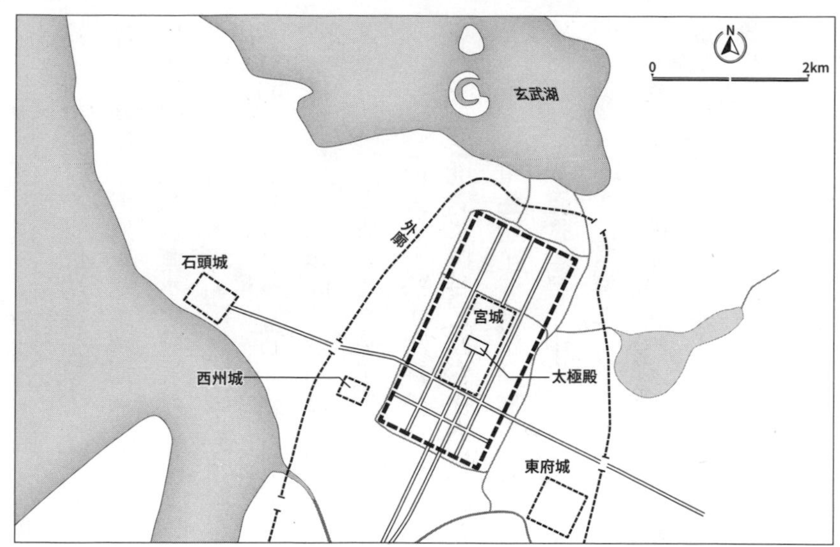

建康城及其周邊圖

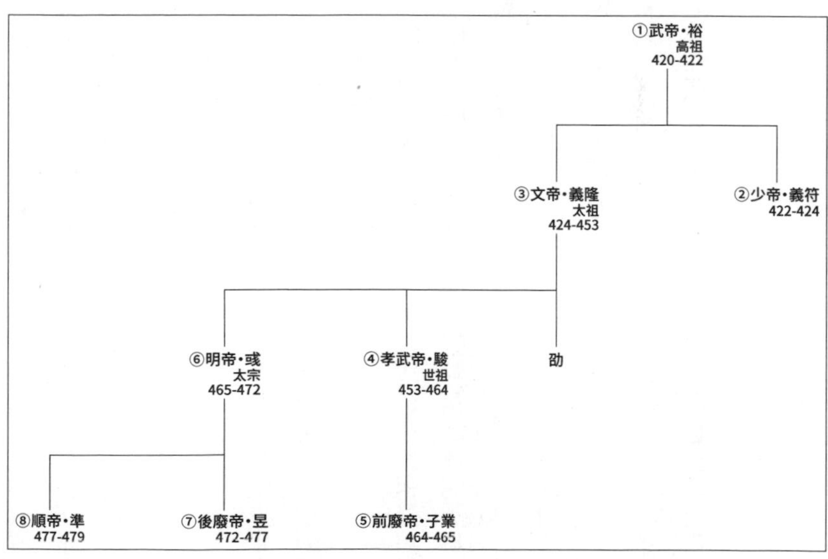

劉宋世系圖

上述是對東晉內部的影響。就外部而言，統一華北的前秦崩解，能取而代之的勢力又尚未成熟，所以東晉不僅成功擴張領土，也成為東亞世界的巨頭。一如第四章所述，東晉雖然在淝水之戰後一時勢微，但進入安帝時期（三九六～四一八年）劉裕當政後，他便仿效桓溫於四〇九年決意北伐，也陸續剿滅自淝水之戰之後於華北誕生的小國，東晉領土也逐步擴張。北伐開始的隔年先滅了南燕，奪下山東半島，接著實施土斷政策，四一六年奪回洛陽，隔年更奪回長安，達成了當年桓溫未竟的軍功。長安曾為北夏的赫連勃勃所奪，此時東晉的勢力大幅推進至黃河南岸到山東半島一帶。倭國自二六六年向西晉朝貢後約隔了一百五十年，再次於四一三年派遣使者至東晉，後續倭國五王也持續向東晉獻貢。這也是劉裕擴張領土的成果之一。

不過這內政外交的兩大成果，立刻在現實的考驗下變質。劉裕自稱漢朝劉氏後裔，但其實是出身寒門、家世清寒的武人，本身也不識字。出身低微的寒門若循正常途徑，絕對無法在朝廷步步高升，唯有從軍建功，成為位高權重的將軍，才有機會飛黃騰達，劉裕就是循著此路攀上高峰。軍功遠勝桓溫的他雖從東晉手中取得禪讓皇位，也建立了劉宋，但這位軍人皇帝深知軍權旁落的危險，所以讓諸皇子擔任重要據點的地方長官，也將兵權交給皇子，不讓士族握有軍權。

此外，歷盡千辛萬苦打下的領土也未能維持太久。劉裕獲得的領土到了劉宋時期後，又萎縮為劉裕北伐之前的大小。領土自東晉末年到劉宋的急速膨脹與縮小，都迫使劉宋承認自己只是南方的政權。

重新定義建康

雖然孫吳與東晉都是以江南為根據地的政權，但本質截然不同。孫吳是地方軍閥稱帝的政權，難以主張其正統性，而東晉是南遷政權，正統性不證自明。然而再怎麼不願意，也得不斷宣稱自己要統一天下與重返舊都，僑置郡縣與僑民就是這種情況下的產物。雖然桓溫與劉裕都曾奪回洛陽，卻未遷回舊都，可見北伐只是掌握政權的一種手段；但就結果來說，不還都洛陽也是正確的選擇。

劉宋第三代皇帝文帝的治世又稱元嘉之治。當時南朝政局之所以穩定，全是因為華北在淝水之戰後陷入更深的混亂，無力對東晉造成任何軍事上的威脅。等到復興代國的北魏滅了後燕，成為華北霸主後，先前劉裕打下的領土也一點一滴被北魏奪走。第四章曾提過，文帝出兵攻打北魏失利，反而讓北魏太武帝於四五〇年親率大軍南征直逼長江北岸，劉宋的版圖也被迫從黃河南岸內縮至淮河流域。

除了北伐失利，劉宋的內政問題也問題重重，四五三年文帝被太子殺害。太子之弟劉駿討伐太子之後即位為孝武帝，自此劉宋與後繼政權南齊的軍權從士族轉移至皇室，皇室成員互相殘殺也成常態，也再無力發動大規模北伐。

為了穩固皇權，孝武帝採取多項措施，其中之一就是重新定義建康。在建康被重新定義前，多數人心目中的天下中心還是洛陽，因為洛陽是西晉首都，洛陽周邊被視為天子王畿，洛陽所屬的司州則稱神州。四五九年，孝武帝推翻了這個概念，將建康所屬的揚州定為王畿。

當來自華北的僑民慢慢融入江南後，東晉末年逐漸形成揚州就是王畿或神州的概念。一般認為當這股風潮出現後，孝武帝便看清收復北方已不復可能，因而放棄北伐，正式立揚州為王畿，建康為天下中心，並宣告自己為天下之主。換言之，孝武帝無視南北分裂的北方故土，將天下的中心拉到江南。

孝武帝此舉等於宣告放棄了北方天下，然而他雖將江南定為王畿，卻仍垂涎華北。孝武帝死後王畿雖遭裁撤，但這只是為了否定孝武帝的所作所為，用意不在奪回本為天下中心的洛陽。從後繼的劉彧廢宋前廢帝自行登基為明帝，以及因此誘發的晉安王劉子勛之亂，都顯示了皇室間的權力鬥爭陷入白熱化的局面，劉宋也更趨保守，明帝末年甚至與北魏交好。

到了後廢帝及順帝時期，一心謀篡皇位的蕭道成（日後的南齊高帝）勢力漸盛，劉宋也與北魏互派使者，年年維持良好關係，這也造就了劉宋承認北魏是華北實質統治者的結果。諷刺的是，劉宋之後的政權也相當重視與北魏的關係。舉例來說，五二三年時值梁武帝時期，北魏爆發六鎮之亂，五二八年掌握北魏實權的爾朱氏將皇帝與皇太后丟進黃河，肅清官僚，可說是前所未聞。

然而梁武帝不僅未趁機奪回洛陽，還擁立流亡南梁的北魏皇族元悅為北魏皇帝，允其北返，但也未給予太多援助。由此可知，宋孝武帝之後的南朝政權對於收復中華故土毫無興趣。

向南擴張影響力

前面已經提過，淝水之戰導致前秦無力統御華北，東晉也趁華北陷入混亂而成功擴張領土，倭國也遣使來貢。

即使到了劉宋時期，倭國仍不斷派遣使者來到中國。此時的倭國已進入倭五王時期，於此時派遣使者的用意已與早期不同。比方說，卑彌呼遣使晉見曹魏，只得到了親魏倭王的封號，但此時的倭王卻希望自稱的將軍名號與都督一職能得到中國的認同。將軍名號代表地位，都督則代表軍權行使範圍，若只有王號得到承認，就難與其他國王的地位分出高下，所以倭王希望藉由提升將軍名號與都督職位，來彰顯自己比其他國王來得優越。不過劉宋並未應允倭王要求，只給了等級略低的封號，因為劉宋希望領土與北魏接壤的高句麗能達到牽制作用。*由此可知，除了賜給周邊國家首長王號，賜予將軍或都督這類封號或職位是這個時代的特徵。此時授予封號的對象包含高句麗等東北亞各國，以及吐谷渾（河南王）與西北各國，另外還有位於南方的林邑。

林邑國位於現今越南中部，與孫吳、東晉發生過衝突，彼此也不斷交流。到了劉宋時林邑仍不

＊ 倭五王時期多次向南朝進貢，目的是為了取得朝鮮半島的軍事管轄權，也就是希望中國皇帝授予日本國王可統轄該地的將軍名號。以四三八年為例，倭國遣使貢獻，便自稱使持節都督倭、百濟、新羅、任那、秦韓、慕韓六國諸軍事，安東大將軍，倭國王。然而劉宋並未承認倭國自封的稱號，只給了安東將軍及倭國王的稱號。

改常態，四四六年文帝遂命檀和之進軍林邑，攻陷首都典沖，此後林邑便接受劉宋及後續的南齊所賜予的將軍與都督稱號。由於東北與西北各國是主動臣服劉宋，林邑是因軍事力量才屈服，所以得到的將軍名號比倭國還矮一級。既有研究指出，南朝根據賜予的將軍名號梳理周邊各國的排名，實際排名如下：

高句麗↓吐谷渾↓百濟↓倭國↓林邑、宕昌↓鄧至↓武都

劉宋向來對南方強勢，讓林邑這個自二世紀獨立的國家臣服，也成功統御林邑的周邊地區，東南亞島嶼各國更因此紛紛向劉宋進貢。或許是因為這些國家深受位於西方的印度文明影響，所以他們都將南朝皇帝奉為神佛。

東南亞島嶼的朝貢國增加，以及孝武帝將天下中心移至中國東南方，兩者之間沒有直接的因果關係，但兩件事幾乎於同時期發生。歷經淝水之戰後的領土急速膨脹與萎縮，隨著南朝將天下中心移至江南以及對南海的影響力加深，這些新增的勢力範圍也彌補了先前失去的領土。

3 江南之春

莊園的發達

每位學者對於秦漢帝國的起點都有不同看法，但秦國的富國強兵始於商鞅改革（商鞅變法）則是毫無異議。商鞅變法的涵蓋層面雖廣，但主要著眼處為小規模的自營農民，再由皇帝直接統治這些農民；這些小農民的居住地及耕作面積，皆由軍功爵制所規範。

不過這套軍功爵制只延續到東漢初期。當爵位不再以軍功封賜，而是改於國家各類慶典自動賜予之後，就無法再透過爵位等級來限制土地所有權。進入西漢中期，武帝開始討伐匈奴之後，漢朝賦稅日益加重，鹽鐵專賣制也漸成負擔，於是農民紛紛放棄土地，逃往其他農民處尋求庇護或成為蔭附地主的佃農。最終，不受軍功爵制約束的大地主出現，並慢慢成為所謂的豪族。總之到了西漢中期，自商鞅變法以來的國力已呈現衰亡之兆。

中興漢帝國的光武帝及功臣集團，原本也是南陽一帶的豪族。由於光武帝未整肅這些功臣，並間接維護其權益，東漢也因此被迫面對土地兼併問題，改革也遲遲未能奏效。至於江南也出現了張、朱、陸、顧這些大姓（豪族），日後也扶植孫吳政權，直到永嘉之禍後，江南才出現天翻地覆的變化。

東漢末年陷入戰亂，華北農民常興建「塢」這種防禦工事，一旦有事便躲進裡面避難，而主導塢的人稱為塢主。永嘉之禍爆發後，許多人選擇離鄉背井逃往南方，途中帶領這些難民的領袖則稱為行主。東晉初期，由行主帶領逃亡江南的流民中，有一些是原居於淮水與長江間的人民，他們也扮演了提防華北五胡政權的重要角色。這些南下的流民多於長江下游北岸的廣陵及南岸的晉陵定居。晉陵原為吳國屯田區的毗陵，人口不多，也留有農耕基礎設施。

至於流入南方三吳地區的人們則成為江南傳統豪族的佃農。王謝這類北來門閥士族避開江南豪族的勢力範圍，改於江南豪族著力不深的會稽山南側開發大規模莊園。其中最具代表性的就是謝靈運（謝玄之孫）的莊園。這位名詩人曾於〈山居賦〉中寫道「田連岡而盈疇，嶺枕水面通阡」，貼切地描寫了自家廣闊的莊園。

西晉時代實施占田制，這項土地制度通常與課田制並行，又稱占田課田制，但實施情況不明。唯一可斷言的是，占田制是要壓抑大地主，解決自西漢開始的土地兼併問題。占田制規定一般男子可擁有七十畝田，女子可擁有三十畝田（換言之夫妻可擁有一百畝田即一頃，當時的一頃約等於五公頃），雖然身分越高可擁有的土地越多，但就算是官僚，最多也只能擁有五十頃土地。

可惜的是，理應繼承制度的東晉，卻出現了如渤海刁氏這般擁有萬頃田地的大地主。做為中國古代帝國起點之一的限制土地所有權的精神，到了東晉之後，可說是名存實亡。

山林川澤與資源分配

江南的勞動力因永嘉之禍增加，加上山越在孫吳進攻下逐漸潰亡，此後便可進行前所未有的大規模開發。先前提過，孫吳在開發江南時通常會避開低矮濕地，到了東晉時雖然還是會避開，卻會在丘陵、山地與平原中間地帶或沖積扇建造湖泊（不只人造湖，也包含天然湖泊，但會先行修葺）與埤塘等灌溉設施。

這類水利事業幾乎都由國家推動，由流民組成的莊園蔭附人口也成為開發山林川澤的勞力來源。在這些開發者之中，有些人如謝靈運一般將湖泊墾為良田，但大部分人都以採集自然資源為主，譬如捕獵鳥獸或採集水果。然而，士族及大地主們不可能放任資源為眾人共享，因此他們會先燒掉原生林改種果樹，或建築堤防打造魚池，透過開墾山林的方式將土地占為己有。

當然，國家不只管制土地兼併，也插手管制山林川澤的侵奪行為。以晉成帝三三六年的規定為例，若占有山林川澤超過一丈（約五．八平方公尺）將以強盜之罪棄市（處死），但這項規定無法遏止侵奪現象。到了劉宋孝武帝的大明年間（四五七～四六四年）依官階規定占有面積，違反規定的官員僅以竊盜罪論處（《宋書．羊希傳》）。換言之，占領山林川澤的行為已就地合法，罰則也大幅放寬。

可從山林川澤取得的資源當然不只果實、鳥獸與魚類，還能取得碳或紙這類加工品原料，而在這些加工品之中，最值得注意的是青瓷器。江南一帶原本就盛產陶器，東漢末期開始出現青瓷器。

南京周邊的六朝古墓挖出不少青瓷殉葬品，其中有不少是日用品，可見當時的日常生活已廣用青瓷器。製作陶器需要大量的土與燃料，而這些原料全自山林川澤採集而來，換言之，此時開發山林川澤為青瓷器的製造提供了大量原料。

過去曾有人指出，大量侵奪山林川澤的地主豪強為了管理分配自然資源，設置了專司採集、貯藏、加工、銷售的屯、傳、邸、冶等設施。這些從江南的山林川澤取得、製成的各項商品也經由水路運往建康，活絡消費，撐起首都的繁榮。

鐵錢的鑄造

南朝對這些山林川澤的商品課徵百分之四的交易稅、百分之十的通行稅與市稅（《隋書・食貨志》）。從西陵牛埭（由牛隻牽引船的堤防）全年可徵得百萬錢的稅收（《南齊書・顧憲之傳》）來看，南朝的稅收都是銅錢，但之所以用銅錢繳稅，背後有其理由。

劉裕於東晉末年擴張的領土，在宋文帝時期被聲勢壯大的北魏蠶食，南朝國力開始走下坡；到了孝武帝的大明末年，人口更因旱災而減半。人口銳減意味著稅收銳減，所以之後的南齊為了增加稅收，規定用於納稅的租布有一半必須換成錢（之後在揚州或南徐州則降至三分之一），但納錢約為租布的四倍行情，所以表面上看起來只是將一半的布換成錢上繳，但將錢換算為布之後，實際上是多繳納二・五倍的稅。一般認為，這是為了從減半的人口中徵得足夠稅收的措施。

南朝的財政雖然大幅傾向銅錢，但管理銅錢的政策卻非常粗糙。東晉並無自鑄貨幣，市面流通的貨幣為漢朝的五銖錢、吳國的錢，以及東晉初期由沈充這號人物私鑄的沈郎錢。

當經濟隨著山林川澤的開發而漸趨活絡，銅錢的數量就出現短絀，民間也出現將古錢削成碎塊再私鑄錢的風潮。對此，宋文帝於四三〇年發行比五銖錢略輕的四銖錢，以應銅錢窘迫之需，但還是不足以解決銅錢短缺的問題。於是劉宋調降銅錢品質再大量發行，也允許民間在一定條件範圍內私鑄銅錢。

要驅逐劣幣，就必須發行大量的良幣，也就需要更多鑄幣原料的銅礦。江南有銅山，七國之亂首謀吳王劉濞曾因經營銅礦山富可敵國，但進入南北朝時代，這座銅山就因當時的技術不足而無法繼續開採。南齊雖然自民間大量收購銅礦，也打算開採蜀地的銅礦山，解決銅礦不足的問題，但因不符成本而作罷。

最終正視銅礦不足的問題並加以解決的是南梁武帝。五二三年梁武帝首次嘗試發行鐵錢。發行鐵錢的原因之一在於原料較為充裕，但西漢時期的鹽鐵專賣制早已廢除，民間也能輕易取得鐵礦，所以私鑄鐵錢蔚為風氣，也造成物價飆漲的弊端。舉例來說，鐵錢發行十年後，以鐵錢支付的單位不再是一枚兩枚，而是一貫兩貫（《隋書・食貨志》）。

更糟的是，梁武帝發行鐵錢時並未回收原本的銅錢，這讓擁有優質銅錢的人大賺一筆，但有些被迫接受劣質鐵錢的農民卻被逼得流亡。當貨幣制度陷入混亂之際，梁武帝不僅不思對策，甚至充耳不聞。不知是幸還不幸，在南朝出現毀滅性的經濟打擊之前，建康就因侯景之亂而失去原有的榮景。

綜上所述，南朝得以繁榮的理由共有三點，一是放寬土地持有面積，二是隨之開放的山林自然資源的開發，最後則是為了方便加工品流通而使用貨幣，但最終也造成私鑄貨幣氾濫的弊端。然而，上述這些行為在秦漢帝國都被嚴格規範。

先前提過，放寬土地持有面積代表由商鞅主導的軍功爵制瓦解，而在開發自然資源方面，《漢書》的百官公卿表就規定少府的職責為「掌山海池澤之稅，以給共養」，奉養的對象便是天子，旁注有「名曰禁錢，以給私養」及「少府以養天子也」等記述。這代表自然資源屬於皇帝的私人財產，制度上是不允許開採的。至於私鑄貨幣方面，西漢初期曾有一段放寬私鑄禁令的時期，但原則上是嚴令禁止的。這三件引領江南經濟發展（以及讓經濟陷入混亂）的理由之所以成立，全是因為秦漢帝國建立的秩序早已崩解。

儘管如此，南朝無法完全擺脫秦漢帝國建立的秩序，甚至還依賴著部分秩序。舉例來說，南朝雖不時鑄造貨幣，但仍然無法擺脫五銖錢這個漢朝的標準貨幣。日後結束南北朝分裂的隋唐帝國，便（於表面上）限制持有大面積土地，也禁止私鑄貨幣。雖然有點諷刺，但東晉與南朝的經濟，全因偏安於半壁江山的皇權縮小以及國家公權力不彰才得以發展，這或許才是對南朝經濟的正確解讀。然而，如火如荼的江南開發不僅延續到隋唐時代，更在歷經五代與宋朝後，於整個中國開花結果。

4 從中國外部所見的南朝皇帝

古文尚書的「發現」

七世紀前半編纂的《隋書》經籍志，在序文提到中國典籍的受難歷史，牛弘將這段歷史稱作「書之五厄」（《隋書・牛弘傳》），意思是典籍從上古到隋代蒙受了五次災厄。第一次為始皇帝焚書，第二次為王莽滅亡時的火燒長安，第三次為漢獻帝遷都，第四次為永嘉之禍，第五次為西魏攻陷江陵，五厄之中有三次發生在東漢之後。

要討論受難的中國典籍，絕對得提及《書經》（有時單稱「書」，又稱《尚書》）。這是奠定儒家思想根基的五經之一，卻也因上述的其中兩次災厄而蒙難。當秦始皇焚書越演越烈，一位名為伏生的秦博士將《書經》藏於濟南自家壁中。待秦滅亡、楚漢戰爭結束後從壁中取出，發現已有數十篇亡佚，只剩二十九篇。漢文帝命人口述謄抄後，《書經》才得以重現於世。這本《書經》是以當時西漢通用的字體寫成，又稱今文尚書。到了漢武帝時期，又從孔子舊宅的牆壁挖出以古文字體撰寫的《書經》，故稱古文尚書。經西漢末年的劉向校對這兩本古今尚書之後，《書經》得以復原至五十八篇之多。可惜的是，古文尚書雖於焚書逃過一劫，卻於永嘉之禍時再度散佚。

不過真正的問題還在後面。司馬睿建立東晉後，時任豫章內史的梅賾將古文尚書獻給司馬睿，自此流傳的《書經》古文篇幅全以梅賾獻上的那本古文尚書為主。但在清朝閻若璩的考證下，發現梅賾獻上的古文尚書是贗本。

這部贗本到底由誰偽造，梅賾又是如何取得，如今已難追究。但梅賾之所以能獻上古文尚書，絕對與隸屬揚州的豫章鄰近建康的這層地緣關係有關。代表中國的典籍雖流入外族之手，但最終是由江南而非中原的政權流傳下來，這項事實也象徵東晉才是正統的中華王朝，是中國文化的守護者。

北魏孝文帝來借書

儘管許多古籍於永嘉之禍散佚，東晉與南朝仍一點一點地找回。前面提過，前秦於淝水之戰大敗後華北再度分裂，東晉趁機擴大版圖，倭五王也遣使來朝。其後隨著北魏勢力擴張，劉宋版圖縮小，倭國也隨之不再派遣使者，但一般認為倭國仍受南朝文化圈的影響。

例如學界認為，若拿日本最古老的書目《日本國見在書目錄》與《隋書》經籍志相比較，便可發現該書目納入不少南梁的典籍，據推測，這些南梁典籍是於六世紀後期至七世紀初從百濟引進日本。此時南梁已滅，所以這些典籍不太可能直接從南梁傳至日本。《日本國見在書目錄》編纂於九世紀末，是遣唐使準備落幕的時期，亦即日本大量汲取唐文化的時期；此時的日本妥善保存著南梁典籍（當然不是抄本而是正本），意味著隋唐以前的南北朝文化、特別是南朝學術對日本有著莫大的影響。

梅賾的故事告訴我們，東晉取代了淪為外族盤據的華北，成為中國文化的中心；由東晉與南朝復原的書籍、學術與文化也傳至國外。

與東晉對立的華北各政權也處心積慮地恢復這些經典，例如前秦苻堅在淝水之戰大敗前就曾積極推動文教，但仍遠遠不及東晉與南朝。興學重教更勝苻堅的北魏孝文帝則以積極的漢化政策聞名，例如他在四九三年將首都從平城遷至洛陽，也禁止鮮卑人說胡語、穿胡服（雖然只是部分禁止），同時還將鮮卑姓改為漢姓。更令人難以置信的是，他居然向南朝的齊武帝借書（當然，此次借書是遷都洛陽之前的事）。

根據《隋書》經籍志的記載，這次借書成功，讓北魏的圖書充實不少；但根據《南齊書》的記載，南齊群臣之中只有王融贊同借書，所以孝文帝沒借到書，而《南齊書》的版本應該比較正確。只是北魏或東魏同樣會派使者前往南朝求書，南北朝之間也有流通貨品互市，北朝居民能透過不公開貿易從南朝購得書籍。

可惜的是，南朝復原的典籍也隨著南朝的繁榮一起湮沒。南梁末年建康因侯景之亂淪陷，元帝被迫遷都長江中游的江陵，但仍無法挽回頹勢。五五四年，江陵又被西魏攻破，元帝便將所有藏書盡數丟進火中。這也是書之五厄的最後一厄。根據《隋書》經籍志記載，元帝藏書超過七萬卷，佚失的典籍數目不可勝數。

捨身出家的梁武帝

如同太平道徒發動的黃巾之亂成為東漢滅亡的導火線，定於一尊的儒家價值觀崩壞，也象徵著漢帝國的崩解。與地位不復以往的儒教對抗的，是源自中國在地信仰的道教，以及被視為外來宗教的佛教。魏晉南北朝是一個儒教、道教、佛教彼此對立卻又互相影響的時代。

雖然三教並立，但屬外來宗教的佛教在布教上仍遇到不少阻力。其一就是東晉時期的沙門不敬王者論，也就是沙門（僧侶）是否該向皇帝敬禮，佛法是否該屈就王法的問題。在慧遠的奔走下，佛教教團得以維護自身的獨立性。至於北朝方面，北魏太武帝與北周武帝雖然廢佛，但佛教不僅於中國普及、紮根，更與國家權力融為一體。

足以代表北朝佛教的象徵，莫過於北魏開鑿的雲崗石窟。如第四章所述，座鎮雲崗的巨大磨崖石佛是以北魏皇帝的模樣為雛型，亦即在華北一帶皇帝即如來。

至於與北朝對立的南朝，佛教的信徒多以貴族為主。由於南朝經濟十分繁榮，佛寺號稱有四百八十處之多，可見當時造寺的風潮有多麼興盛。在東晉與南朝的皇帝中，除了自身是信徒，還讓佛教干涉政治的人物便是梁武帝。梁武帝在即位前曾與道教茅山派的陶弘景交流，也對道教展現寬容之心，但即位後便於五〇四年的灌佛會宣示今後將棄道教信仰，致力信奉佛教。五一九年自慧約處受菩薩戒之後信仰更加虔誠，甚至因吃素而面黃肌瘦，過著嚴守戒律的生活。梁武帝因而被稱為皇帝菩薩，他也嚴禁國家祭典出現任何牲品，讓個人信仰干涉政治。

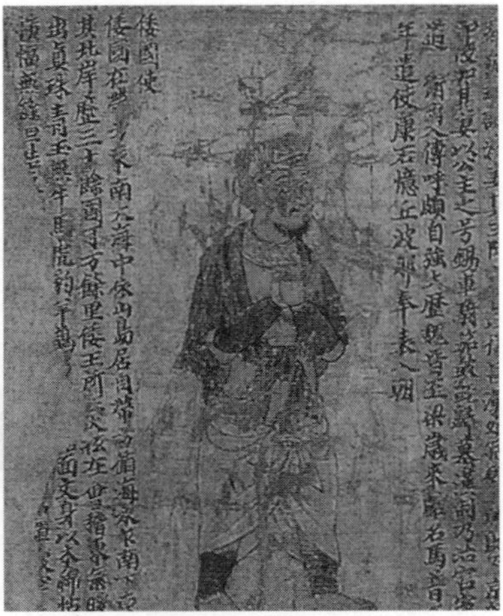

圖 5-1　職貢圖中的倭國使者
藏於中國國家博物館

梁武帝沉迷佛教的理由非常多，其中或許跟長壽的他治理天下長達四十八年，厭倦政務生活有關。前面提過，他為了解決銅錢不足問題而發行鐵錢，反而造成通貨弊端，又未能及時解決，所以對他來說佛教也許是種救贖吧。

之後的梁武帝虔誠到甚至打算捨身出家。他前往建康城北的同泰寺，表示自己要成為佛祖的奴隸，但朝臣卻贖回他的身分。除了五二七年的捨身之外，陸續又發生了三至四次。梁武帝之所以能如此熱衷於捨身，是因為南梁的最大外敵北魏正值五二三年爆發的六鎮之亂，五三四年又分裂成東西兩魏，無力威脅南朝。是以梁武帝能如此沉迷信仰，全因南北朝的緊張關係暫時放緩。

還有另一個重點就是，捨身這種行為到底從何而來。佛教的起源地印度原本即有捨身行為，佛教傳入中國後也帶入了同樣概念。捨身有非常極端的形式，例如將肉身餵給鳥獸或饑民，或是自焚以為法燈；當然也有類似梁武帝的捨身，就是把自己當成奴隸賣掉，藉此供養三寶。

不過梁武帝捨身的特別之處在於他拋棄帝位，成為佛祖奴隸。其實這並非梁武帝首創，早在西元前後的錫蘭，就時常有國王捨棄王位進入佛教教團服事佛祖的情形，近年研究也指出梁武帝可能就是受到類似影響。

舉例來說，五度將王位布施給教團的杜陀伽摩尼王（duhagma）就自稱「Sanghadāsa」（教團的奴隸），也有自稱佛使比丘（Buddhadasa，佛陀奴隸）的國王，該研究也指出梁武帝的捨身應該是以《阿育王經》，也就是阿育王的事蹟為典範，由此可知錫蘭王的捨身是受到阿育王的布施故事影響。上至阿育王，下至錫蘭諸王與梁武帝都有捨身之舉，可見這種捨身行為的確從印度經南海傳入中國。

早在梁武帝之前，佛教就從海的另一端傳入中國，例如孫吳時期就有康僧會這名高僧從天竺出發，行經交阯，最後抵達建業。東晉的法顯也曾宣揚佛法。根據《法顯傳》記載，法顯先從陸路抵達印度，之後從恆河河口搭商船返回中國。途中行經獅子國也就是錫蘭，並向該地的佛教教團報告，於此時得到東晉情報的獅子國才因此遣使前往中國。一般認為獅子國首次遣使的時間是在劉宋初期，但劉宋文帝之後出兵討伐林邑，東南亞各國也紛紛派遣使者至南朝。

日出之處的大國聖主

這類文化與佛教的交流傳播，想必為東晉與南朝帶來不少各國的資訊。根據這些資訊繪製出的成果，便是〈（梁）職貢圖〉。一般認為，此圖為梁元帝蕭繹以湘東王身分擔任荊州刺史時期（五二六～五三九年）所繪，其中有向南梁朝貢的各國使者模樣，並於一旁附上題記。這幅畫的正本已佚失，後由南唐的顧德謙臨摹，目前有三種摹本傳世。此外，二〇一一年又於葛嗣浵*的《愛日吟廬書畫續錄》中發現清代張庚臨摹的〈諸番職貢圖卷〉，一時之間蔚為話題。張庚的摹本只有題記沒有對應圖像，而中國國家博物館的藏本收錄了完整的使臣圖與題記，不同的摹本也繪製了不同的國家使臣。從這些摹本中可認出許多國家，例如北方的芮芮（又稱蠕蠕、柔然）、西邊的波斯、南邊的天竺、東邊的高句麗、百濟、斯羅（新羅）以及倭國，範圍可說是非常廣闊。

職貢圖是《梁書》諸夷傳的重要參考史料之一，但其中有些問題。例如倭國使者沒穿鞋子，看起來一副窮酸樣。南梁是六世紀初至中期的國家，當時日本正值古墳時代後期，準備過渡至飛鳥時代，實在難以將圖中使者的穿著打扮與當時的倭人畫上等號，況且倭國也不曾派遣使者前往南梁。一般認為職貢圖是蕭繹與裴子野交流後根據〈方國使圖〉所繪，但現代學界認為，未與倭國直接交流的南梁應是根據《三國志》的魏志倭人傳及其他史料取得倭國的資訊；換言之，職貢圖不一定全盤反映了南梁周邊各國的真實情況，有些只反映了過去的資料。將各國向南梁朝貢一事視為南梁子民心目中的某種理想或願望，才是比較妥當的解釋。

然而這幅職貢圖仍不可等閒視之。近年發現的張庚摹本在胡蜜丹國的題記中提到，梁武帝自稱「揚州天子，日出處大國聖主」（不過是從其他摹本推測有這句紀載）。應該有不少人在看到這個稱號之後，會想起倭國的多利思比孤在上呈隋煬帝的國書所寫的「日出處天子致書日沒處天子」

---

* 葛嗣浵（1867-1935），民國著名藏書家、教育家。原文為葛嗣枹，應為誤植。

吧。胡蜜丹國是「滑旁小國」，滑國是嚈噠周邊的小國，位於中亞一帶，而文中的「日出處」是指這些國家的東方。與南梁對立的北魏皇帝也曾於神龜年間（五一八～五二〇年）被波斯國稱為「大國天子，天之所生，願日出處常為漢中天子」（《北史・西域傳》），因此對中國以西的各國來說，「日出處」共有南北兩位天子。相較於定都洛陽的北魏皇帝被稱為「漢中天子」（盤踞中國中心的天子），「揚州天子」的稱號則帶有土皇帝這類有禮無體的涵義。但一如前述，當時劉宋孝武帝為了與北方分庭抗禮，也刻意將建康所在之處的揚州詮釋為天下中心。

有一點要特別注意，將國書上呈隋煬帝的倭國使者曾說「聞海西菩薩天子重興佛法」，意即因為海的另一邊有菩薩天子，所以才派來使者。這裡說的菩薩天子應不是指隋煬帝，而是其父隋文帝，但仍無法排除當時的倭國已得知有梁武帝這位皇帝菩薩。儘管倭國不曾向南梁朝貢，但從梁武帝自稱「日出處大國聖主」的時點，以及假設倭國已知梁武帝這位皇帝菩薩的存在，倭國應該是透過百濟得知此事。而職貢圖之所以能記載東南各國資訊，也絕對與捨身或其他佛教習俗傳入中國，以及劉宋攻打林邑，致使南朝影響力擴張至南海一帶有關。

在梁武帝時代，無論是在奏章中使用佛教修辭，或是貢獻佛舍利，帶有佛教色彩的使者曾來訪二十一次，是南北朝到唐末這段期間來訪次數最多的。一般認為使者會多次來訪，應與梁武帝篤信佛教，甚至不惜捨身有關。除了吐谷渾與百濟，包含于闐、波斯這些西域諸國、天竺、獅子國這類印度各國、扶南（今柬埔寨至南越一帶）、婆利（峇里島）這些東南亞國家也會派遣佛教使者至南梁。西域諸國的使者應是經吐谷渾抵達南梁，而印度與東南亞各國使者則是經由南海。國王的捨身行為從印度跨海傳至錫蘭，再傳至中國，催生出皇帝菩薩，印度及東南亞各國因而與南朝建立起跨海的佛教外交。這種外交不僅代表佛教東漸這股勢不可擋的潮流，也代表南朝對南方的軍事控制更加強化。在如此背景下，各國選擇向南梁朝貢，由日出處大國聖主建立的國際秩序也盡顯於職貢圖，儘管有部分與事實不符。

北朝的定位

儘管南梁建立了國際秩序，但與大一統帝國時代的國際觀念仍然不同。《梁書》諸夷傳記載了梁代周邊各國的資訊，並將各國分成海南、東夷、西北諸戎。上段提過一些與南梁建立佛教外交的國家，其中天竺、獅子國、扶南與婆利屬於海南，百濟被歸為東夷，于闐、波斯、吐谷渾則為西北諸戎。之所以是這些分類，跟劉宋將賜予將軍、都督、王號的國家分為東北、西北與南方有關，但從傳統觀念所說的四夷來看，中國的周邊國家應該要分屬東西南北四方，《梁書》諸夷傳的分類屬於特例。其實這一點也不奇怪，因為南梁定都於傳統中華世界的東南方，華北一帶也由北朝控制。《梁書》諸夷傳並未將此時的北魏納入分類。雖然在《宋書》、《南齊書》的北魏被視為匈奴（或是臣服匈奴的李陵後裔），但終究還是為北魏單獨立傳，未將北魏與其他周邊國家混為一談。接著就讓我們一起看看南梁是如何看待北朝。

職貢圖中描繪了魯國使者的模樣。然而圖中的魯國到底是哪個國家？雖然眾說紛云，不過另一

圖 5-2　在頭冠加上貂蟬的魯（虜）國使者

傳唐閻立本王會圖　藏於國立故宮博物院

個摹本將魯國記為虜國，而該名使臣的頭冠上還插有貂蟬*，所以讓我們來談談這個摹本。

南北朝為了交好而互派的使者通常為侍中或散騎常侍這類官職，而貂蟬是該官職的飾品（圖中的貂尾位於頭冠左側，所以此人應該是侍中），所以有一說認為魯國＝虜國＝北魏（或東魏），應堪稱合理。換言之，這幅職貢圖雖然繪製了北魏或東魏，卻不以國號魏稱之，反冠以虜這個蔑稱。這類蔑稱並不獨見於職貢圖，因為北魏與南朝之間向來互相鄙視，例如北魏將南朝視為島夷，南朝則將北魏視為索（頭）虜（索頭為髮辮的一種）等等。

當南北朝互派使者建立和睦關係後，使者當然不會當著對方的面使用蔑稱，但兩國彼此的紀錄還是繼續使用蔑稱，例如北魏會讓南朝降臣住在洛陽四夷館的金陵館（《洛陽伽藍記》），藉此對國內進行大內宣，同時也將南朝貶為夷狄，並否認建業、建康這類舊名。雖然五三一年前廢帝（節閔帝）曾禁止稱南梁為「偽梁」，但此時正值北魏末年，與其說前廢帝承認南梁的正統性，不如說是內部動盪不安的北魏不欲在此時刺激南梁，避免節外生枝。有趣的是，這道禁令頒布的同時，南梁也繪製了職貢圖，裡面仍以虜這個蔑稱稱呼北魏，其心可見一斑。

對南梁來說，華北被拓跋鮮卑主政的北魏牢牢掌握，要想驅逐北虜早已難如登天，也不得不承認自身軍事上的劣勢。自詡在典籍學術的質量遠勝北魏，自己才是中國文化正統繼承者，南梁在面對北魏時總是充滿了矛盾，例如南梁雖將北魏貶為有別於其他夷狄的索虜，但仍一邊修好，另一邊又拒絕北魏皇帝的借書。此外，承認北魏統治華北、並將江南定位天下中心的結果，就是不得不將周邊國家定義為位於西北、東、南等三個方位，無法再沿用傳統四方的定義。不過，梁武帝也乘著佛教傳入中國，不斷從西域與南海引進佛教思想，並將之反映於政治上，透過佛教成功建立幅員廣闊的國際關係。南梁在佛教、經典、學術上的豐碩果實也透過上述的國際關係從百濟傳入倭國，使其受惠。

5 邁向文化與經濟的中心

南朝文化的流行

最後來介紹在漢帝國建立的秩序崩解後，由東晉與南朝培養的文化如何傳承至後續一統天下的

＊ 古代高官帽子上頭附有貂尾、附蟬，合稱貂蟬。

隋唐帝國，以及之後的朝代。

江南因侯景之亂失去舊日繁華，後繼者為南陳。雖然四川被北周控制，北齊也隔著長江虎視眈眈，這個國家卻維持了三十年之久。最終滅了南陳的是從北周接受禪讓的隋。由於北周已先滅了北齊，所以平定南陳，意味著中國自永嘉之禍之後再次回歸一統。在滅陳之戰擔任隋軍元帥的是晉王楊廣，這位日後的隋煬帝雖然澈底毀了建康，但江南美景卻擄獲了他的心。

隋煬帝的其中一項功績是開鑿大運河，但他不是開鑿新的運河，而是修鑿或整治舊有的運河。自此，從杭州出發行經長江、淮水、黃河直抵薊城（現今北京）的水路於焉完成。隋煬帝乘著龍舟順著運河南下巡視，遠征高句麗失敗後便遁入長江北岸的江都遠離朝政，最終殞命江都。

對繼隋之後的唐朝來說，江南催生的文化也占有重要地位。唐太宗瘋狂地收集書聖王羲之的真跡，甚至不惜騙取代表作蘭亭集序，為的只是將之當成自己的殉葬品。唐太宗除了自己喜歡，他還命令會寫書法的臣子臨摹王羲之真跡並加以流傳。順帶一提，王羲之是王導的堂侄。

不管是學術還是思想層面，南朝對唐朝的影響都極為深遠，其中最具代表性的是義疏學。義疏學是受佛教僧侶講經影響，一種在南朝極為發達的解說經典之學問。唐代採用義疏體例，編撰了《五經正義》這本官方儒家經學解釋，其中收錄了許多南朝的學問，像梅賾的偽古文尚書就被選入《尚書正義》。至於文學方面，《文選》在唐代文人間十分流行，傳入日本後也蔚為一股風潮，而這本《文選》即是由梁武帝的昭明太子所編撰。

近年來有關隋唐帝國的研究，出現了一股強調其血統或受粟特人影響的論點。但在此要再次強調，受到上述來自西北游牧文化影響的隋唐帝國，同時是個一統南北的帝國，亦即帝國繼承南朝文化的這一面向。此時的統一與秦帝國的統一截然不同，畢竟在秦始皇眼中，江南文化是需要矯正的文化，不可能會接受它們。但對隋唐帝國而言，江南是保存傳統中華文化的重鎮，這段歷史不容忽視。這也是隋唐積極汲取南朝文化的原因。

江浙熟天下足

除了文化面向，江南對唐朝的經濟面向影響更深。雖然前述大運河的勞民傷財被唐朝當成討伐隋煬帝的口號，但這條象徵南北連通一氣的大型建設是江南與華北之間的大動脈，讓江南的物資得以順利運往華北，唐朝也因此受惠。

唐朝初年，於江南徵收的米穀不會直接經運河往北輸送，而是先抵納為布帛，但當唐朝首都長安人口逐漸增加，便陷入了長期缺糧的困境，穩定供給糧食成為燃眉之急。開元年間（七一三～七四一年），裴耀卿成功整治大運河，提升漕運效率，此後江南的米穀便可大量北輸供給長安。

安史之亂（七五五～七六三年）後，盧龍、天雄、成德等三處節度使（所謂的河北三鎮）及其他反抗中央的藩鎮拒絕上繳稅收，其他華北藩鎮的稅收也無法穩定，唐朝就更加依賴來自江南的稅收，也因此不斷推動江南的開發。在隋唐以前無人聞問的低矮濕地，也在八世紀之後修築防潮堤並引入淡水沖淡鹽分，增加可耕地面積。此外，耐旱的占城稻也於北宋時在江南普及。占城稻可一年兩熟，江南的稻米收成量也因而大幅增加，最明顯的指標就是經大運河北輸的米穀在裴耀卿時代約為一年二百萬石，到了北宋時期輸往開封的量增加至一年六百萬石，是以南宋時期民間才流傳「江浙（又稱蘇湖或蘇常）熟，天下足」這句俗語。

江南與海

如前所述，江南經濟在安史之亂後漸趨重要，但範圍不僅限於中國境內，引領經濟的主角也不一定是中國人。其中最具代表性的就屬張保皐。張保皐又寫做張寶高，本名為弓福（弓巴），是新羅人，於九世紀前期在新羅、唐朝、日本之間往返經商，累積了許多財富。他擁立新羅神武王因而有功，山東半島的登州赤山浦還留有他創建的寺院與新羅人聚落。新羅人的貿易網絡也以此為起點逐步向南擴張，直至江南一帶。

至於從另一頭南方海域進入中國的，是阿拉伯及波斯的穆斯林商人。一般認為這些商人讓東南亞各國的朝貢貿易不再活絡，導致朝貢次數在唐玄宗後銳減。當時穆斯林商人以廣州為根據地，後來則沿岸北上或前往福建及揚州。

揚州在唐代有「揚一益二」的美稱，在建康因南陳覆滅而沒落後，揚州便取代建康的地位，隋煬帝設置行宮的江都也在揚州。揚州位於長江北岸，嚴格來說不屬江南，但該城為長江與大運河之連結點，大型船隻可於揚州停泊，揚州遂成為船舶的出海口。前述新羅與穆斯林的商船也會於揚州停泊，更有許多外國商人定居揚州。當時有許多超出職貢圖上所繪的人來到揚州，但不是為了朝貢、確認國家尊卑關係而來，而是從事自由的商業貿易，是以當時的揚州堪稱商業重鎮。

這些外國商人鍾愛的貿易品之一就是青瓷。前面提過，青瓷在東晉與南朝開發山林後揭開序幕，到了唐代更是蓬勃發展，其產地統稱為越州窯。越州窯生產的青瓷除了於中國國內流通，在日本更獲得「祕色」之美譽，也進一步傳入東南亞與西亞等地。

揚州於唐朝末年遭破壞，長江的泥沙也逐漸淤積，導致揚州離河岸越來越遠，無法停靠大型船隻，貿易中心的地位也拱手讓給江南的明州（寧波）與杭州。後者成為南宋的首都，更因為馬可波羅的宣傳，被稱為全世界最富庶的城市。但要走到這一步，中國必須再發生一次規模足以與永嘉之禍相比擬的華北華南人口大遷徙。

永嘉之禍促成了江南的開發，那麼對長江以南的地區來說，淝水之戰代表了什麼意義？我們知道，東晉領土雖在淝水之戰獲勝後暫時擴張，卻也再次證實東晉無力一統天下；換言之，中國南北分裂的局面因淝水之戰再次坐實。

當中國南北分裂已成定局，從華北逃至華南的人民也再無機會回歸故土，只能定居華南。所以就結論而言，永嘉之亂讓華北人民大量南遷，三八三年的淝水之戰更迫使這些人民定居，也是這群人促成了四至六世紀的江南開發。

土斷——難民的定居許可及其背景

在華北華南的人民戶籍地尚未統一前，故公（劉裕）曾如此上表：

「……自永嘉播越，爰托淮、海，朝有匡復之算，民懷思本之心，經略之圖，日不暇給。是以寧民綏治，猶有未遑。及至大司馬桓溫，以民無定本，傷治為深，庚戌土斷，以一其業。于時財阜國豐，實由於此。自茲迄今，彌歷年載，畫一之制，漸用頹弛。雜居流寓，閭伍弗脩，王化所以未純，民瘼所以猶在。……今所居累世，墳壟成行，敬恭之誠，豈不與事而至。請準庚戌土斷之科，庶子本所弘，稍與事著。然後率之以仁義，鼓之以威武，超大江而跨黃河，撫九州而復舊土，則戀本之志，乃速由於當年，在始暫勤，要終所以能易……。」

於是依界土斷，唯徐、兗、青三州居晉陵者，不在斷例。諸流寓郡縣，多被併省。

——《宋書》武帝紀中

白話文：

「……百姓因永嘉之亂流離失所後，紛紛前往淮水及更南邊的沿海地帶尋找臨時住所。雖然朝廷有收復中原之意，百姓也有望鄉之情，卻無暇擬定北伐計畫，就算安頓好百姓，也無力北伐。大司馬桓溫時民心不穩，不利統治，遂於庚戌年推行土斷政策，讓百姓以相同的經濟來源維生。東晉能在當時累積財富，可說是推行土斷政策所致，但經過數年之後，土斷所推行的畫一制度不再嚴謹。……歷經多個世代，許多僑民早已將華南視為埋骨之地，對陛下效忠的他們，又怎能棄國家交付的勞役於不顧。若依庚戌土斷的規定執行，定居於僑民增加之地的人都該擔起勞役；自然而然，他們就會因仁義而追隨，因威武而振奮，渡長江，跨黃河，平定九州恢復舊土，望鄉之志或能於年中實現……。」

這裡依界劃分居住地的土斷政策只包含徐、兗、青三州的僑民，未包含於晉陵定居的人。僑民暫住的僑郡縣有許多被合併或廢止。

從華北逃至華南的流民只登記為臨時戶籍的白籍，未以正式戶籍的黃籍登錄，成為僑郡、僑縣這類虛構行政單位的僑民。這些僑民聲稱東晉收復天下後就要恢復華北本籍，而土斷就是將僑民登錄為黃籍，讓僑民成為其居住地的編戶。

東晉曾多次推行土斷制，其中最有名的莫過於桓溫推行的庚戌土斷（三六四年）與劉裕推動的義熙土斷（四一三年）。上面就是後者的史料紀載。當中提到，劉裕推行土斷政策的理由有兩點：其一是東晉再無餘力收復華北，讓僑民回歸本籍；其二是永嘉之禍已結束一世紀之久，僑民早已於華南落地生根。此外，內容也提到了「畫一之制，漸用頹弛」，畫一制度之所以不再嚴謹，全因兩次土斷政策之中爆發了淝水之戰（三八三年），前秦霸權崩解，大批流民從華北逃難而來。此外，要於土斷之後「撫九州而復舊土」與僑民回歸華北舊籍的說詞，可說是互相矛盾。

劉裕誠實地舉出「財阜國豐」全因推行庚戌土斷所致。讓免除部分稅役的僑民與一般人一樣繳稅，讓國家稅收增加，才是土斷的真正目的。此外，晉陵的僑民雖不是義熙土斷的對象，但他們的祖先都是與劉裕的祖先一同移民晉陵的人，劉裕過去也住過該地，所以這種排除晉陵僑民的舉措，可說是一種額外的恩賜（但仍有異說）。

圖片來源

圖1-1	公眾領域
圖2-1	公眾領域
圖2-2	公眾領域
圖3-1	公眾領域
圖3-2	南雲泰輔提供
圖3-3	南雲泰輔提供
圖3-4	南雲泰輔提供
圖4-1	市來弘志提供
圖4-2	國立故宮博物院
圖4-3	國立故宮博物院
圖4-4	吉田愛提供
圖4-5	米文平，〈鮮卑石室的發現與初步研究〉，《文物》，1981年第2期，圖版三。
圖4-6	佐川英治提供
圖5-1	公眾領域
圖5-2	國立故宮博物院

台湾三軍大学編『中国歴代戦争史5 两晋』中信出版社 2013年
台湾三軍大学編『中国歴代戦争史6 南北朝』中信出版社 2013年
唐長孺「南朝的屯・邸・別墅及山沢占領」『山居存稿』中華書局 1989年

店 1968年
桑原隲蔵「歴史上より観たる南北支那」（『桑原隲蔵全集』第1巻）岩波書店 1968年
坂元義種『古代東アジアの日本と朝鮮』吉川弘文館 1978年
鈴木靖民・金子修一編『梁職貢図と東部ユーラシア世界』勉誠出版 2014年
妹尾達彦編『特集東アジアの都城と葬制』（都市と環境の歴史学　第3集）中央大学文学部東洋史学研究室 2015年
戸川貴行『東晋南朝における伝統の創造』汲古書院 2015年
中砂明徳『江南　中国文雅の源流』講談社 2002年
中村圭爾『六朝江南地域史研究』汲古書院 2006年
船山徹「六朝時代における菩薩戒の受容過程——劉宋・南斉期を中心に」『東方学報』67 1995年
船山徹「捨身の思想——六朝仏教史の一断面」『東方学報』74 2002年
森達也『中国青瓷の研究一編年と流通』汲古書院 2015年
森三樹三郎『梁の武帝——仏教王朝の悲劇』平楽寺書店 1956年
山崎覚士『中国五代国家論』思文閣出版 2010年
山本達郎編『岩波講座東南アジア史1　原始東南アジア世界』岩波書店 2001年
吉川忠夫『侯景の乱始末記　南朝貴族社会の命運」(中公新書)中央公論社 1974年
吉川忠夫『劉裕　江南の英雄宋の武帝』(中公文庫)中央公論社 1989年
吉川忠夫「北魏孝文帝借書攷」『東方学』96 1997年
吉川忠夫『島夷と索虜のあいだ——典籍の流傳を中心とした南北朝文化交流史』『東方学報』72 2000年
和田久徳「唐代における市舶司の設置」『和田博士古希記念東洋史論叢』講談社 1961年
渡辺信一郎『中国古代の財政と国家』汲古書院 2010年
羅宗真（中村圭爾・室山留美子訳）『古代江南の考古学　倭の五王時代の江南世界』白帝社 2005年

白鳥庫吉『白鳥庫吉全集　塞外民族史研究』上・下 岩波書店 1970年
谷川道雄『増補　隋唐帝国形成史論』筑摩書房 1998年
谷川道雄「中国古典時代の終結と東アジア世界の成立」『研究論集』河合教育文化研究所7 2009年
堀敏一『中国と古代東アジア世界』岩波書店 1993年
堀敏一『東アジア世界の形成——中国と周辺国家』汲古書院 2006年
町田隆吉「北魏太平真君四年拓跋燾石刻祝文をめぐって——「可寒」・「可敦」の称号を中心として」『アジア諸民族における社会と文化——岡本敬二先生退官記念論集』国書刊行会 1984年
松下洋巳「五胡十六国の天王号について」『朝鮮半島に流入した諸文化要素の研究（2）』学習院大学東洋文化研究所 1999年
松下憲一『北魏胡族体制論』北海道大学出版会 2007年
三崎良章『五胡十六国の基礎的研究』汲古書院　2006年（および『法制史研究』57 2007年の闕尾史郎氏による同書の書評）
三崎良章『新訂版　五胡十六国——中国史上の民族大移動』東方書店
蔣福亜『前秦史』北京師範学院出版社 1993年
唐長孺『唐長孺文集　魏晋南北朝史論叢』中華書局2011年

第五章　江南開發與南朝中心世界秩序的建構

榎本淳一編『古代中国における学術と支配』同成社 2013年
大川富士夫『六朝江南の豪族社会』雄山閣出版 1987年
岡崎敬『中国の考古学　隋唐篇』同朋舎 1987年
岡崎文夫『魏晋南北朝通史』弘文堂書房 1932年
岡本隆司編『中国経済史』名古屋大学出版会 2013年
河上麻由子『古代アジア世界の対外交渉と仏教』山川出版社 2011年
川勝義雄『六朝貴族制社会の研究』岩波書店 1982年
桑原隲蔵「晋室の南渡と南方の開発」（『桑原隲蔵全集』第2巻）岩波書

Constantinople and Its Hinterland: Papers from the Twenty-Seventh Spring Symposium of Byzantine Studies, Oxford, April 1993, Aldershot, 1995.

Mango, C. (ed.), *The Oxford History of Byzantium*, Oxford, 2002.

Müller-Wiener, W., *Bildlexikon zur Topographie Istanbuls: Byzantion, Konstantinupolis, Istanbul bis zum Beginn d. 17. Jh.*, Tubingen, 1977.

Romey, K, Lifeline for Byzantium, *Archaeology* 56, 2003.

Russel, T., *Byzantium and the Bosporus: A Historical Study, from the Seventh Century BC until the Foundation of Constantinople*, Oxford, 2017.

Sarris, P., *Byzantium: A Very Short Introduction*, Oxford, 2015.

Seeck, O. (ed.), Notitia Dignitatum, Frankfurt am Main, 1876.（『コンスタンティノープル市要録』も所収。『要録』の英訳は，Matthews, J.F, The Notitia Urbis Constantino-politanae, Grig. L., Kelly. G. (eds.), *Two Romes: Rome and Constantinople in Late Antiquity*, Oxford, 2012.)

Van Dam, R., *Rome and Constantinople: Rewriting Roman History during Late Antiquity*, Texas, 2010.

第四章　漢帝國之後的多元世界

市来弘志「中国における「淝水之戦論争」について」『研究年報』」学習院大学文学部 42　1995年

内田昌功「東晋十六国における皇帝と天王」『史朋』41　2008年

太田稔「拓跋珪の「部族解散」政策について」『集刊東洋学』89　2003年

河上麻由子『古代アジア世界の対外交渉と仏教』山川出版社　2011年

川本芳昭『魏晋南北朝時代の民族問題』汲古書院　1998年

窪添慶文「墓誌を用いた北魏史研究』汲古書院　2017年

窪添慶文編『魏晋南北朝史のいま』勉誠出版　2017年

栗原朋信『秦漢史の研究』吉川弘文館　1960年

佐川英治「東魏北斉革命と『魏書』の編纂」『東洋史研究』64-1　2005年

緊張』岩波書店 1984年
ベック，H.G.（戸田聡訳）『ビザンツ世界論――ビザンツの千年』知泉書館 2014年
Blockley, R.C., *East Roman Foreign Policy: Formation and Conduct from Diocletian to Anastasius*, Leeds, 1992.
Cameron, Al., Long, J., *Barbarians and Politics at the Court of Arcadius*, Berkeley/Los Angeles/Oxford, 1993.
Cameron, Av., Garnsey, P. (eds.), *The Cambridge Ancient History: The Late Empire, A.D. 337-425*, Vol.13, Cambridge, 1998.
Cameron, Av., Ward-Perkins, B,, Whitby, M. (eds.), *The Cambridge Ancient History: Late Antiquity, Empire and Successors, A. D.425-600*, Vol. 14, Cambridge, 2000.
Crow, J., Bardill, J., Bayliss, R.. The Water Supply of Byzantine Constantinople, London, 2008.（コンスタンティノープル市水供給システムに関連する史料集所収）
Dagron, G., *Naissance d'une capitale: Constantinople et ses institutions de 330 à 451*, Paris, 1974.
Holum, K., *Theodosian Empresses: Women and Imperial Dominion in Late Antiquity*, Berkeley/Los Angeles/London, 1982.
Jones, A.H.M. *The Later Roman Empire 284-602: A Social, Economic and Administrative Survey*, Oxford, 1964.
Kim, H., *The Huns, Rome and the Birth of Europe*, Cambridge, 2013.
Lee, A., *From Rome to Byzantium AD 363 to 565: The Transformation of Ancient Rome*, Edinburgh, 2013.
Lenski, N., *Failure of Empire: Valens and the Roman State in the Fourth Century A.D.*, Berkeley/Los Angeles/London, 2002.
Maas, M. (ed.), *The Cambridge Companion to the Age of Attila*, Cambridge, 2015.
Magdalino, P., Byzantium = Constantinople, James, L. (ed.), *A Companion to Byzantium*, Oxford, 2010.
Mango, C., *Le developpement urbain de Constantinople 4-7 siecles*, Paris, 1985.
Mango, C., The Water Supply of Constantinople, Mango, C., Dagron, G. (eds.),

Dam R., Liverpool, 1988.

Heuclin, J., *Les Mérovingiens*, Paris, 2014.

Jussen, B., *Die Franken. Geschichte, Gesellschaft, Kultur*, München, 2014.

Kerneis, S, *Le chaudron des parjures. Rome, les barbares et l'ordalie, in La preuve en justice de l'Antiquité à nos jours*, Lemesle, B.(ed.), Rennes, 2003.

Querolus. Comédie latine anonyme. Le Grincheux (Comédie de la petite marmite), texte établi et traduit par Jacquemard-Le Saos C., Paris, 2003.

Rouche, M., *Clovis*, Paris, 1996.

Stoclet, A. J., Entre Esculape et Marie: Paris, la peste et le pouvoir aux premiers temps du Moyen Age, *Revue historique* 301, 1999.

Ubl, K, *Inzestverbot und Gesetagebung. Die Konstruktion eines Verbrechens (300-1000)*, Berlin, 2008.

Ubl, K, Im Bann der Traditionen. *Zur Charakteristik der Lex Salica, in Chlodwigs Welt. Organisation vom Herrschaft um 500*, Meier, M., Patzold, S. (hrsg.), Stuttgart 2014.

Van Dam, R., *Saints and Their Miracles in Late Antique Gaul*, Princeton, 1993.

第三章　拜占庭世界秩序的形成

足立広明「古代末期地中海世界における人の移動と社会変容」『岩波講座世界歴史19』岩波書店　1999年

井上浩一『ビザンツ　文明の継承と変容」京都大学学術出版会　2009年

鯖田豊之「水道の思想都市と水の文化誌』(中公新書)中央公論社 1996年

南雲泰輔『ローマ帝国の東西分裂』岩波書店　2016年

南川高志「新・ローマ帝国衰七史』岩波新書　2013年

弓削達『永遠のローマ』(講談社学術文庫)講談社　1991年

和田廣『史料が語るビザンツ世界』山川出版社　2009年

オストロゴルスキー，G.（和田廣訳）『ビザンツ帝国史』恒文社　2001年

ティンネフェルト，F.（弓削達訳）『初期ビザンツ社会——構造・矛盾・

佐藤彰一『歴史書を読む——『歴史十書』のテクスト科学』山川出版社 2004年

佐藤彰『中世世界とは何か』岩波書店 2008年

佐藤彰一・池上俊一『西ヨーロッパ世界の形成』（世界の歴史10）中央公論社 1997年

タキトゥス（泉井久之助訳註）『ゲルマーニア」（岩波文庫）岩波書店 1979年

タキトゥス（國原吉之助訳）『同時代史』筑摩書房 1996年

バートレット，R（竜嵜喜助訳）『中世の神判——火審・水審・決闘』尚学社 1993年

ミュソ=グラール，ルネ（加納修訳）『クローヴィス』（白水社文庫クセジュ）白水社 2000年

ミリス，ルドー・J.R.（竹内信一訳）『異教的中世』新評論 2002年

リシェ，ピエール（岩村清太訳）『中世における教育・文化』東洋館出版社 1988年

リシェ，ピエール（岩村清太訳）『ヨーロッパ成立期の学校教育と教養』知泉書館 2002年

ル・ゴフ，ジャック（加納修訳）『もうひとつの中世のために——西洋における時間，労働，そして文化』白水社 2006年

ル・ジャン，レジーヌ（加納修訳）『メロヴィング朝』（白水社文庫クセジュ）白水社 2009年

Dumézil, B., *La reine Brunehaut*, Paris, 2009.

Dumézil, B., *Servir l'état barbare dans la Gaule franque. Du fonctionnariat antique à la noblesse médiévale (IV au IXe siècle)*, Paris, 2013.

Effros, B., *Creating Community with Food and Drink in Merovingian Gaul*, London 2002.

The Formularies of Angers and Marculf.: Two Merovingian Legal Handbooks, translated with an introduction and notes by Rio, A., Liverpool, 2008.

Frye, D., Aegidius, Childeric, Odovacer, and Paul, *Nottingham Medieval Studies* 36, 1992.

Gregory of Tours, *Glory of the Martyrs*, translated with an introduction by Van

サルウェ，P.編（南川高志監訳　南川高志・佐野光宜・冨井真・西村昌洋・南雲泰輔訳）『ローマ帝国時代のブリテン島』（オックスフォードブリテン諸島の歴史 第1巻）慶應義塾大学出版会 2011年

トゥールのグレゴリウス（兼岩正夫・臺幸夫訳註）『歴史十巻（フランク史）I・II』東海大学出版会 1975~77年

ブラウン，P.（宮島直機訳）『古代末期の世界』刀水書房 2002年

ブラウン，P.（後藤篤子編訳）『古代から中世へ』山川出版社 2006年

ブラウン，P.（足立広明訳）『古代末期の形成』慶応義塾大学出版会 2006年

Drinkwater, J., Elton, J.(eds.), *Fifth-Century Gaul: a Crisis of Identity?*, Cambridge, 1992.

Halsall, G., *Barbarian Migrations and the Roman West 376-568*, Cambridge, 2007.

Heather, H., *Goths and Romans 332-489*, Oxford, 1991.

Heather, H., *The Fall of the Roman Empire. A New History of Rome and the Barbarians*, Oxford, 2006.

Kelly, Ch., *Ruling the Later Roman Empire*, Cambridge MA/London, 2004.

Kelly, Ch., *Attila the Hun: Barbarian Terror and the Fall of the Roman Empire*, London, 2008.

Kulikowski, M., *Rome's Gothic Wars*, Cambridge, 2007.

Stickler, T., *Aëtius: Gestaltungsspielräume eines Heermeisters im ausgehenden Weströmischen Reich*, Munchen, 2002.

第二章　西歐世界的重組

勝田有恒・森征一・山内進編著『概説　西洋法制史』ミネルヴァ書房 2004年

久保正幡訳『サリカ法典』創文社 1977年

トゥールのグレゴリウス（兼岩正夫・臺幸夫訳註）『歴史十巻（フランク史）I・II』東海大学出版会 1975~77年

第一章　羅馬世界秩序的崩解

井上文則『軍人皇帝のローマ』講談社 2015年
後藤篤子「古代末期のガリア社会」『岩波講座世界歴史7』岩波書店 1998年
後藤篤子「帝政後期ガリアに見るローマとゲルマンの共生」『歴史学研究』716 1998年
佐藤彰一『ポスト・ローマ期フランク史の研究』岩波書店 2000年
長友栄三郎『キリスト教ローマ帝国』創文社 1970年
長友栄三郎『ゲルマンとローマ』創文社 1976年
南雲泰輔『ローマ帝国の東西分裂』岩波書店 2016年
南川高志「海のかなたのローマ帝国——ローマ帝国とブリテン島』（増補新版）岩波書店 2015年
南川高志『新・ローマ帝国衰亡史』岩波書店 2013年
南川高志「ユリアヌス　逸脱のローマ皇帝』山川出版社 2015年
南川高志編「フォーラム　ローマ帝国の『衰亡』とは何か」『西洋史学』234 2009年
弓削達『永遠のローマ』（講談社学術文庫）講談社 1991年
弓削達『ローマはなぜ滅んだか』講談社 1989年
アンミアヌス・マルケリヌス（山沢孝至訳）『ローマ帝政の歴史1」京都大学学術出版会 2017年
エッシェー，K，レベディンスキー，I.（新保良明訳）「アッティラ大王とフン族』講談社 2011年
ギアリ，P.（鈴木道也・小川知幸・長谷川宜之訳）『ネイションという神話』白水社 2008年
ギボン，E.（中野好夫・朱牟田夏雄訳）『ローマ帝国衰亡史I~VI』筑摩書房 1976~88年
ギボン，E.（吉村忠典・後藤篤子訳）『図説 ロー帝国衰亡史』東京書籍 2004年
クラーク，G.（足立広明訳）『古代末期のローマ帝国』白水社 2015年
クルセル，P.（尚樹啓太郎訳）『文学にあらわれたゲルマン大侵入』東海大学出版会 1974年

主要參考文獻

總論

岸本美緒「時代区分論」『岩波講座世界歴史 1』岩波書店 1998年
谷川道雄編著『戦後日本の中国史論争』河合文化教育研究所 1993年
南雲泰輔「英米学界における「古代末期」研究の展開」『西洋古代史研究』9 2009年
南川高志「ヨーロッパ統合と古代ローマ帝国」紀平英作編『ヨーロッパ統合の理念と軌跡』京都大学学術出版会 2004年
南川高志『新・ローマ帝国衰亡史』岩波書店 2013年
南川高志編「フォーラム ローマ帝国の「衰亡」とは何か」『西洋史学』234 2009年
ウォード=パーキンズ，B.（南雲泰輔訳）『ローマ帝国の崩壊——文明が終わるということ』白水社 2014年
ギアリ，P.（鈴木道也・小川知幸・長谷川宜之訳）『ネイションという神話』白水社 2008年
ギボン，E.（中野好夫・朱牟田夏雄訳）『ローマ帝国衰亡史I~VI』筑摩書房 1976~88年
ギボン，E.（吉村忠典・後藤篤子訳）『図説　ローマ帝国衰亡史』東京書籍 2004年
クラーク，G.（足立広明訳）『古代末期のローマ帝国』白水社 2015年
チェインバーズ，M.編（弓削達訳）『ローマ帝国の没落』創文社 1973年
ブラウン，P.（宮島直機訳）『古代末期の世界』刀水書房 2002年
ブラウン，P.（後藤篤子編訳）『古代から中世へ』山川出版社 2006年
ブラウン，P.（足立広明訳）『古代末期の形成』慶応義塾大学出版会 2006年
Heather, P., *The Fall of the Roman Empire. A New History of Rome and the Barbarians*, Oxford, 2006.
Minamikawa, T. (ed.), *New Approaches to the Later Roman Empire*, Kyoto, 2014.

作者

加納　修

名古屋大學大學院人文學研究科教授。1970年生。專長為西方中世紀史。

主要著作：

Entre texte et histoire. Études d'histoire médiévale offertes au professeur Shoichi Sato.（編著）（Éditions de Boccard, 2015）

《在大學裡學西洋史〔古代・中世紀〕》（Minerva書房，2006）

《新・現代歷史學名著》（共著）（中央公論新社，2010）

《法國史研究入門》（共著）（山川出版社，2011）

南雲泰輔

山口大學人文學部講師。京都大學大學院文學研究科文學博士。專長為羅馬帝國後期、拜占庭帝國早期史。

主要著作：

《羅馬帝國的東西分治》（岩波書店，2016）

佐川英治

東京大學大學院人文社會系研究科教授。1967年生。專長為中國古代史。

主要著作：

《中國古代都城的設計與思想——天壇祭祀的歷史發展》（勉誠出版，2016）

藤井律之

京都大學人文科學研究所助理教授。1974年生。專長為中國古代及中世史。

主要著作：

《魏晉南朝的官制》（京都大學學術出版會，2013）

作者簡介

叢書監修

木村靖二

東京大學名譽教授。專長為西洋近現代史，德國史。

岸本美緒

御茶水女子大學教授。專長為明清社會經濟史。

小松久男

東京大學名譽教授。專長為中亞史。

編者

南川高志

京都大學大學院文學研究科教授。1955年生，專長為古羅馬史。

主要著作：

《羅馬皇帝及其時代——元首制時期羅馬帝國政治史研究》（創文社，1995）

《羅馬五賢帝——「光輝世紀」的虛像與實像》（講談社現代新書系列，1998；同學術文庫，2014）

《大海彼端的羅馬帝國——古羅馬與不列顛島》（岩波書店，2003）

《新·羅馬帝國衰亡史》（岩波書店，2013）

《脫軌的羅馬皇帝——尤利安努斯》（世界史小冊：人物8）（山川出版社，2015）

 歷史的轉換期 02

崩解的古代帝國秩序 378年

失われた古代帝国の秩序

Turning Points in World History

編　者　南川高志
譯　者　許郁文
發行人　王春申
選書顧問　林桶法、陳建守
總編輯　張曉蕊
責任編輯　洪偉傑
封面設計　萬勝安
內文排版　康學恩
業務組長　王建棠
行銷組長　張家舜
出版發行　臺灣商務印書館股份有限公司
23141 新北市新店區民權路 108-3 號 5 樓
（同門市地址）
電　話　(02) 8667-3712
傳　真　(02) 8667-3709
服務專線　0800-056193
郵　撥　0000165-1
信　箱　ecptw@cptw.com.tw
網路書店　www.cptw.com.tw
臉　書　facebook.com.tw/ecptw
印　刷　鴻霖印刷傳媒股份有限公司
定　價　新台幣 430 元
2021 年 7 月　初版 1 刷
2023 年 4 月　初版 2.4 刷

臺灣商務印書館

局版北市業字第 993 號

國家圖書館出版品預行編目 (CIP) 資料

378 年：崩解的古代帝國秩序／南川高志編；許郁文譯
──初版── 新北市：臺灣商務印書館股份有限公司，2021.07
面；　公分（歷史的轉換期 2）
譯自：378 年：失われた古代帝国の秩序
ISBN　978-957-05-3330-9（平裝）
1. 文化史　2. 世界史

713　110007023